千古風流
蘇東坡

方志遠　著

作者的話

在數千年歷史中，中國文人可以說是如天上繁星！每個人都有其璀璨的一面，然而，如果要找出一位深受社會階層所喜愛的，當這推這位永遠的－蘇東坡。

我和蘇軾似乎有些緣分。

讀中學時喜歡蘇軾的詩。中學畢業後「上山下鄉」，手上只有三本書。一本是《電波世界》，我以為近三十年來還沒見過寫得那麼好的科普讀物。第二本是劉大杰先生的《中國文學發展史》（三卷）。第三本則是龍榆生先生的《唐宋名家詞選》。

當時我想，劉大杰、龍榆生對蘇軾是有偏愛的。否則，《中國文學發展史》不會用那麼大的篇幅、那麼高的評價來說蘇軾；《唐宋名家詞選》也不會在蘇試的詞下選那麼多的評語。但是，當反反覆覆讀了《唐宋名家詞選》之後，我對蘇軾也有了偏愛。同時不明白為什麼有人拼命抬高姜夔、周邦彥而指責蘇軾。但這些人早已作古，無法和他們辯論。後來明白了，看詩、看詞、看文，都是見仁見智，各有所好，不能強求，也無辯論的必要。

後來讀大學，修中國文學專業，寫學年論文，我選了蘇軾。但那篇論文並非研討蘇軾的詩詞和散文，而是著重評論他在王安石當政時反對推行新法，在司馬光當政時又反對不分青紅皀白，統統廢除新法的實事求是、不畏權勢的卓然獨立精神。現在回想起來，是我被蘇軾的精神所感染，還是蘇軾的性格和自己的個性有相通之處，抑或兼而有之，卻說不太清楚。

如果我的中文專業繼續讀下去，或許畢業論文仍會寫蘇軾。但因提前結束學業，成了明清史研究生，主要研究明代政治制度史和社會經濟史，所以將蘇軾擱置下來，但對蘇軾的感情卻沒有變。

這次張秋林君問我有無興趣重抄舊業，替蘇軾作傳，寫蘇軾的故事，讓更多的讀者了解蘇軾，學習蘇軾。我不禁感嘆，有緣分是拆不掉的，遂慨然允諾，既不負朋友之托，也了卻一件久在心頭的夙願。

等一旦動手，發現問題並不簡單。有關蘇軾的文學作品目不暇接，有關蘇軾的傳記也有許多種。光是林語堂老先生的一部《蘇東坡傳》，便足以使後人畏於動筆。另外，有關蘇軾的軼聞趣事甚多，如何取捨也頗費周思，得在文學與史學之間尋找一個立足點。所幸自己在寫人物傳記與歷史故事方面也積累了一些經驗，雖說難令讀者十分滿意，卻也自信不致令讀者過於失望。如果能做到這一點，東坡老人在天之靈或許不會責怪！

目錄

目錄

第一章

眉山出神童

老泉得子

人說四川有四大名勝——

「夔門天下雄」、「劍門天下險」、「青城天下幽」、「峨嵋天下秀」。

說到青城山，令人肅然動容。這裡林茂山幽，有長者之風。

傳說，當年黃帝封此山為「五岳大人」。這身分之高，自不待言。而且，自東漢末年，張道陵來此設壇布道，從此成了道教聖地。

而峨嵋山則是普賢菩薩的道場，氣勢磅礴，雄秀幽奇，與浙江普陀山、安徽九華山、山西五台山並稱佛教四大名山，非同一般。

就在這一幽一秀、一道一佛兩座名山之間，夾著一個默默無聞的眉山。

中國自古以來便是諸子百家爭鳴、三教九流並存，儒道佛互爭雄長又相互滲透。既然有佛有道，便得有儒。或許是上蒼的安排，硬是要眉山拔地而起，與青城、峨嵋一比高低。否則，怎麼在一夜之間便讓千年靈氣鍾於一身，讓眉山蘇家生出一個日後名震九州、譽播海外的兒子？

話說就在眉山縣城的紗縠行內，住著一戶蘇姓人家，世代以耕讀為業，雖不甚富裕，卻也豐衣足食。

北宋仁宗景祐年間（一〇三四～一〇三七年），蘇氏戶主是位名叫蘇洵的落第文人。蘇洵字明允，號老泉，娶妻程氏，曾生過一男三女，可惜一子一女早夭。有道是不孝有三，無後為大，蘇老泉年近三十，已屆而立，功不成名不就，又膝下無子，難免有些焦慮。所幸妻子程氏已懷第五胎了，老天有眼，該是個兒子吧？有道是精誠所至、金石為開，程氏果然替丈夫生了一個白白胖胖的兒子，這兒子便是蘇軾。

蘇老泉又得了兒子，這歡喜自然就不用提了。時值宋仁宗景祐三年十二月十九日，如按公曆算，則是公元一〇三七年元月了。

蘇軾出生之時，並無任何異兆。既沒有滿屋香氣，也不見祥雲騰起。但由於這孩子日後給家族帶來了榮譽，人們自然要尋找他的不同尋常。幸虧程氏記憶甚好，在家人的啟發下，終於想起了一件事——

那是蘇軾降生的頭一天晚上，或者就是當天黎明之前，程氏做了一個奇怪的夢，夢見一個身材極高極瘦的獨眼和尚穿過庭院，直朝臥室走來。程氏又驚又怕，想叫卻叫不出來，想站也站不起來。眼看和尚已經跨過門檻，進了臥室，經過床前，程式這一聲終於喊了出來。睜眼一看，屋子黑洞洞的，哪有什麼獨眼和尚？原來是南柯一夢。接著就是一陣腹痛，到黎明時分，生下了蘇軾。程氏這才知道，獨眼和尚原來是送子羅漢。

蘇軾日後不僅給家族帶來了榮譽，也使得眉山名聲大震，便是父親蘇洵、弟弟蘇轍，僅就文名而言，或多或少也沾了蘇軾的光。於是在眉山一帶，又輾轉流行著一句民謠：「眉山生三蘇，草木盡皆枯。」說蘇氏父子的出名，是得盡了眉山千年靈氣，因此他們一出名，眉山的草木也就枯了。

還有一個傳說，更是離奇——

蘇軾做滿月的那天，親朋好友都來賀喜。眾人落座後，正在敘話，卻見門外走進一位老丈。這老丈滿頭白髮，一大把銀髯飄灑胸前，臉上皺紋堆疊，深如刀刻，雖然說不上是仙風道骨，卻也氣度不凡。更引人注目的是老丈右手所柱的桃木枴杖，通體烏黑發亮，節上有彎、彎上有節，說不清有多少個節、多少個彎，不知道長了多少年，用了多少年。至於左手提著的竹筐，倒沒有什麼特別之處。竹筐上蓋著一塊紅布，表示也是來賀喜的。

蘇洵見有客人，趕忙迎了上去，將老丈請進廳堂。

老丈笑容可掬地賀過喜，將右手枴杖掛在竹筐上，伸手揭開筐上紅布，從筐中提出一個紅色包袱，遞給蘇洵：「蘇相公，這是老漢的一點薄禮，萬望笑納。」

蘇洵雙手接過紅包，連聲稱謝。

在客人地催促下，蘇洵將包袱打開。紅包布裡面包了一層藍布。再將藍包布打開，卻是一層白布。蘇洵疑惑地看了看老丈，老丈笑著點點頭。蘇洵又將白包布打開，只見白布中包著一撮黃土。

客人中有人起鬨了：「老丈原來是送蘇公子千頃良田啦！」

也有人想起了一個典故：「當年晉國公子重耳避難在外，困於途中，有人送來一撮黃土，說是晉國江山。老丈送蘇公子一撮黃土，莫非……」

老丈連忙截住話頭：「老漢所贈，並非千頃良田。蘇公子日後名揚四海，豈是田土困得住的？這普天之下，都是大宋江山，當今皇上仁慈寬厚，百姓樂業，天下太平，老漢又豈敢送蘇公子別的什麼江山？」

眾人見老丈面色嚴峻，不敢再起鬨。

蘇洵試探著問道：「那麼老丈的意思是……」

老丈緩了緩口吻，笑道：「我是送貴公子，也是送你蘇家父子一座山——彭老山的靈氣。」說罷，轉身出門。

蘇洵若有所悟，也跟著出了門。二人一前一後，來到彭老山。蘇洵頓時便覺得有些異樣，舉目望去，好端端的一座林木茂密的彭老山怎麼變得寸草皆無？再看老丈，也無影無蹤了。蘇洵明白了，原來這老丈就是此山的土地神。

當然，傳說歸傳說，彭老山的林木實際上是毀於一場山火，與蘇軾並無關係。

取名蘇軾

古人對於給兒子取名是非常重視的，因為此事關係到兒子的一生，不能馬虎從事。加上當時雖有戶籍制度，卻不像現今這樣，上戶口便得報名字，因此往往是先有小名，然後才正式命名。

鑒於長子夭亡，蘇洵給這個新生兒取了個吉祥而隨意的小名，叫「和仲」。古人以伯、仲、叔、季為序，仲為二，即老二。和者即和順、諧和，《周易》有「保合大和」之說，《禮記》更說：「發而皆中節謂之和。」蘇洵給兒子取的這個小名，就看重這個「和」字。但是，隨著「和仲」的長大，以及第三個兒子的出生，蘇洵對這兩位愛子的脾性逐漸有了認識，於是正式命名，一名軾，一名轍。

為此，他還專門寫了一篇短文：車輪、車輻、車蓋、車軫，對於一輛車來說，各有用途，缺一不可，而車軾則似乎是可有可無，作用不大。但依我來看，一輛車如果缺了軾，即車前那根作為扶手的橫木，也就不像一部完整的車子了。但這根橫木又確實有過於張揚顯露，因此，「吾懼汝之不外飾也。」

給兒子取這個名，倒是表現了蘇洵的矛盾心理：既希望兒子的個性得到充分發揮，登高眺遠，積極進取；又擔心兒子不事檢點，遭人嫉妒。於是，命名之後又取了一個字，「子瞻」。這是對「軾」的補充，強調登高眺遠，淡化張揚顯露。

至於另一個兒子，蘇洵卻很放心，取名「轍」，字「子由」：「天下之車，莫不由轍。而言車之功，轍不與焉。雖然，車仆馬斃，而患不及轍。是轍者，禍福之間。轍乎，吾知免矣。」雖然轍不能像軾那樣光彩照人，卻也不會像軾那樣遭人嫉妒，福雖不盛，禍也不烈。

僅僅從替兒子取名，就足以顯示這位父親的遠見卓識。

一軾一轍兩兄弟，一個毫放不羈、鋒芒外露、光照千古，卻屢招人忌，一生坎坷，而且差點身首異處；一個沖虛澹泊、隨遇而安，但中有定見、沉穩執著，雖然不像其兄那樣天下嚮往，卻也不愧為鳥中鳳、獸中麒、人中傑。

初聞新政

八歲那年，蘇軾被送往鄉塾讀書。鄉塾設在眉山縣天慶觀的北極院中，有一百多個學生。縣學能有這樣的規模，已經非常可觀了。於此可見當時川中學風之盛。

進鄉塾之前，蘇軾已在父母的指導下讀了不少書，人又絕頂聰明，雖然不能說是過目不忘，卻也是一點就透，故而深得老師的寵愛。這老師便是天慶觀的道士，名叫張易簡，雖是出家，卻並不「出世」，對古今成敗、國事盛衰極為關注，又卓具學識。他的這些品質，給蘇軾留下了極深的印象。

就在蘇軾入鄉塾的那段時間，京師汴梁發生了一件大事。參知政事范仲淹提出了十條改革主張，在仁宗的支持下，與韓琦、富弼等人裁削倖濫、考核官吏，希望對朝政有所提振。歐陽修、余靖等人為諫官，也激揚飆發。一時之間，盡人皆說新政。這股政治浪潮自然也波及到四川。

一天，老師張易簡處來了一位客人，據說是從京城來的。蘇軾長了這麼大，還沒出過眉山，也很少見到「京裡人」。出於好奇，他悄悄走進老師的客房，想聽聽老師和京裡人說些什麼。老師和客人都非常興奮，見蘇軾進來，也不在意，仍在繼續議論。

蘇軾聽他們說范仲淹，說韓琦、富弼，說歐陽修，都是既沒聽說過，也沒有在書上見過的人物。再看看桌上客人帶來的一張手稿，上面抄著一首詩，詩名為「慶曆聖德」，也是稱讚范仲淹等人的。

這范仲淹是什麼人，他做了什麼事，竟讓老師如此振奮？蘇軾忘了大人說話，小孩不許插嘴的師訓，張口便問：「先生，您說的是些什麼人？」

老師正在興頭，被蘇軾打斷話題，不覺有些生氣，將他頂了回去：「這是大人的事，小孩聽不懂！」

沒想到蘇軾竟有理由：「難道他們都是天上的神仙嗎？如果是天上神仙的事，我自然不懂。如果他們也是地上的凡人，那有什麼不能問的呢？」

老師一聽，不禁心頭一驚，原來還只是認為這孩子聰明，沒想到小小年紀，對國事也這樣關心。客人也是肅然動容，在這西南邊陲，竟有如此有膽識的孩童。二人不再把蘇軾晾在一邊，和他說起了朝中的種種變故，稱讚范仲淹等人是人中俊傑；又說到遼人、黨項人連年內犯，朝廷每年得輸「歲幣」，以求和平；還說到時下官場冗員充斥，拖沓成風，墨守成規，不求進取，要使國家富強，非得改弦易轍，革除積弊不可。兩人說得慷慨激昂，蘇軾也聽得熱血沸騰；雖說有許多不明白處，卻升騰起一股責任感。

景仰范滂

幾乎與這件事同時，蘇軾又在母親的指導下，在《後漢書》中讀了范滂的故事。

范滂字孟博，從小就有氣節，長大後以天下萬民為己任。

當時的東漢，皇帝昏庸，宦官專權，政治黑暗，民不聊生。有正義感的士大夫紛紛上疏，指斥時弊，卻被誣為「朋黨」，下獄禁錮。後人把這次事件稱為「黨錮之禍」。

范滂年紀既輕，又敢於仗義直言，被京師的太學生和各地讀書人視為楷模，也成了黨權宦官的眼中釘，就在桓帝延熹九年（一六六年）第一次黨禍時，范滂便被捕下獄。

當他出獄遣送征羌縣（今河南郾城）老家時，汝南、南陽一帶的士大夫，不約而同前來迎接，所乘車輛竟達幾千輛。

人雖然放了，而朝政如故，名士領袖陳蕃等人竟被宦官矯旨所殺。

范滂憤怒了！但在當時的條件下，他只能一再上書，把希望寄託於皇帝的清醒。

但繼位不久的靈帝光比死去的桓帝更加昏庸，在宦官們的策劃下，建寧二年（一六九年）對士大夫進行了更為殘酷的打擊，范滂也在緝捕名單中。

負責督察糾舉之責的汝南郡督郵吳導接到逮捕范滂的詔書，閉門痛哭，不願將詔書交給縣衙執行。

范滂聽說這件事後，知道詔書與自己有關，當即往縣衙投案。

征羌縣縣令郭揖素來敬仰范滂，見他主動投案，大吃一驚。郭揖脫去官服，封好大印，要與范滂一起逃亡：「天下大得很，您何必去送死呢？君若不棄，我願陪您一起走。」

當時天下大亂，以出逃避禍是普遍現象。二十年後，董卓緝捕曹操，陳留縣縣令陳宮便和曹操一起逃亡。

但范滂有自己的做人原則，他認為事情是自己引起的，不能連累他人，也不願因自己逃亡而禍及老母。范滂說服了郭揖，然後與母親辭行。

他跪在母親膝前，聲淚俱下：「兒子就要和母親訣別了！為正義和道德而死，是母親的一貫教導，孩兒雖死猶榮。弟弟仲博孝敬，他會承擔起贍養母親的責任。令兒子痛心的是，從此以後不能再在您膝前盡孝了，而您又要忍受割捨骨肉的痛苦。希望母親節哀珍重！」

范母是位深明大義的女子，在這生離死別之際，她將滿腔苦楚和憤怒壓在心中，鼓勵兒子說：「你所做的事，上不負朝廷，下不負百姓，而且已和李膺、杜密這樣的著名人物齊名，死也是光榮的，我為有你這樣的兒子而高興！」

范滂辭別母親和妻兒，慷慨赴義，年僅三十三歲。

母親教兒子讀這段故事是有深意的。對於兒子的聰明及日後在事業上的成就，母親已有預見，因而主要向兒子灌輸為人處事的道理，希望他不僅才華出眾，而且品格高尚。

蘇軾雖然只有十歲，卻被范滂的高尚人格所感動。他問母親：「我長大後如果也做范滂這樣的人，您會同意嗎？」

母親看看滿臉稚氣卻又異常認真的兒子，心頭一陣激動，她點點頭說：「如果你能夠做范滂，我難道就不能做范滂的母親嗎？」

如果說蘇軾從范仲淹的事蹟中產生了「奮勵有當世志」的責任感，那麼，從范滂的事蹟中則進一步悟出了做人的道理。

古人講究治國平天下須先從修身齊家的功夫做起，只有先做好人，才談得上去報效國家。蘇軾的母親正是從這一點出發，對兒子進行教育。

不過，無論是蘇軾還是蘇母，都還不知道這位九百年前赴義的范滂，正是當時主持慶曆新政的范仲淹的遠祖。否則，不知會激動成什麼樣子。

為師改詩

慶曆八年（一〇四八年），蘇軾十三歲了，父親蘇洵將他和十歲的弟弟蘇轍送往壽昌書院讀書。

當時，眉山縣既隸屬眉州，又是眉州州治所在地，壽昌書院是州裡的學校，和原來天慶觀中的鄉塾自不一般。尤其是在壽昌書院執教的州學校教授劉微之，是當地最有聲望的學者和教育家，蘇氏兄弟在他那裡受到了嚴格的訓練；而劉微之對蘇氏兄弟，尤其是蘇軾，也是刮目相看。

許多年後，蘇軾還向人提起發生在壽昌書院的一個故事——

壽昌書院的後面有一片竹林，林邊是一口大水塘，塘的四周蘆葦叢生。春夏之時，清風徐徐，翠竹青青，葦影水色，風景宜人。在這般環境中讀書，實在令人陶醉。

不過，也有讓人煩惱處。劉先生對學生要求極嚴，規定上午背的課文，不能拖到下午。而學生背書時，憩息在竹林蘆叢中的鷺鷥也時時湊趣，哇哇直叫，弄得你心煩意亂。學生們對這群渾身雪白卻誤解人意的鷺鷥，既喜歡又討厭。

劉先生文章既好，酒量也大，時時請朋友喝酒論文，也時時受朋友之邀，出門對酒。這天，劉先生又去喝酒；但出門前卻留下話，等他回來時，要檢查學生們背書的情況。

先生一出門，蘇軾、蘇轍兩兄弟及同學便伊伊呀呀地讀起書來。這邊讀書聲剛起，那邊鷺鷥也哇哇應和起來。眼看時間不早了，書還沒背出來。

蘇軾一賭氣，帶著幾個膽子大的同學溜出後院，跑進竹林，揀起地上的廢枝，將一團鷺鷥趕得亂飛亂叫。小伙伴們越鬧越開心，早把背書的事忘得一乾二淨。

正在興頭上，先生喝酒回來了。

聽到學童內蘇轍等人的呼喊，蘇軾等人知道闖禍了。他們一個個垂著腦袋走進教室

劉先生望著這幫又淘氣又精靈古怪的學生，怒氣頓然消了一半。他不愧是教育家，要用因勢利導來代替責罵體罰。

蘇軾等人小心翼翼地坐在位子上，連大氣也不敢出，等著挨訓。可等了半天，也沒聽到先生發火。大家慢慢抬起頭，卻發現先生一手捋鬚，望著窗戶出神。

順著先生的眼光，學生們看到了那群驚惶不安的鷺鷥還在空中盤旋，有幾隻膽子稍大的則不聲不響地落在遠離書院的蘆葦中。

蘇軾心中一動：那幾隻鷺鷥不正像犯了過錯的自己嗎？

正在沉思間，卻聽先生慢條斯理地吟起詩來——

「漁人忽驚起，雪片逐風斜。」

蘇軾回過神來，知道先生觸景生情，用眼前的境況來批評他們這群驚起「雪片」般鷺鷥的「漁人」。

慚愧之中有了主見，蘇軾站了起來，試探性地問：「先生，後一句能否改一改？」

劉先生看了看這個自從從心眼裡喜歡的學生，不動聲色地問：「怎麼改？」

蘇軾從先生假裝嚴肅的語氣中得到了鼓勵，提高了聲調：「先生的詩說了事情的發生，卻沒有說它的結果。」

先生臉上由陰轉晴了：「那你就說說它的結果吧！」

學生們聽著這一老一少的對話，都迷惑不解？只有蘇轍皺著眉頭，若有所悟。

只聽蘇軾說：「學生的意思，可將『雪片逐風斜』一句改為『雪片落蒹葭』。」

語音剛落，劉先生撫掌大笑，連聲稱好。（蒹葭即蘆葦）

蘇轍也明白過來了，哥哥和先生作詩改詩，原來都是一語雙關！但他生性沉穩，不喜拋頭露面，只是對哥哥笑了笑，豎起了拇指。

蘇軾也衝著弟弟點了點頭，做個鬼臉，表示感謝。

事後，劉先生向蘇詢賀喜：「貴公子思路敏捷，才華出眾，口後定成大器。還望另請高明，我可不敢再土教席，誤了他們的前程。」

劉先生在眉州是何等身分，他的話一傳出，整個眉州都激動了：蘇家出神童、眉山出神童啦！

第二章

文名動京師

張公薦賢

對於兩個兒子的學業，做父親的蘇洵比誰都更加清楚。眼看兒子已經長大成人，決定讓他們出去闖闖，開拓眼界。但是，蘇洵也有自己的難處：年近五十，卻久困科場；儘管寫得一手錦繡文章，卻無人識拔。多年來的失敗，使他產生了一種自卑感，而這自卑又以極度的自尊包裹起來。

當時讀書人進入仕途有兩條途徑，一是通過科舉，二是通過舉薦。但二者往往又是相通的，即使參加科舉，有人舉薦與無人舉薦也大不一樣。這層利害，蘇洵是知道的，但礙於臉面，他硬是不去拉關係、找門路。可為了兒子們的前途，又不能不去打通一些關節。

就在狐疑猶豫之際，有人帶來了成都知府張方平的邀請。

張方平在北京也是一位響噹噹的人物。小時候他就穎悟絕倫。

當時家裡貧窮，讀書靠向別人借閱，因而逼出了一套背書的訣竅，幾乎達到過目成誦的地步，所以凡是讀過的書便不再讀。據說他曾在十來天內將《史記》、《漢書》、《三國志》通讀一遍，就「已得其詳」。後來考中了進士，做了著作郎，雖後是案錄官，卻有機會接觸皇家藏書，學問見識又深了一層。

四川本是藏龍臥虎之地，僅在唐朝就出過陳子昂、李白這樣的人物。到成都後，張方平便以訪尋人才為己任，因而聽到一些關於蘇洵的事情。不少人替蘇洵抱不平，說他「隱居以求其志，行文以達其道」，但「蘊而未施、行而未成」。張方平對這位自號「老泉」的處士大感興趣，便託人轉致他的「思見之意」。

中國知識分子的性格被許多人說成是內圓外方，表面上性高孤傲，骨子裡卻是重名重利。這話雖不能「放諸四海而皆準」，卻也反映了相當部分讀書人的心態。蘇洵便是這樣。雖說不願主動鑽營，但張方平既然遞來一根竹竿，他還是會順著竹竿上的。於是蘇洵立即修書，對張大人的盛情表示感謝，並決定立即趕赴成都。當然，他這次去成都倒不僅僅是為了自己，更主要是將兩個兒子推出去。

仁宗至和二年（一〇五五年）對蘇軾的一生來說是具有重要意義的。這一年他正好二十歲，弟弟蘇轍十七歲，兄弟倆隨父親來到西南第一大都會成都。

成都是蘇軾早就嚮往的地方。在他的心目中，成都比當時的京都汴梁分量要重得多。這裡有他仰慕的蜀漢丞相諸葛亮的武侯祠，有唐代大詩人杜甫留下的草堂，還有道教祖師老子修道的青羊宮，以及漢代司馬相如攜卓文君私奔後居住的那間「家徒四壁」的陋室，等等。這就是成都，既為英雄豪傑提供用武之地，又具才子佳人浪漫風流之情。以後的蘇軾既有「大江東去，浪淘盡千古風流人物」的豪氣，又有「枝上柳綿吹又少，天涯何處無芳草」的柔腸，想必也與這次漫遊成都有關。

蘇軾兄弟漫遊成都之時，蘇洵則先去拜訪張方平。這一見，竟然大為投機，都認為相見恨晚。蘇洵又將自己寫的文章呈上，張方平讀了之後更是讚嘆不已，說是左丘明的記言、司馬遷的敘事、賈誼的論道，蘇洵兼而有之。

張方平又問起蘇洵兩個兒子的情況。當聽說蘇軾正在重讀《漢書》時，不禁有些不解：「文章還需要讀兩遍嗎？」因為他自己一本書從不看兩次。

蘇洵回到客房後，將張方平的話告訴蘇軾。蘇軾也頗不理解：「不需看兩遍？我還打算看三遍呢！」

第二天，蘇洵帶著兩個兒子再次拜訪張方平。

張方平看看這兩個年輕人，一個英氣四溢，一個沉穩有度，不禁暗暗驚奇。待一交談，張方平更是大吃一驚，兒子的學問和見識竟然絲毫不讓乃父。

張方平讓蘇軾談談讀《漢書》的心得，自己則時而加以評說。兩人不由得互生敬慕之意。張方平覺得蘇軾對《漢書》的理解確實比自己更深、更有新意，蘇軾也讚嘆此後讀書果真不需第二遍。

經過幾次接觸後，張方平深信蘇氏父子不但是蜀中人龍，也是天下奇才，不能讓歲月將他們埋沒。他一面上書朝廷，推薦蘇洵為成都學官，一面修書給當時的文壇領袖歐陽修，介紹蘇氏父子的文章及為人。

朝廷對張方平的推薦並沒有給予重視，而雅州（今四川雅安）太守雷簡夫卻認為張方平太過謹慎。在雷簡夫看來，蘇洵既有良史之才，又有王佐之才，能得到重用則可為帝王師，做學官簡直是大材小用。

但雷簡夫對蘇洵的認識其實不如張方平。後來蘇洵曾拜會過當朝重臣韓琦、富弼，他們對蘇洵有一個共同的認識，既書生議政，道理很充分，可就是行不通。因此，蘇洵最合適的位置，還真只有學官。

修書給歐陽修更能顯出張方平薦賢的熱忱。張方平和歐陽修雖然都是眾生所歸的「君子」，但兩人的關係卻並不融洽。范仲淹推行新政時，歐陽修是新政的支持者，張方平則因一樁案子而站在對立面，雙方從此交惡。但張方平並沒有因此而繞過歐陽修，而是以國事為重，向他推薦蘇氏父子。歐陽修也不以張方平所薦為嫌，看過隨信附來的三蘇文章，連聲讚嘆：「後來文章當在此。」

張、歐的這種氣度，也為人們所稱道。

韓公識才

有張方平、雷簡夫這些名人的極力推崇，蘇洵對兒子的信心更足了，期望也更為殷切了，而自己心中對科場的一片死灰似乎也重新點燃。來年便要考選舉人，蘇洵這時已是一顧蜀天低，他決定跳出蜀中，讓兒子和天下的俊傑一較高低。

宋代的科舉名目很多，有進士科、明經科、明法科、三史科、別科等，但日後可望飛黃騰達的還是進士科。考進士一般得接受三級考試，即州試、省試和殿試。州試本在各地舉行，由各州通判主考，取中者稱為「舉子」、「貢生」，赴京參加省試。後來為了革除地方宿弊，改在京師舉行，稱之為「初試」。

仁宗至和三年（一〇五六年）是初試之年，時間是在八月。但蘇洵有些坐不住，剛到三月，天氣放暖，就帶著兒子上路了。

從某種意義上說，當年的科舉制度似乎比今日的大學考試更富有浪漫性，有側重於考生的才識。因此，蘇洵早早上路，並不是趕去京師逼兒子死讀書，而是一路遊覽，幫助兒子豐富閱歷，增長見識。

父子三人沒有像當年李白那樣東出三峽，而是循著蜀道北行，越劍門險關，出褒斜峽谷，來到古都長安。長安屢遭兵火，已非昔日漢唐盛世的景象，但那雄視天下的氣勢，卻非一隅成都可比。

父子三人遊覽了久享盛名的漢未央宮、唐大明宮遺址，瞻仰了雄踞渭原的茂陵、昭陵、乾陵，領略了關中百二河山的博大與高嚴。然後東出潼關，進入中原腹地。六月，踏上了京都開封府界的土地。

頭一次來到天子腳下，蘇軾兄弟第一眼看到的便是高聳入雲的鐵塔。這用鐵鑄成的塔該有多重？又如何矗得起來？

後來到鐵塔腳下，兄弟二人不禁啞然失笑！這座比蘇軾小十三歲，比蘇轍還年輕十歲的「鐵塔」原來並不是鐵鑄的，它外面鑲著褐色琉璃磚，近似於鐵色，所以才叫「鐵塔」。

乘著父親蘇洵四處奔走，拜訪名流的機會，兄弟二人來到開封城內最繁榮的所在——大相國寺。

這座著名的佛寺本為戰國時魏公子信陵君的故宅。在這裡，信陵君接待了來自七國的英雄豪傑，策劃了竊符救趙的著名計謀。自北齊修建保國寺，後來唐睿宗賜名大相國寺，遂名揚天下。到了北宋，這裡不僅為皇家寺院，而且在寺前平添了鱗次節比的店鋪和戲耍娛樂的瓦肆，接待四方遊客，熱鬧非凡。

這番繁榮景象，卻又不是昔日古都長安和西南都會成都比得上的。

但是，蘇氏父子被京城激起的熱情剛起，災難便降臨到了開封。連日大雨導致蔡河決口，京城內外頓成汪洋。大水沖塌官私房屋數萬區，捲走人口不計其數。

大雨下了一個月多，直到七月才停。

大水退後，蘇軾兄弟登上城北的龍津橋，望著劫後的帝都，心中不由得一陣惆悵和憐憫。在他的生命歷程中，還沒有經歷過這樣的劫難，也才第一次看到這樣多的災民。災民們來自河東、河北、京東、京西，乃至陝西，那裡幾乎在同一時期也遭到大水的洗劫。一股從來沒有過的責任感陡然充滿了兩個年輕人的胸腔。

因為這次大範圍的水災，原定在八月進行的進士科初試推遲到九月舉行，仁宗皇帝的年號也因此由「至和」改為「嘉祐」，以圖吉祥。至和三年九月成了嘉祐元年九月。為了穩定京師治安，剛直無私的龍圖閣直學士包拯受命出任開封府尹。

在九月舉行的初試中，蘇軾兄弟小試鋒芒，雙雙中舉，取得了來年省試的資格。

考試時間的推遲，本來是為了京師水災。而在水災過後，蘇軾則因水土不服，病了一場，由此卻演繹出一段有關韓琦識才的故事。

事情是這樣的，蘇軾生病了，蘇洵心急如焚，一面到處延醫問藥，給蘇軾治病，一面再次去見重臣韓琦，請他多加關照。

韓琦早就見到了張方平、雷簡夫的推薦信，也讀過了蘇軾兄弟的文章，很是欣賞。得知蘇軾病了，韓琦很是焦急。他面見仁宗，說今年應舉之士，只有蘇軾、蘇轍兄弟最有才華，蘇軾得病，恐怕趕不上考期，建議將考試推後，等蘇軾病癒後再進行考試。仁宗當即批准了韓琦的建議，將考試時間推遲二十天，即改為九月上旬進行。

蘇轍不負韓琦的苦心，和哥哥蘇軾順利過關。

考前，韓琦還放出了風聲，說這次考試有蘇軾、蘇轍在，別人怎能和他們較量？這股風放出之後，大約有一半考生離京。

歐公誤會

蘇軾、蘇轍雙雙中舉後，蘇洵按當時的規矩帶著他們繼續住在京城，加緊準備，以待來年的覆試。那輪考試才是真正見功夫的。

嘉祐二年（一〇五七年）正月，皇帝的詔書公布了。主持這次全國貢舉考試的是眾望所歸的文壇泰斗歐陽修。歐陽修當時是禮部侍郎兼翰林院侍讀學士。副考官也都大名鼎鼎，他們是韓絳、王珪、范鎮、梅摯、梅堯臣等人則為參詳官，操持具體事務。

考試那天，蘇軾兄弟和其他考生一樣，天剛亮就趕到考場。在侍衛禁軍的監督下，每人一個斗室，完全與其他人隔絕，氣氛非常緊張。一場下來，不少考生垂頭喪氣，蘇軾兄弟則異常興奮。省試也不過如此，他們的信心更足了。

三場考罷，便是閱卷。

當時閱卷很是嚴格。先將考卷上寫有考生姓名、籍貫的地方折起用紙糊上，編上序號；這叫「糊名」；然後由書丞謄抄，以避免主考官根據筆跡作弊；再由參詳官初閱，並提出意見；最後才由主考官決定錄取的試卷，經與原試卷對照無誤，張榜公布。由於這是為國家挑選人材，所以考官們既興奮又認真。

參詳官梅堯臣在審閱《刑賞忠厚之至論》這道試題時，被一位考生的試卷吸引住了。這篇文章雖然只有五百多字，卻字字珠璣，論證嚴密；行文若流水，氣勢若長虹。尤其是該文「立法貴嚴，而責人貴寬」的立論更切中時弊，引起梅堯臣的共鳴。

梅堯臣帶著沙中淘金般的喜悅，將這份試卷推薦給主考官歐陽修。

歐陽修閱後，也大為讚賞。按照歐陽修的本意，便要將這篇文章及其作者列為省試第一名，但落筆時又有了顧慮。在他看來，這樣的好文章在這屆舉子中恐怕只有曾鞏才做得出來。但曾鞏不僅是自己的弟子，而且是江西老鄉，發出榜去或許會引起嫌疑。同時，歐陽修和梅堯臣對文中所說的一段典故把握不住。

這則典故說，當年堯為帝時，皐陶主掌刑法。有人觸犯法律，皐陶準備將此人處死。在請示堯的時候，皐陶列出了三條該殺的理由，但堯卻提出了三條赦免的理由，將此人寬恕。正因為有皐陶嚴於執法、帝堯寬於待人，所以天下得太平。如果一意嚴厲或一意寬恕，天下便要亂了。文章用這則典故來論證「立法貴嚴，而責人貴寬」的論點，可說是恰到好處。

對於此典，歐陽修和梅堯臣都覺得似曾相識，卻又記不起出自何書。兩人都是飽學之士，但誰也不能說自己無書不窺，且過目不忘。

為了慎重，歐陽修將這篇文章列了第二。一待和原試卷核對，才知道此文的作者並非來自江西的曾鞏，而是來自四川的蘇軾。歐陽修更高興了，張方平所薦不虛。

雖然因為歐陽修的誤會和謹慎，使蘇軾在省試中名列第二，但他在幾天後的覆試中，又以「春秋對義」名列第一。蘇轍也不甘人後，進入省試的錄取名單。

省試之後便是殿試了。這實際上是履行一種儀式，因為省試錄取者已具有進士的資格。但這個儀式又非有不可，進士經皇帝「欽賜」，便是皇帝的門生了，此後理當為皇室效忠一輩子了。

蘇軾兄弟同時中了進士，自是歡喜若狂！但最為高興的，莫過於做父親的蘇洵。算來蘇洵已經年過半百，想不到自己幾十年夢寐以求的願望，竟由兒子們來實現。他不無自嘆又不掩自得地逢人便說：「誰說考進士容易，對我來說，簡直比登天還難；誰說考進士難，對我兒子來說，比路旁拈小草還容易！」

他們父子是高興，但主考官歐陽修卻是別有一番滋味在心頭。自己讀了大半輩子書，三墳五典可說如數家珍，漢儒詮釋也不出方寸，怎麼就想不起皋陶殺人、帝堯救人的典故？這蘇軾小弟又是從哪本書上見到的？

帶著這番疑慮，歐陽修在蘇洵父子來訪時問及此事。因為在場的人很多，蘇軾不便多說，只是回答在《三國志．崔琰傳》有關孔融的注中。

眾人離去後，歐陽修查閱《三國志》，卻仍然找不到這個典故。這本來是情理之中的事，作為前三史的《三國志》，歐陽修太熟悉了，豈能《三國志》上的典故竟然不知？

正好幾天後蘇軾單獨造訪，歐陽修又一次問起。

蘇軾便講述了《三國志》注引《魏氏春秋》中的一段故事——

曹操奪取幽州後，將袁紹之子袁熙的妻子甄氏賜給自己的兒子曹丕。

孔融知道此事後，大為不滿。在給曹操的一封書信中，孔融編了一個情節，說周武王伐紂成功後，俘虜了妲己，將她賜給了弟弟周公。

曹操見信後迷惑不解，書上都說殷亡後姜子牙斬了妲己，怎麼妲己沒死，被武王賞給了周公？孔融是飽學之士、大學問家，他的話自然是有根據的。

見面後，曹操問起武王賜妲己給周公的出處。孔融回答說，我以今日之事推測古人，只是想當然耳，並無出處。

故事說完後，蘇軾又補充了一句，學生所書關於帝堯、皐陶的故事，如孔融一樣，也是「想當然耳」，特此請罪。

歐陽修聽罷，連稱慚愧！自己對孔融所編的故事曾頗有感受，怎麼就不知道可以類推，可以舉一反三？面前這個青年不僅思維敏捷、文采過人，而且善讀書、善用書，他日文章必然獨步天下。

由此，他對蘇軾更加刮目相看。在給梅堯臣的信中，歐陽修情不自禁地稱讚：「讀蘇軾的文章，實在是一大快事。我年紀大了，該讓路了，放他出一頭地！」事後又對兒子們說：「你們記著，三十年後，世上人們就不會再說起我了。天下傳誦的，只有蘇子瞻的文章。」

蘇軾對這位名揚四海的前輩地獎掖，一直心懷感激；許多年後，他給晁無咎的詩仍提到此事：「醉翁遣我從子游，翁如退之踐軻丘。尚欲放子出一頭，酒醒夢斷四十秋。」

仁宗得意

就在蘇氏父子春風得意之時，卻從四川傳來噩耗，勤謹一生的程氏這年四月初八在家鄉眉山去世了。這噩耗恰如晴空霹靂，父喪其妻、子喪其母，蘇洵父子欲哭無淚、欲號無聲。可憐的妻子，盼丈夫盼到兩眼望穿，卻沒有盼到丈夫的出息！可憐的母親，從兒子一落地就盼子成龍，可兒子雙雙中了進士，她竟然連喜訊也沒聽到就離開了人世！她是帶著期待和遺憾而去的。

按當時的規定，父母去世，子女得守孝二十七個月。在這二十七個月中，做官的要辭官，定了親的要推遲舉行婚禮，娶了妻子的也得分居。其實，就是沒有這些規矩，蘇氏父子也是要回去安頓亡靈的。

二十七個月後，仁宗嘉祐四年（一〇五九年）十月，蘇氏父子二度離開老家眉山，取水路返京。不過這次不是父子三個人，而是全家六口人。加上了蘇軾、蘇轍的妻子，和蘇軾剛剛出世的長子蘇邁。

他們從眉山登舟，經岷江入長江，直下三峽，到達江陵。這是當年李白出川的故道，感受著「兩岸猿聲啼不住，輕舟已過萬重山」名句的激動，飽覽了山川的秀美、風景的樸質、賢人君子的遺跡，蘇氏父子也寫下了上百篇詩文，後來編為《南行前集》。只是在這些詩文中，雖有李白詩歌的浪漫遺風，更多的卻是學習杜詩的痕跡：所表現出來的，雖然有對山河氣象的讚美，更多的卻是憂國憂民的意識。

到江陵後，他們棄舟登陸，取道襄陽、南陽，於嘉祐五年二月抵達京城汴梁。

宋朝的進士並沒有明朝時期值錢。明代舉人考中進士之後，一般都可以弄到六品主事備又七品翰林、御史、給事中之類的京官，以及五品的知州、六品的府通判及州同知、七品的知縣之類外官。而蘇軾兄弟回京之後，只被任命為外縣九品主簿，協助知縣典領文書，辦理具體事務。蘇軾的是福昌縣（今河南宜陽）主簿，蘇轍的是澠池縣（河南今縣）主簿。以二人的才氣名聲而做九品小官，自然不會甘心。他們均未到任，而是準備進行下一輪拼搏。

當時，朝廷正在籌備制科策試。這是選拔特殊人才的措施，參加策試的必須具有進士資格，而且得有大臣推薦，由皇帝親自出題，在便殿考試。這種考試與進士考試不一樣，只寫一篇文章，叫「策試」，一般都是以時局為題，要求切中時弊，提出解決問題的建議。而閱卷者則是皇帝自己和朝中當權者。試卷不糊名，不謄錄。

按理說，這本是直抒己見的好機會，但難也就難在這裡。如果文章輕描淡寫、不及要害，或粉飾太平、虛言溢美，不但會引起皇帝的不滿，而且事情傳出，在讀書人面前也抬不起頭來，會被斥為「媚上」。如果文章過於尖銳、不留情面，乃至公開指名道姓地批評，雖然可以得到輿論的喝采，但又容易觸犯忌諱，遭人嫌猜，說是「賣直要譽」。如何在二者之間找到一個適合點，既可表現暢所欲言的赤誠、言必中的見識，又讓當權者有台階可下，保留他們的面子，實在是不容易。

這一屆策試是在嘉祐六年（一〇六一年）八月進行，蘇軾和蘇轍都獲得了策試的機會。蘇軾的薦主是翰林學士歐陽修，他看好這位善讀書、讀活書的門生，唯一擔心的是這位好望高眺遠的弟子下筆不留餘地，給人難堪。

蘇轍的薦士是龍圖閣直學士楊畋，他以清介謹慎而又獎拔後進為士林所重。對於蘇轍，楊畋很有信心，這個十八歲就考中進士、文采見地與其兄比肩而又沉穩有度的年輕人前途不可限量。

二蘇之外，還有一位名叫王介、來自河北常山的考生，也以強記剛直著稱。

事實證明，這三位考生都不是庸碌之輩，他們以時局的獨到見解和義無反顧的氣概，令世人不得不承認後生可畏。但相比之下，王介的文采和文章中所透露的氣勢及靈氣比起二蘇還是頗有不如。

蘇軾在策文中對國家內憂外患的形勢和歌舞昇平的景象作了比較，認為國家雖有可憂之勢，卻無可憂之形，大臣循用故事，小臣謹守簿書，上下相安，苟且歲月，全不以國事為重；而察其根源，則在於做皇帝的不知勤政，不知御臣之術。

這番議論，已讓大臣有些為難了。

出乎人們意料之外的是，一向以沉穩有度著稱的蘇轍在策論中的火力比哥哥蘇軾還要猛烈，而且直指「乘御」：古代的聖人無事時深憂遠慮，所以臨事則不驚不懼，陛下卻恰恰相反，天下無事時不憂不慮，一旦有事時則既驚且懼。他特別提到了外界有關宮闈的傳聞：「近歲以來，宮中貴姬至以千數，歌舞飲酒，優笑無度。」由於一心娛樂，所以上朝時不見對諸司政事有何詳說，下朝時也不見召集大臣詢問方略。上下宴安，全不思內有養士、養兵之費，外有契丹、西夏之奉，百姓生計彷徨，國家元氣委靡。

二蘇及王介的策論使持政大臣深感不快。尤其是韓琦，他對蘇氏父子有知遇之恩。就在策試臨近時，蘇轍有病，韓琦為此專門奏明仁宗，說「今歲應召制科之士，唯蘇軾、蘇轍最有聲望。今聞蘇轍偶染病，未可試，如此兄弟中一人不得就試，甚非眾望。」請求將策試日期推後，直到蘇轍病癒才進行。沒想到蘇轍論事竟如此不加節制，全然不為自己這個宰相（同中書門下平章事）留下餘地。

但是，以主考官知諫院司馬光為首的考官班子多是來自清閑衙門的官員，他們也對執政者有看法，蘇軾等人的策論與他們不謀而和。他們在蘇軾和王介之間作了選擇，蘇軾以「文義燦然」入了最高等——第三等。入這一等的，開國以來僅有吳育一人，這也是位「奇穎博學」的人物。蘇軾是第二位。

不過，對蘇轍，因為他批評皇帝過於尖銳，考官們覺得有點為難。倒是主考官司光馬旗幟鮮明，他認為應試的三人中，只有蘇轍的愛君憂國之心最忱，應和蘇軾同入三等。但也有人主張將其罷黜，或入第四等。幸虧仁宗有人君之度，他認為擬科策試，目的就是為了徵求直言，如今蘇轍直言不諱而被罷黜，天下人會怎麼看呢？仁宗的話自然是一言九鼎，蘇轍入了四等。司馬光和楊畋很是感激，對仁宗著實稱讚了一番。

仁宗這一次不但見識了蘇軾兄弟的文章，而且對自己處理蘇轍問題非常得意；經司馬光和楊畋一歌頌，更是興奮不已，回到後宮還連呼痛快。

高皇后見他如此高興，自然也得捧場，問他有何喜事，也讓後宮嬪妃們高興高興。

仁宗看了看圍攏過來的嬪妃，伸出二指：「朕今日為子孫找到兩位宰相！」

第三章 仕途初跋涉

簽判鳳翔

制科策試的成功，使蘇軾兄弟在仕途上跨進了一大步；但是，也正因為在策試中極論時弊，蘇軾兄弟一開始就嚐到了穿小鞋的滋味。

雖然仁宗以為找到了兩位未來的宰相，但現任的宰相卻容不得這未來的宰相。按理說，蘇軾兄弟參加制科策試，蘇軾還入了第三等，應是翰林院的當然人選，但只給了個大理寺評事的京官銜，簽書鳳翔判官。

如果是在漢唐，關中為帝都，鳳翔為長安的西門戶，那是個好去處。但到了宋代，情況就不一樣了。宋太祖定都東京汴梁，政治中心在中原，關中便為偏僻所在。尤其是西夏強盛以後，關中成了兵連禍結之處。鳳翔府所在的秦鳳路，與西夏毗鄰，雖說十多年前雙方簽了和約，宋朝政府每年「賜」給西夏白銀七萬兩、絹十五萬匹、茶葉三萬斤，以換取邊境的安寧，但西夏人越境劫掠之事仍時有發生。將一位以文章著名的才子放到這個地方來辦事，不能不說當權者是在進行某種報復：既然年輕人沒吃過苦頭，那就讓他嚐嚐吧！

蘇轍比哥哥更慘，他只得到個商州推官的頭銜。商州也在關中，本來兄弟二人又可結伴而行，但負責起草詔令的知制誥王安石卻認為蘇轍在制科策試時「專攻人主」，故不寫委任狀。蘇轍只好在京城等待，蘇軾也只得獨自上路了。

從童年起，兄弟二人一起進州學，一起隨父往成都拜謁張方平，一起考鄉試、考三試、考殿試中進士，又一起回川奔母喪，一起二度出川，一起應制科，雖然不能說是形影不離，卻也是同進同退，不曾落單。這次蘇軾的簽判鳳翔，是兄弟兩人第一次分別；從此以後，也得各奔東西。說來這本是情理之中的事，終不成兄弟二人像當年伯夷、叔齊那樣，廝守首陽山。只要圖進取，總是要分開的。但從感情上說，卻是難捨難分。

蘇轍從開封一直將哥哥送過鄭州，在兄嫂的一再勸說下，才揮淚掉轉馬頭，踏雪東回。望著已長大成人的弟弟漸漸遠去，蘇軾不禁一陣難受。以往是攜手闖難關，往後就得孤身走天涯了。

從朝中權貴看，將蘇軾發往鳳翔，是對他狂妄不謹的懲罰；而對蘇軾自己來說，去關中卻是求之不得。有道是好男兒志在四方，大凡血氣方剛、抱負不凡的年輕人，都希望到邊疆去、到能夠體現自我價值的地方去，成一番轟轟烈烈的業績。鳳翔地處西陲，逼近西夏，自己從小敬仰的大豪傑范仲淹當年就在這一帶和黨項人周旋。初入仕途，就被派往此地做官，誰能說不是天意的安排呢！

蘇軾到鳳翔時，鳳翔太守名叫宋選。這是一位為人厚道的實幹家，對在京師闖下極大名頭的新下屬，宋選更表現出他的長者之風。說實在話，蘇軾開始對這位不大擺弄文字的上司是有些看不起的，但很快被他的深入細微、與民同憂的作風和品格所感染。

蘇軾第一次赴京時，途經鳳翔府所屬扶風縣，住了一個晚上，館舍的條件極差，叫人無法忍受。但這次到鳳翔，重遊扶風館舍，報發現剛剛改建一新，可以和官府、廟觀及富人住宅媲美。來往士商都稱讚說，到了館舍猶如到了自己家裡，樂而忘夫。條件一改善，住的客商多了，也促進了鳳翔的經濟發展，可說是一舉兩得。

蘇軾雖是以文章取官職，卻自小以天下為己任，以萬民為憂思，只是不知從何入手。傳舍的變化，使他開始感受到了當年使自己激動不已的范仲淹名句「先天下之憂而憂」的真正含義。欲成大事者，不正是應該從老百姓衣食住行之類的小事做起嗎？他開始對宋太守刮目相看了，也開始腳踏實地為百姓辦實事了。

祭神祈雨

嘉祐七年（一〇六二年），即蘇軾第任的第二年，就遇上鳳翔鬧旱災。

北方鬧起旱災是南方人所難以想像的，往往是一兩個月滴雨不見，河流乾涸，水井枯竭；接著便是飛蝗遍野，草木皆盡。

嘉祐七年，從二月開始，到三月上旬，整整一個月不下雨，剛剛返青的麥子眼看就要枯黃了。如果再不下雨，老百姓又得離鄉背井，四處流亡了。

宋太守為此事急得吃不下飯，睡不著覺，一聽說天上有雲，便趕緊跑出去看天象。但那幾絲浮雲被烈日一照，反倒更令人感到絕望。

蘇軾這段時間也是忙裡忙外，可就是沒有主意。不要說那年頭沒有抽水機，便是有，也無處抽水。人們唯一的希望，便是盼老天開恩，下場透雨。

當地流行著一種傳說，說鳳翔城南的太白山上有座神廟，神廟是祭祀太白山神的。廟前有個小池塘，無論天怎麼旱，這小池塘卻不會乾，池中的小魚也仍在悠游。因為這池中的水是「龍水」，而魚則是龍王的化身。當地還有個風俗，每當旱得活不下去，就得派人去太白山的小池中取「龍水」，父母官和全城的頭面人物出城迎接，進行禱告。如果心誠，或許會感動上天，降下甘霖。

宋太守對這個傳說是熟悉的，過去也曾一而再，再而三地迎水祭天，但總是請到雨的時候少，請不到的時候多。

蘇軾這年剛剛二十七歲，身強體壯，眼看萬民盼雨，望眼欲穿，田土乾裂，麥苗枯黃，不由得心急如焚。他自告奮勇，要親自去太白山山神廟祈禱，為萬民造福。

宋太守經過幾個月的接觸，也發現這位文名動京師的才子有顆赤誠的愛民之心，有不畏勞苦，勇於擔當的辦事之才，和那些只會夸夸其談，不幹實事的讀書人不一樣，便答應了他的要求。

三月初七日，是太白山山神的生日，蘇軾親自準備好了禮物，前往太白山祈禱。他深信自己是虔誠的，事前洗了澡，還齋戒了三日。

祭神回來後，下起了小雨，但地未沾濕，便停了。

蘇軾等哪，等哪！等到第十天，終於等到陰雲密布，下起雨來。蘇軾相信，這雨是自己用誠意求來的。但片刻之後，雨又停了，僅僅打濕了地皮，不足以救旱。這是怎麼回事？

鳳翔百姓卻從小雨中看到了希望，有人找他出主意，說山神被蘇大人的精誠感動了，所以下才雨。但在唐朝，太白山的山神是受封為明應公的，到宋朝卻改封為濟民侯，名號雖然與山神濟民的本意相合，但爵位卻降了一等，或許是對此不滿，故未肯普降大雨。

蘇軾趕忙找來有關典籍和地方志書查閱，果然唐朝的太白山神是「明應公」。經與宋太守商議，由他代太守給朝廷寫了一道奏疏，請求恢復太白山神的公爵，並派專人去太白山宣讀、焚化奏疏的副本，順帶再次取回「龍水」。

三月十九日，派往京城的專使出發了，前去太白山宣讀祭文的使者也該回程了。蘇軾和宋太守照例沐浴更衣，出城迎接「龍水」。城鄉百姓數千人也從各方趕來，人們都把希望寄託在這「龍水」上。

說來也巧，就在蘇軾陪太守出城時，天空有了雲彩，而且越來越濃，不到一頓飯功夫，已是烏雲密布。

三月的關隴，冷風一吹，令人頓生寒意。但人們的情緒卻被這冷風激發得更熱了，人們呼喊著，群情振奮。但雨卻不見下來。蘇軾和太守又趕回城內真興寺禱告，然後出城，正好「龍水」也取回了。

就在這時，隨著一聲霹靂，下起了一場飄潑大雨。蘇軾和數千百姓一道，在大雨中歡呼，跳躍。他第一次感受到了與民同樂的歡快；況且，這場大雨也有的他心血和勞苦。

這雨連續下了三天，鳳翔的旱情徹底緩解了。也就在這時，蘇軾官舍前的一座風景亭也落成了。既喜亭成，更喜雨下，蘇軾情不自禁，寫下了名傳千古的《喜雨亭記》。《記》中說到了這次下雨的經過——

> 余至扶風之明年，始治官舍，為亭於堂之北，而鑿池其南，引流種樹，以為休息之所。是歲之春，雨麥於岐山之陽，其占為有年。既而彌月不雨，民方以為憂。越三月乙卯（初七日），乃雨，甲子（十六日）又雨，民以為未足。丁卯（十九日）大雨，三日乃止。官吏相與慶於庭，商賈相與歌於市，農夫相與抃於野；憂者以樂，病者以癒，而吾亭適成。

就在這得到天降甘霖的歡樂中，他內心的豪氣又上來了，取亭名曰「喜雨」，並作歌而唱——

使天而雨珠，寒者不得以為襦。
使天而雨玉，飢者不得以為粟。
一雨三日，繄誰之力？
民曰太守，太守不有。
歸之天子，天子曰不然。
歸之造物，造物不自以為功。
歸之太空，太空冥冥。
不可得而名，吾以名吾亭！

實在是痛快！但其間透露出來的豪爽和無所顧忌，以後卻夠他吃苦頭。

陳公短長

第二年即嘉祐八年（一〇六三年）正月，寬宏厚道的宋選離任了。接替他的是陳希亮。陳希亮字公弼，四川青神縣人，仁宗天聖年間（一〇二三～一〇三二年）進士，那時蘇軾尚未出生。青神縣與眉山縣毗鄰，蘇軾的妻子王氏便是青神縣人。按理說，既是同鄉，又是忘年，蘇軾在他的手下做事應該是很順心的，但事情恰恰相反。

陳希亮的作風和前任太守宋選截然不同。宋選不動聲色、細緻入微，陳希亮則是雷厲風行、大刀闊斧；宋選為人寬厚、與人為善，陳希亮則是疾惡如仇、除惡必盡；宋選折節下士、性情隨和，陳希亮則是老而彌堅、爭強好勝。

蘇軾在宋選手下幹了一年多，覺得很受器重，陳希亮一到，他就感到有些彆扭。以往經自己辦過的事、擬過的稿，宋太守都是鼓勵有加。可這陳太守似乎處處和自己過不去，每擬奏文禱詞，他總要橫豎挑剔，增刪塗抹。自從上次祈雨之後，蘇軾又幹了幾件漂亮事，衙門上下及父老鄉親都稱其為「蘇賢良」。但陳希亮聽了不高興，將一位當著他的面喊「蘇賢良」的衙役打了二十棍，以示懲戒。

蘇軾哪裡受過這般氣！你陳老爺子不就仗著資格老嗎？天聖中進士，有什麼了不起！我還是制科三等呢！

賭著這股氣，蘇軾對這位同鄉兼前輩的上司也就受理不理。吩咐要擬的稿子，他拖上幾天再寫；分排下來的差事，他不緊不慢地幹。有一次，陳太守設宴招待下屬，並打算在宴間議論一些公事，蘇軾乾脆托故不去，被陳希亮罰了八斤黃銅。

兩股傲氣擰在一起，誰也不服誰。

但有一次，陳太守卻表現出令人驚訝的寬宏。他在自己官衙的後院建了一座台子，這台子建得相當氣派，公餘飯後登台休息，四野風光盡收眼底，頗有心曠神怡之感。陳太守對這個台子很滿意，命名為「凌虛台」，既寓台高、升於實際之意，又效當年曹子建「建三台於前處，飄飛陛以凌虛」的雅興。台子建好後，他讓蘇軾寫篇文章，刻碑留記。

按說陳希亮自己也是舞文弄墨出身，寫篇碑記是不成問題的，而且可以昭示後人，但他卻偏讓蘇軾寫。是預料蘇軾日後將成大名，這凌虛台得仰仗他的盛名才得以傳諸世人，還是對這位桀傲不馴的下屬表示和好之意，抑或他原本就是要殺殺年輕人的傲氣，這次才真正讓他施展才華？陳希亮至死也沒有對此事作出解釋，故而無法斷言。但蘇軾卻藉這個寫《凌虛台記》的機會狠狠整治了老爺子一番。

文章先寫鳳翔的地理形勢，再寫建凌虛台原委及台的特性，均寥寥數語帶過；然後筆端一變，說遵陳太守之命，作文為記。於是藉題發揮——

> 物之廢興成毀，不可得而知也。昔者荒草野田，霜露之所蒙翳，狐虺之所竄伏。方是時，豈知有凌虛台耶？廢興成毀，相尋於無窮，則台之復為荒草野田，皆不可知也。

這是先說自然界滄海桑田的變化規律，興廢與成毀本是交替變化的。成興之時，便含廢毀的基因；廢毀之際，蘊有成興的契機。這才是顛撲不破的規律。

接著由自然滄桑說到人事變化——

嘗試與公（陳希亮）登台而望，其東則秦穆之祈年、橐泉也，其南則漢武之長楊、五柞，而其北則隋之仁壽、唐之九成也。計其一時之盛，宏傑詭麗，堅固而不可動者，豈特百倍於台而已哉！然而數世之後，欲求其髣髴，而破瓦頹垣，無復存者。既已化為禾黍荊棘、丘墟隴畝矣！而況於此台歟？

登台眺望，東面曾是春秋時西域霸主秦穆公修建的祈年殿和橐泉殿，南面曾有漢武帝的長楊獵場和五柞神宮，北面則是隋文帝和唐太宗的避暑行宮。它們比這凌虛台強過百倍，但幾百年後，連影子也找不到了，何況腳下這個台子呢？

寫到這裡，蘇軾還覺得意猶未盡，乾脆再補上幾句：連堅石壘成的宮殿樓台都留不長久，何況是血肉之軀的人和悠忽萬變的事。世界上確實有永垂不朽的東西，這可是樓台和人事存亡都影響不了的。

由一座凌虛台而到自然界的變化，進而到人事的成毀，最後道出主題：「蓋世有足恃者，而不在乎台之存亡也。」但究竟什麼是「足恃者」，卻不明言，留待識者領悟。

也虧了蘇軾抱著冷眼旁觀的態度寫這篇文章，才達到了這種極高的意境。陳希亮或者是被這種意境所征服，或者有意表現出寬宏，這篇文章隻字不改，便命人刻在石碑之上。

此後，這一老一少從感性上接近了。而且，蘇軾也逐漸聽到了一些有關此老的傳聞。有人說陳希亮自幼父母雙亡，跟著哥哥長大。哥哥是位商人，放過高利貸，當命陳希亮去收債時，陳希亮卻將借貸者統統召來，當眾將借據燒毀。又有人說，他在長沙做知縣時，曾逮捕過一個有強硬後台而為非作歹的僧人，並頂住各方面的壓力將其正法，以正風俗；接著還拆毀了一些傷風敗俗的淫祠，強迫七十多個裝神弄鬼的巫師改邪歸正，自食其力。還有人說他不管到何處，都以懲惡揚善為己任，土豪劣紳乃至王公貴戚皆怕他三分。

聽到這些傳聞，再看看陳希亮在鳳翔的所作所為，蘇軾對這位和自己祖父同輩的上司不由得肅然起敬，對自己以往的傲氣深自慚愧。陳希亮死後，蘇軾寫了一篇近三千字的《陳公弼傳》，既敘其生平，也對自己「年少氣盛，愚不更事，屢與公爭議，至形於顏色」進行懺悔。而且特別說明，自己平生不給人寫行狀、墓碑之類的文字，這次算是破例。

陳希亮能使蘇軾折服，用蘇軾在《凌虛台記》中的話，應該是「有足恃者」，這就是他的人格和品行。而對蘇軾來說，恐怕也只有在人格和品行上有絕人處，才能讓他看得上眼。

蘇章石壁

在鳳翔時，蘇軾結識了一位和他同樣性格豪爽而又博學善文的朋友，廣州推官章惇。

章惇字子厚，生於宋仁宗景祐二年（一〇三五年），長於蘇軾一歲，建州浦城（今福建建寧）人。他成名本來早於蘇軾，但因與侄子章衡為同科進士而排名在章衡之後，覺得面子上過不去，於是兩年後再考，中了甲科，和蘇軾成了同科進士。僅從這件事，便可見此人不甘心居於人下。

嘉祐二年，蘇、章二人同中進士後，蘇軾先因回川守制，後因參加制科考試，直到嘉祐六年才簽判鳳翔，而章惇則早已是商州推官。商州當時屬永興軍路，和鳳翔毗鄰。章惇聽說同科進士，近幾年文名震京師的大蘇（時稱蘇軾為大蘇、蘇轍為小蘇）來了鳳翔，很是興奮，便要前去探訪。恰好這時來了旨意，讓他和蘇軾參與主持永興軍的進士預考。這可是天遂人願。蘇軾他鄉遇故知，況且是有膽有識的章惇，也很高興。

二人年紀相仿，又都是少年成名，頗有英雄識英雄之感。言談之中，又均有救國救民之心和報效朝廷之志，故而甚是投機，相交恨晚。但二人性格又顯然有所不同。章惇殺伐果斷，不留餘地，蘇軾則富有同情心，看不得別人落難；章惇頗具韜略，工於心計，蘇軾則不具城府，嘻笑怒罵中帶著幾分天真。如果僅僅是這樣，還倒好辦；要命的是兩人均爭強好勝，不喜居人後，便惹出很多麻煩。這在他們初次相交時就表現出來。

公務之餘，二人同遊盩厔（今陝西周至）南山的仙游潭。盩厔南山為終南山餘脈，山勢雄偉，風景秀麗，為旅遊勝地。仙游潭下臨萬仞深淵，對面是一座陡壁懸崖。臨崖下望，令人頭暈目眩；對壁長嘯，令人豪氣頓生。二人指指對點，來到潭邊。

也不知誰先提起，說是如果在對面石壁上刻字，那是何等瀟灑，讓後人見知，也足顯英雄本色。說話之間，章惇便要一試。

蘇軾趕忙攔住。他指指架在兩岸之間的那根橫木，雖然是供人來往，但稍不留神，一失足便掉入深崖，連屍體也找不到，不主張去冒險。

章惇微微一笑，讓蘇軾在岸邊觀看，然後舉步踏上橫木，試試是否牢實；又從隨行人員手中取過筆硯，幾個箭步，過了橫木。

眼看章惇走到石壁之上，蘇軾一顆懸著的心才放了下來。

章惇回過身，朝蘇軾招招手，讓他也過去。蘇軾趕忙搖手，說自己沒這個膽量。章惇笑了笑，也不多說，順著一條下垂的藤條，在絕壁上寫下六個大字：「蘇軾章惇來遊。」然後順藤而上，對著長空放聲高呼，遠山近壁，都是回音。

經過這番折騰，章惇覺得痛快淋漓，跨上橫木，來到蘇軾身邊，得意地擠擠眼：「子瞻兄，小弟膽量還算不小吧！」

蘇軾盯著章惇看了半天，似乎剛剛才認識這位同年好友。

章惇被他看糊塗了，愣了愣，問道：「怎麼啦？」

蘇軾這才拍拍他的肩膀，笑道：「我在想，子厚兄將來定能殺人。」

章惇不解，欲求其詳。

蘇軾解釋說：「你連自己的命都不當一回事，何況他人！」

章惇不但不生氣，反倒開懷大笑：「說得對！大丈夫處世，該殺人時便得殺人。知我者，子瞻也！」

蘇軾被他一笑，卻頓時覺得毛骨悚然。

離開仙游潭，一行人騎上馬繼續遊覽。來到一片密林處，便要穿林而過。隨員中有本地嚮導，連忙阻止，說前面密林中有老虎出沒，時常傷人。蘇、章二人不信，打馬前行。進林之後不久，果然有虎嘯之聲。

蘇軾的馬聽到虎嘯，驚叫起來，止步不前。

蘇軾勸章惇從原路退出密林。章惇卻笑著說：「子瞻膽小，故此坐騎也跟著膽小。我的坐騎膽子可不小。」說著，催馬前行。

看到老虎了，章惇將馬身上掛著的一串銅鈴取下，一個接一個摔在路面的石塊上，發出一陣陣金屬撞擊聲。老虎不明白是何道理，掉頭而去。

章惇撥轉馬頭，對遠遠觀望的蘇軾等眾人高呼：「繼續趕路！老虎是怕惡人的！」

蘇軾對這位子厚兄真是有些折服了，但內心深處總隱隱有些發怵。

韓琦伎倆

冬去春來，做了四十一年太平天子的仁宗皇帝趙禎於嘉祐八年（一〇六三年）三月龍馭上賓了，繼位的是英宗趙曙。

趙禎在位期間，雖然水旱蝗澇不斷，到處有民變、兵變發生，但憑著祖宗留下的「與士大夫共治天下」的祖訓，渡過了難關，成為北宋經濟文化發展的黃金時期。趙禎本人也以仁恕愛民為標榜，所以死後才得了「仁宗」的廟號。儘管如此，生前卻沒有留下嫡傳骨肉，只好立叔伯兄弟濮王趙允讓之子趙曙為皇子，以繼承基業。

趙曙繼位後，改年後為「治平」。到治平元年（一〇六四年）十二月，蘇軾簽判鳳翔已整整三年，按當時的規定，得赴京接受考核，以定升、降、留、罷。第二年正月，蘇軾回到了東京汴梁。朝廷將如何安排自己，蘇軾心中無數，但等待他的，卻是又一輪考試。

英宗為太子時，就仰慕蘇軾的文章，深為蘇軾未能入翰林院感到惋惜；如今自己即位了，應該讓蘇軾發揮才幹。但英宗畢竟年輕，不知世上不盡人意之事居多；雖然貴為天子，也不是想怎麼辦就能怎麼辦的。當他把自己想依照當年唐玄宗讓李白任翰林學士的故事，將蘇軾調升入翰林的打算告訴宰相韓琦時，卻被韓琦帶著繞了一個大圈子。

在三蘇進京時，韓琦對他們的文章是非常賞識的。但和蘇洵接觸幾次之後，漸漸有些不耐煩了。他覺得蘇洵的文章確實不錯，但年近五十的人卻一點也不通世事，寫文章就寫文章，何必汲汲於仕途；況且又對為政之難一點也沒有了解和體會，總認為做大官的都是尸位素餐，全不以國計民生為念。蘇洵有一次甚至向韓琦進言，認為要扭轉官場積弊，應該以誅斬為先。這就使韓琦更不痛快。

韓琦早年也是激進分子，以激揚風氣、革除積弊為己任，並且是慶曆新政的核心人物。但隨著閱歷的加深，又經歷了變革失敗的痛苦，他逐漸發現，為政並不像書生議論那麼輕拙；尤其是國家積弊已深，風氣渙散已久，任何過急的舉措都會遭致各方面的反對。

尤其是回京執政後，韓琦早已不是當年的激進派，而是典型的穩健派了，所以對蘇洵的書生論政既覺得反感，又有幾分可笑。

無論蘇洵怎麼四處奔波、反覆陳詞，無論輿論如何盛讚蘇洵的文章，可就是通不過韓琦這一關，只請准皇帝給了蘇洵一個秘書省校書郎的職務，而且還是「試」校書郎。

但對蘇軾和蘇轍，韓琦還是器重的。雖然蘇軾愛發議論酷似乃父，但畢竟年輕，經過一番磨練或許會好一些。但二蘇在嘉祐六年的策試，卻深深刺傷了韓琦；說話全無顧忌，全然不給他留面子。

如果韓琦當時不在宰相的位置上，感覺可能會不一樣；但一在這個位置上，所有的批評便似乎全是衝著自己而來。雖然當時蘇轍比蘇軾還要衝，但畢竟小幾歲，而蘇軾卻已二十六歲，老大不小了。將蘇軾放到鳳翔去，其實就是韓琦的主意。至於如何理解，則因人而異。既可以說是愛護人才，挫挫年輕人的稜角；也可以說是排斥人才。蘇軾的一位好友佛印和尚後來就曾公開表示過不滿。

三年過去，又要舊事重提了。

韓琦見英宗提出要讓蘇軾進翰林院，也不便正面反對，只說這樣做對蘇軾未必有好處。

英宗聽了覺得奇怪？韓琦解釋說：「蘇軾確實有才；豈止有才，可以說是才器遠大，不可限量。當年先皇仁宗皇帝便許以宰相之位，這是盡人皆知的。但本朝用人，講究循序漸進，切忌過急。如果皇上眼下就委以重任，恐怕天下不服，對蘇軾並無好處。這不是愛才養士之道。」

聽了韓琦一番話，英宗覺得自己倒真是有些過急了。那麼什麼才是愛才養士之道？韓琦自然也有說法：「所謂愛才之道，用之不過急，擢之不過速，顯之不過度，褒之不過分。等到他的才能為天下人所知，為天下人所服，眾望所歸，然後委以重任，那不是瓜熟蒂落、水到渠成嗎？」

英宗這一下徹底信服了，薑是老的辣，此話真不假，自己怎麼就沒有韓愛卿想得這麼多、想得這麼遠呢？

本來很自信的英宗，在這位四平八穩、老成練達的宰相面前，突然覺得沒有主見了。他問道：「蘇軾不能做翰林學士、知制誥，那麼修起居注該可以了吧？」

韓琦仍然搖搖頭：「也不行！修起居注與知制誥職位相近，也容易遭致非議。」

英宗傻眼了？這也不行，那也不行，總得有個行的呀！

其實，韓琦早有主意，他建議對蘇軾再進行一次考試，如果這些年有長進，便安排在史館任職，既可接近皇上，又可繼續增長學問。

英宗聽從了韓琦的建議，對蘇軾進行了又一輪考試。

當然，考試對蘇軾來說是輕而易舉之事。不就寫寫文章嗎！照常是揮筆立就。可是進了史館，用今天的話說，便是在國家檔案館或文史館任職。

對於韓琦的這番苦心，實在是令人難以猜測。說是愛護蘇軾，便應給他壓擔子、幹實事，增長行政才幹和經驗，而不應該把他安排在史館之類的「閑曹」；說是排斥蘇軾，可蘇軾卻很樂意在史館涉獵宮中藏書、藏畫，做舞文弄墨的事情。

但如果認真琢磨，不能不佩服韓琦的老謀深算。從蘇軾兄弟的策論中，韓琦已經看出他們與自己政見上的不同；而仁宗皇帝已經聲言這兩位是未來的宰相；尤其是蘇軾，數年之間文名遠播，一旦擔任有「內相」之稱的翰林院知制誥，豈不成了自己的潛在對手。韓琦素以獎拔人才著稱，並非虛言。但他獎拔的卻是與自己政見相同者，所謂君子同道；而絕不獎拔與自己唱對台戲者。但蘇軾也有其明顯的弱點，那就是太過於喜歡玩弄文字；如果引導他繼續向這條路上發展，那麼他就不可能騰出精力來應付官場角逐了。韓琦的安排，或許就是在這條思路上進行的。

作為文人政治家，蘇軾在以後的生涯中，文人色彩不斷強化而達於極致，政客色彩則趨於淡漠，直至被對手逼到絕路，不能說與韓琦無關。

十年生死

進史館後，本應是蘇軾一生中最為優閑自在的日子：嬌妻愛子、慈父賢弟，合家歡樂，共享天倫。但好日子才剛剛開始，蘇軾年僅二十七歲的妻子王弗就因病去世了。這是繼八年前母親去世後，蘇軾所遭受的又一次感情上的重大打擊。

王弗是青神縣人。青神與眉山毗鄰，岷江水又使兩地居民感情相連。眉山的姑娘嫁到青神，青神的父母往眉山挑女婿，這在當時已成時髦。

王家世代書香，王弗從小便知書達理，一般的男孩未必放在眼裡。但上游的眉山卻傳來消息，說蘇家祖上有福，出了兩個神童，哥哥叫蘇軾，弟弟叫蘇轍，那可是不得了的人物。尤其是蘇軾，州學劉微之先生是何等學問，他的詩竟然也讓蘇軾改了，還連稱改得好。那時蘇軾才多大？才十三歲！劉先生那麼大的學問，都說做不了他的老師，讓蘇老泉另請高明。

王弗還未出閣，蘇軾的名字就在耳朵上磨出了繭子。到十五歲那年，有人向王家提親，男家便是眉山蘇家，女婿便是王弗仰慕已久的神童蘇軾。世上竟有這等巧事，想著誰就能得到誰。

仁宗至和元年（一〇五四年），蘇軾和王弗完婚了。蘇軾這年十九歲，王弗十六歲。完婚的第二年，蘇軾就和父親、弟弟去成都拜謁張方平，接著又赴京應考，王弗在家侍奉婆母程氏。直到嘉祐二年（一〇五七年），蘇軾因母喪回川守制，夫妻才真正團聚。之後，王弗隨著丈夫離開四川，來到汴京，接著又往返於鳳翔和汴京，夫妻再也沒有分開，情意彌篤。

嫁給蘇軾之後，王弗才知道，自己這位頗負盛名的夫君不但不懂人情世故，有時還天真幼稚得像大孩子。以科舉來說，都二十出頭的人了，還要父親帶著去趕考。至於理家度日、待人接物，尤其一塌糊塗。但王弗更發現，這位夫君不僅文章寫得好，而且待人誠懇坦蕩，心無芥蒂，尤其富有正義感和同情心。

王弗比以往更了解丈夫，也更崇敬丈夫，同時也覺得更有責任愛護丈夫，不能使他上當吃虧。因此，從嘉祐六年十一月蘇軾離開汴梁，即第一次離開父親，往鳳翔赴任後，王弗便成了他唯一的生活護理和公務參謀。

也正是從這時起，蘇軾才驚訝地發現，比自己小三歲、看似文弱從未更事的妻子竟然在許多地方比自己還成熟，不但會操持家務，知人論事也非常明快；有時自己看不透的，經她一點後，一切就清楚了。

人們常說，窩在家裡的兒子長不大，其實，待在婆家的媳婦也很難長大。蘇軾和王弗正是到鳳翔以後，才開始雙雙長大的，才感覺到兩人之間是如此貼近，如此相互需要。而王弗一去，蘇軾更痛感到如此不可分離。妻子才二十七歲，還剛剛成熟，尚未充分顯示出其成熟美。兒子蘇邁才六歲，自己似乎也還是個大孩子，全家都需要她，她怎麼就走得如此之快？蘇軾想不通，也無法接受。但還卻是事實，必須接受的事實。

這時，蘇轍已去大名府做推官，父親蘇洵的身體眼看也一天不如一天。雖然蘇軾想將亡妻歸葬四川，卻一時無法離京，只得擇時殯葬在汴京城西。妻子就這樣一去不返了。

十年後，蘇軾終於又在夢中與王弗相會了。

在夢中，蘇軾回到了故鄉眉山。還是那間新婚的故居，妻子王弗正臨窗而坐，像婚後的第二天早上一樣，對鏡梳妝。但四目相對，滿腹思念，竟無從說起，只是相顧垂淚。蘇軾忘不了那夢中的情景，忘不了夫妻十年的赤熱恩愛，也忘不了別後十年的斷腸思念。他將這些情感，盡訴於一曲《江城子》中——

十年生死兩茫茫，
不思量，自難忘。
千里孤墳，無處話淒涼。
縱使相逢應不識，
塵滿面，鬢如霜。
夜來幽夢忽還鄉，
小軒窗，正梳妝。
相顧無言，惟有淚千行。
料得年年腸斷處，
明月夜，短松岡。

蕩氣迴腸的曲調、淒涼哀怨的情緒，王弗可曾感知，上蒼可曾動心！為何恩愛夫妻難到頭，為何蒼涼世事磨難多？

但蘇軾一生，又注定要比別人多經磨難，多經憂傷。

家事國事

在經受兒媳去世的打擊之後，蘇洵的病又加重了。

這位從二十七歲起才開始發憤讀書的晚成者，在學業上取得不愧於兩個兒子的成就。從一定意義上說，兒子們在省城中一舉成名，和他先聲奪氣的輿論準備不無關係。但兒子得到的功名，父親卻沒有得到。為此，他怨天尤人，卻一直沒有真正反省。

如果，早二十年或十年下功夫，或許蘇軾出生時他就已經取得了功名。如果他不在京師闖下那麼大的名頭，不自視過高、期望過切，也許會接受朝廷的安排，參加一次近於儀式的策試而進入仕途，可他偏偏等著朝廷對他免試。如果他想開一些，乾脆以文自娛、以文論道，拋棄對功名的追求，或許會得到感情上的平衡。但他既看不開，也想不透，這就決定了他擺脫不了悲劇的命運。

經過反覆陳述，韓琦總算幫著他或者說給了他一個霸州文安縣（河北今縣）主簿的官名，以領取一份俸祿，但並不赴任。在與人合修了一百卷為本朝帝王立傳的《太常因革禮》後，他的生命也走到盡頭了。

治平三年（一〇六六年）四月，距王弗去世不到一年，蘇洵也去世了。他是帶著滿腔未遂的抱負而走的。但這種抱負說來也很可笑。十多年前，秦州觀察判官雷簡夫（一〇〇一～一〇六七年）曾經給了他極高的評價，說「用之則為帝王師，不用則幽谷一叟耳。」蘇洵的抱負很大程度上恐怕是被這句話調動起來的。但當權的韓琦諸人不但沒有讓他做帝王師，連皇帝的面也不讓他見。

其實，就算是做了帝王師又能怎樣？天子門生果真會按他的意見辦嗎？二十年後，兒子蘇軾倒真是做了帝王師，卻釀成了晚年的流亡和貶謫。

蘇洵的死，在京城引起了震動。雖然他只是掛名的九品主簿，墊底的官，但他卻是當時最有影響的政治家。他在世時被當道者所遏，很大成分是因為這些政論文。而死後所引起的震動，也正是因為這些政論文。他的遺憾和榮譽都是由這些文章而起；但如果沒有這些文章，也就沒有蘇洵。

不知從何時開始，中國人形成了一個習慣，苛求生者而厚待死者。蘇洵既然死了，榮譽也就跟著來了。根據死者生時的意願，英宗贈他為光錄寺丞；這是正八品官，比主簿高了兩級。同時，命有關部門提供船隻，以便其子護送他的遺體還鄉入葬；這個待遇卻不是八品官所能享受的。

這兩條決定，其實也是當政者們作出的，反映了他們對蘇洵的基本看法。就官祿而言，此公得了正八品就算是到頂了；但就其學問而言，卻不是可以用官品衡量的。因此，他享受的是文化名人的待遇。

蘇軾兄弟都按慣例告了喪假，護送父親的靈柩，由汴水經運河入淮，順淮河而下，再經運河入長江，然後溯江而上。差不多一年之後，即治平四年（一〇六七年）四月，才到達家鄉眉山。

說來，所謂的「丁憂」，也真是一種自欺欺人的制度。父母死了，得守孝二十七個月，以培養忠臣孝子。但真正認真去做的，卻少而又少。以蘇軾而言，第一次母親喪期才滿，就有了兒子蘇邁，這喪期內不得與妻子同房的規矩已成虛文。這一次送父親靈柩歸葬，因有官船接送，省去不少辛苦，沿途遊山玩水，在路上竟走了一年。蘇軾兄弟對父親的感情不能說不深，而這種歸葬法，卻又是對丁憂制度的嘲弄。

到眉山後，將父親與母親合葬。墓內是早就建造好了的。同時運回的還有蘇軾亡妻王弗的靈柩，葬在蘇洵夫婦旁邊，讓她在地下繼續侍奉公婆。

蘇軾是喜事之人，凡事一經他的手，就得轟轟烈烈。他請人在父母和妻子的墳地周圍種下三千棵松樹（一說三萬棵），以使將來墳地在林木葱龍、幽篁苞醉中。他是用這種方式，來襯托對親人的哀思。

轉眼已是熙寧元年（一〇六八年）七月了，蘇軾兄弟二十七個月的喪期也滿了。在這二十七個月中，朝中也發生了很大的變化。英宗皇帝已於上年，即治平四年（一〇六七年）正月去世，繼位的是神宗皇帝趙頊；當時蘇軾兄弟還在返川的途中。

對於這些，蘇軾兄弟並不過於介意，他們已經經歷過仁宗皇帝去世，英宗皇帝繼位的變故，無非是老百姓要遭一次實際上的劫難，又得到一次名義上的恩典罷了。

舊君去世，按規矩得營造山陵，營造費自然是向百姓攤派。這是急如星火，必須兌現的。新君即位，按規矩得大赦天下，除十惡不赦者外，囚犯均予釋放。其中固然可使大量無辜平民得以重返家園，同時也重新成為國家派役的對象；但大大小小的刑事罪犯及欺壓百姓的「大蟲」放了出來，重又為患作奸。大赦的另一條內容，是免除老百姓以往拖欠的稅糧；這一般是張空頭支票，即使不免，國家也收不上來。

此外，所謂一朝天子一朝臣，或許一批老臣得退位，一批新進得掌權。蘇軾兄弟已經聽說江寧知府王安石被召回東京任翰林學士，韓琦則被罷相了。又聽說最近皇帝派王安石越次入對；這倒引起了蘇軾兄弟的極大興趣。

據說皇帝問王安石：「祖宗守天下，能百年無大變，粗致太平，以何道也？」

為此，王安石上了一篇著名的對策，分析了所謂百年無大變而粗致太平的原因，接著猛烈抨擊了因無大變而導致的「因循末俗之弊」。他認為，因循末俗而導致無親友君臣之義，皇帝朝夕相處的，是嬪妃和宦官，上朝視事，也不過聽有關部門說一些瑣碎細末之事，而全然不像古代那些有為的君主——他們接觸的，全是有學問、有見識的大儒，討論的全是先賢聖王治國平天下的大道理。接著，王安石在科舉用人及理財、兵備、農耕四個方面對現狀進行了批評。

對於科舉用人，王安石認為其弊在於專以詩賦記誦取士而缺乏學校養成之法，專以科名資格任官而缺乏考核業績之方。對於農耕，王安石認為農民疲於差役，而沒有有效的賠償救災措施，尤其沒有組織農民興建農田水利工程，致使缺乏抗災能力。對於兵備，王安石認為其缺失在於士兵老弱病殘充斥，缺乏戰鬥力，又沒有嚴格的訓練規程；尤其是將領無統兵之權，遇事臨時調撥，將不知兵，兵不服將，所以一戰即潰。對於理財，王安石認為以往全無法則，所以雖然提倡儉約而百姓富裕不起來，皇帝雖然汲汲於求治，國力也仍然振作不起來；國弱民貧，由此而起。

王安石的對策，令遠在四川的蘇軾兄弟欽佩不已；雖然對王安石本人沒有什麼好印象，但從對事看，還真是王佐之才。回想自己，乃至故去的父親，只知書生論政，說這不好、那不行，但國家積弱、百姓飢寒的真正癥結在哪裡，卻說不明白，道不清楚。經王安石一剖析，病根就出來了。但他們又模模糊糊地感到有些不舒服！王安石說本朝專心「詩賦誦記」取士，這是不是針對自己？但又不像！本朝的著名人物，包括范仲淹、韓琦、富弼、歐陽修，還有他王安石自己，不都是以詩賦誦記而進入仕途嗎？

既然理不清，就不去理它。蘇軾兄弟終制後也不急於還朝，先將家事安排好。

妻子王弗已去世三年了，兒子蘇邁也已十歲。無論對前妻如何思念，中年續弦也是天經地義之事。有道是女人無夫身無主，男人無妻家無主。總不能獨自帶兒子過一輩子，這也不是亡妻的生前遺志。

第一次娶妻是依從父親的意志，第二次娶妻蘇軾可以自己作主了。他仍然將愛情之箭射向青神縣的王家。是出於對亡妻的懷念，還是早有意中人，抑或是對青神王家有一種特殊的感情？或許兼而有之，或許是一種巧合。但新娘他是早就認識的，她是王弗的堂妹，被稱為

「二十七娘」的王闓之。

蘇軾與王弗成親時，王閏之才八歲，雖然不懂男歡女愛之事，但對這位有「神童」之稱的堂姊夫卻是充滿著崇敬和好奇。到蘇軾回川為母親守孝時，王閏之則已十幾歲了，能追隨大人踏青郊遊。堂姊夫雖然在京師中了頭榜，卻仍然像當年那樣隨和，那樣幽默，那樣暢懷大笑。自己雖然淨問些小孩子的事，他卻樂意解說。看得出，他很喜歡自己。

蘇軾第二次出川，一去就是十來個年頭，但他的風光事卻不斷傳到四川，傳到眉山，也傳到青神。

王閏之對堂姐真是羨慕。作為一個女人，能嫁一位如此有才氣又待人誠摯的丈夫，還有何求呢？等到聽說堂姐去世了，王閏之著實難過了好一陣子！才二十七歲，以前也沒聽說有什麼大病，怎麼一下子就去了？由為堂姐惋惜，又轉到了對姐夫的思念。一個男人，身邊沒有女人照顧，那日子多難過？蘇邁也才六歲吧！怎麼能夠沒有母親？整天就是胡思亂想。

治平四年，蘇軾扶靈柩返鄉了，王閏之又是高興又是難過。看看蘇軾那長途跋涉後飽經風霜的臉，王閏之由崇敬而轉為同情了，不知怎麼就覺得有一股責任感。其實，蘇軾返鄉時，王閏之已經二十一歲了，卻仍待字在家。

在那個年頭，女子十二、三歲定親，十五、六歲出嫁是非常普遍的，王弗就是在十六歲時嫁給蘇軾的。王閏之二十一歲不嫁，很難說不是在等待。

同時代的任何人都有理由嫉妒蘇軾。嫉妒他才高八斗，嫉妒他前後所娶的兩位王氏女都堪稱良緣佳配。到成婚時，蘇軾三十三歲，王閏之二十二歲。他們將一道走過不算太短，但也不算太長的二十四年光陰。

巧對遼使

熙寧元年（一〇六七年）十二月，蘇軾告別長眠故土的父母和妻子，與弟弟蘇轍攜家三次出川，去追求他們未竟的事業。

第二年二月，蘇軾一行回到汴京。從離去到重歸，其間已是三易春秋了。

有一點很使人費解，那就是蘇氏父子對過新年似乎非常淡漠。

第一次是嘉祐二年春節，蘇軾和父親蘇洵、弟弟蘇轍於上年三月離家赴秋試。為準備這年春天的省試，他們是在東京興國寺後度過新年的。第二次是嘉祐五年春節，蘇軾一家三口，還有父親與弟弟蘇轍夫婦及隨行家人，上年十月終制出川，是在荊州旅途之中度歲的。第三次是治平二年，蘇軾攜妻帶子上年十二月簽判鳳翔任滿返京，這年二月到京師，新年又是在路上過的。第二次則是治平四年，由水路護送父親的靈柩還鄉，上年五月起程，這年四月到老家眉山。算起來，這一次已是第五次在路上度歲了。看來，一求功名，一入仕途，似乎就把此身給賣了。

新君神宗皇帝繼任時年方二十，是一位精力旺盛、血氣方剛、立志有所作為的青年。和他的父親一樣，神宗非常欣賞蘇軾的才學。但這時，他已找到了可以幫他富國強兵的能人王安石，那是辦實事的。而蘇軾在他的印象中，則更多是屬於文學侍從之類的清流，主要是用來裝點門面的。當年英宗皇帝打算讓蘇軾扮演李白的角色，也未嘗不是基於這種認識。

蘇軾回京後仍在史館任職。這時，遼國派來一位使臣。這使臣本是漢人，因連年科舉失敗，又自恃才高，一怒之下投奔遼國，得到重用。

在中國歷史上，才高者報國無門乃是尋常之事，他們之中大部分走上獨善其身之路。而有人則委屈求全，謀得一官半職，以終殘生；蘇軾的父親蘇洵便是這一類。還有的則走上與朝廷對立的道路。如唐玄宗時的高尚，篤學善文，因得不到重用，投奔安祿山，為其謀主，把個唐朝攪得天翻地覆。

這次遼國派來的使臣便屬這一類。由於兩國簽了盟約，加上遼國國力日衰，也無力南下對宋發動戰爭，因而他打算用自己的才學羞辱一番宋朝君臣。

當時宋、遼雖說修好，但兩國之間的敵意卻不可能消除，互派間諜刺探對方情報也是公開的秘密。遼使入宋境之前，他的家世和經歷便已為宋廷所知。既然遼使自恃才高，便得派一位才高者去對付他。神宗馬上想到了蘇軾。當年李白不也是以才高鎮住番使的嗎？

於是，蘇軾奉命接待遼使。

對於這種羞事，蘇軾是很樂意做的。他本來就愛惡作劇，無論是敵是友，都愛開開玩笑；何況這次對付的是遼國使臣，而且此人還是從大宋朝跑去為遼人賣命的。

經過幾天接觸，蘇軾卻發現，這遼使確實不是等閒之輩，不但博學多才，而且對大宋的積弊及宋、遼、夏之間的態勢優劣有相當精闢獨到的認識，因此倒升起了一股惋惜之情。他為大宋失去了這樣一位傑出人才而惋惜。但轉念一想，被當權者所遏抑的人才又豈止這位遼使，自己的父親不也是這般命運嗎？就拿自己來說，開始時對韓琦韓大人將自己安掛在史館充滿感激之情，以為是愛惜人才，如今看來，完全是「賦閑」。自己從小景仰范滂，崇拜范仲淹，難道到頭來就是寫寫文章、賦賦詩，讓人傳誦？

雖然心裡這樣想，嘴裡還不能說，否則便成了通適、成了誹謗朝廷。更何況人各有志，當年高尚是說寧為賊死，也不默默無聞一輩子；這位遼使是寧投敵國，也不老死牖下；自己卻不同，寧願做屈死鬼，也不離開大宋、不背叛朝廷。這是做人原則的不同。

遼使也早就聽說了三蘇的文名，對於小蘇蘇轍，他覺得寫文章可和自己打成平手，但對於老蘇蘇老泉氣勢恢弘的論文、大蘇蘇軾才華橫溢的散文，自忖頗有不如，於是便揚長避短，和蘇軾討論起寫詩。蘇軾這時的詩名並不盛，雖然寫的詩算起來也已有幾百首，但自知僅是二、三流水平。遼使既然提起寫詩，想必寫詩是其所長。蘇軾眼珠一轉，計上心來，冒起了惡作劇的念頭。你不是揚長避短嗎！我就給你個出其不意。

蘇軾待遼使發表了一通賦詩難的高論後，慢條斯理地故弄玄虛：「賦詩固難，但會者卻不難；真正難的是看詩。」

「看詩？」遼使有些不解。如果說詩的難讀，莫過於詩經、楚辭；詩經、楚辭一通，還有什麼詩看不懂？他不以為然地搖搖頭：「此話怎麼講？」

蘇軾知道他不相信，何況自己說的本來就是鬼話，他是要以巧取勝，壓住對方。

蘇軾也不解釋，展紙揮毫，寫了一首詩，請遼使觀看——

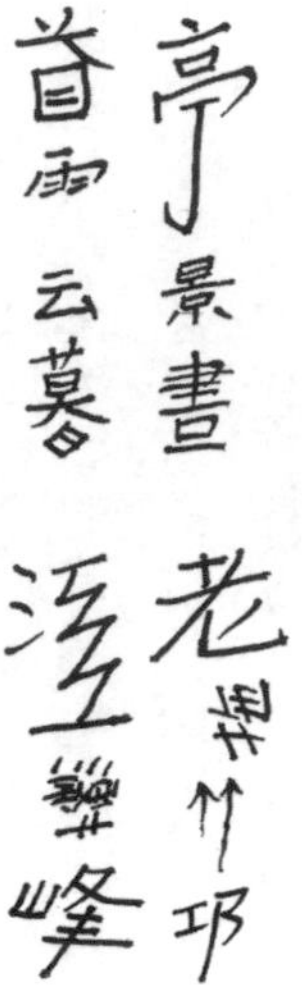

遼使冷眼旁觀，見蘇軾先寫了一個「亭」字，但這亭字出奇的長；接著又寫了個「景」字，又特別的短，不知何意？續看第三個字，他不禁有些發笑！久聞蘇軾寫得一手好字，莫非就是玩弄長短而得名？這第三字雖然符合四方字的規格，卻是個錯字，書不像書，畫不像畫，搞什麼名堂？

兩隨著筆端往下看，「老」字過大，「拖」字橫擺，「竹」字細長，還帶著一個「邛」字。正在琢磨，蘇軾寫罷擲筆，請他指教。

這時，他對蘇軾的用意已猜出幾分，但對眼前這首「詩」卻琢磨不透。他看了看和自己年紀相仿的蘇軾，不禁多了幾分敬意，同時也產生一種同病相憐之感。都是負絕世之才，一個走投無路，才橫下一條心，為遼人辦事；一個天下盡知，卻在這裡做閑散清客。

他理了理思緒，清清嗓子，向蘇軾拱手請教。

蘇軾見他態度誠懇，也收起狂傲之意，說明自己不過是在玩文字遊戲。這種詩其實是一種「神智詩」，應從字形來理解它的意思。接著，蘇軾寫了另外一首詩——

長亭短景無人畫，
老大橫拖瘦竹筇。
回首斷雲斜日暮，
曲江倒蘸側山峰。

隨著「峰」字的收筆，兩人不禁撫掌大笑。

遼使回到南京析津府（遼國南京，為今北京市），盛讚蘇軾的才學出眾。蘇軾的名聲也開始在遼國南京傳開了。但在宋朝的東京開封府，蘇軾卻越來越覺得自己是個多餘的人，他和當政者的格格不入也越來越明顯了。

蘇王結怨

熙寧二年（一〇六九年）二月，幾乎與蘇軾兄弟回到汴京的同時，神宗任命翰林學士王安石為參知政事，並設立制置三司條例司，推行新法。一場對北宋政權具有生死存亡意義，同時還對中國近古以來產生深遠影響的政治運動和經濟改革開始了。

王安石比蘇軾年長十五歲，是位具有特殊個性和思想方式的人物。他和蘇軾一樣，都是在二十二歲時中進士，但生活經歷卻不一樣。

蘇軾在二十歲隨父親到成都見張方平之前，沒有出過眉山。他的前二十年是伴隨著書本長大的，民間疾苦、國家安危，對於他來說都是屬於理念的，並無切身感受。家庭生活條件的相對寬裕，天府之國的富饒物產，使他從無缺衣少食的憂慮，所以進京途中，扶風旅次館舍條件之差便使他難以忍受。從小就得到的「神童」美譽，也使他比同齡之人有更多的優越感和浪漫色彩。

王安石的童年和少年時代卻是在車船和馬背上度過的。他的父親王益是真宗祥符年間（一〇〇八～一〇一六年）的進士，那時王安石尚未出生。此後，王益便長期在江西臨江（今清江縣）等地及揚州、韶州（今廣東韶關）、江寧（今江蘇南京）任地方官。王安石便是在臨江出生的。王益是一位實幹家，每到一地，總要察訪民間疾苦，興利除弊。王安石從小耳聞目睹的便是社會底層民眾的饑寒交迫，以及父輩對國事的分析和憂慮。

由於這些閱歷，加上自小性格倔強，小時便有「獷郎」之稱；所以儘管也才學出眾，但他討論別人以「文士」看自己，也看不慣別人賣弄文字。

他和蘇軾一樣，從小就有一種濟世救民的使命感，但這種使命感卻主要不是來自於書本，而是來自於現實。因此，他在實現這種使命感時，便比其他人更為執著。

說來蘇軾父子與王安石並無太多接觸，但閱歷、個性及思想方式的不同卻使他們一接觸便彼此產生不滿。

當年蘇軾父子、尤其是蘇洵的文章在京師一炮打響，天下傳誦，唯獨王安石不以為然。這裡實際上存在著文風的不同。蘇洵論事如高屋建瓴，講究氣勢。王安石行文卻以拗折峭深著稱；他認為蘇洵的文章是書生見識，既無實效，也無深度。與此同時，蘇洵則認為王安石的文章喜歡故作高深，以示標榜；由文及人，認為王安石為人也有許多偽君子的成分。

蘇洵曾寫過一篇著名的論文，叫「辨奸記」。在這篇論文中，蘇洵提出了一個獨特的論點：人們都說天有不測風雲，但測人比測風雨還困難；原因在於起風下雨都有徵兆，而人卻善於偽裝。經過這番務虛之後，蘇洵筆鋒一轉，開始務實了——

> 今有人，口誦孔老之言，身履夷齊之行，收召好名之士、不得志之人，相與造作言語，私立名字，以為顏齊、孟軻復出，而陰賊險狠，與人異趣。

這番議論，明眼人一看便知是衝著王安石而來的，因為舉朝只有王安石一人屢次拒絕到京師任職；而且越是拒絕，名氣越大，稱讚他的人就越多。

蘇洵寫到這裡，還唯恐人們不明白，他繼續為王安石畫像——

……夫面垢不忘洗，衣垢不忘澣，此人之至情也。今也不然，衣臣虜之衣，食犬彘之食，囚首喪面而談詩書，此豈其情也哉？

這「衣臣虜之衣，食犬彘之食」是有典故的。

當時盛傳王安石的一些軼事，其中兩件尤為精彩——

據說，有一次，仁宗皇帝宴請大臣，王安石也在被請之列。不過這次宴席有些特別，開宴之前讓大臣們在內苑釣魚，誰釣的誰吃，御廚當眾表演烹調技術。如果真有此事，那當然是皇帝在尋開心，不過也是別開生面。

但王安石對此很是不滿。他希望君主勵精圖治、謹自節儉，反對這種無視內憂外患的瞎折騰。但他表示不滿的方式與眾不同，別人是動不動就上本，或者面爭廷折，他卻不動聲色，端起面前用金盤盛著的魚餌便吃了起來，吃得一粒不剩。

他的這種表現方式當然是許多人理解不了的，其中就包括仁宗皇帝。仁宗覺得王安石的舉動太過虛偽，令人掃興。他第二天便對宰相們說：「王安石是個偽君子。如果他誤吃一粒魚餌，可以說是沒注意，但他把一盤魚餌都吃下去，這就是有意的了。」

仁宗是按照尋常人的習慣來認識王安石，卻不知王安石恰恰不是尋常人。但王安石「食犬彘之食」的笑話也就此傳開了。

王安石的邋遢和不修邊幅也是人所共知的。據說他外面的袍子是不換的，油跡、墨跡，令人發笑，但自己從沒有覺得不舒服。有人打賭，說即使有人把他的袍子換掉，他也不知道。為此，朋友們進行了一次試驗。他們邀王安石一道去寺院的浴堂洗澡，等王安石洗澡時，便將他那件邋遢的長袍扔掉，另外放了一件新長袍在原處。王安石洗完澡後，提起袍子就穿，竟然沒有發現已被掉換。其實，這種對生活細節馬虎了事的人並不少見，但王安石從此被冠上了「衣臣虜之衣」的聲名。

蘇洵的文章寫到這裡，就剩下沒有公開點名了。但這正是蘇洵的目的，他希望人們對他所說的人提高警惕，認為此人凡事不近人情，正是春秋時管仲所說的豎刁、易牙和公子開方之流的大奸大惡之輩。

但是，就像人們不理解王安石的生活習慣一樣，人們也沒把蘇洵的警告當回事，甚至蘇軾、蘇轍兄弟也認為父親過於危言聳聽。王安石由此對蘇洵父子的不滿就不難理解了。當年王安石拒不撰寫蘇轍的委任狀，未嘗不是一種報復行為。

比較而言，弟弟蘇轍比哥哥蘇軾更具備政治家的素質。他們終制返京後，蘇軾無所動作，蘇轍卻向皇帝上書，表明自己對時局的看法。

神宗看了他的上書，很感興趣，認為蘇轍雖為小吏，卻關心國家大事，所言頗得要領，為此專門召至延和殿，讓他進一步闡述自己的想法。蘇轍抓住了這個機遇，就像當年制科筆試一樣，直抒己見。神宗當即將他選入剛剛設立的制置三司條例司，為檢譯文字。

嚴格說來，這「檢譯文字」並不是什麼官職，但在當時卻是了不得的差事。制置三喜條例司是負責設計改革方針、制定變法措施的機關，檢譯文字則是這個機關的重要工作人員，方針和政策的有關條例便是經他們的手而擬定。可以說，經過努力，蘇氏兄弟有了和王安石言歸於好的契機，也找到了通向權力的捷徑。

但蘇氏兄弟的做人原則又注定他們將重新失去這樣的機會，封閉通向權力的道路。

與蘇轍同在條例司為檢譯文字的還有後來成為王安石主要助手的呂惠卿。不同的是，呂惠卿是經王安石推薦，而蘇轍則是由神宗親擢進條例司的。條例司的工作剛剛開始，蘇轍和呂惠卿之間就發生了意見分歧。

王安石變法的主要思路是理財。他有一個著名論點，叫做「因天下之力以生天下之財，取天下之財以供天下之費。」而且，隨著地位的改變，他在國計與民生這一天平上，越來越重視國計而漠視民生。為此，新法的主要內容也是涉及財政方面的；而出發點則是為天子聚財。在此一思路支配下，呂惠卿首先草擬了均輸、青苗二法，並得到王安石的嘉許和批准。

「均輸法」的要旨是：設立發運司，以當時最富幹才之名的理財能手薛向為發運使，總管江南東、西路，荊湖南、北路及浙江、湖南六路的財賦收入，並掌握其物產情況；以此為前提，政府墊出五百萬貫錢和三百萬石米為本錢，就近就賤收買各地物產，然後進行地區性調劑，或供京師所需。江南、荊湖等六路是當時經濟發達同時也為政府財賦的主要來源區，控制了這六路的物產，可以說是基本控制了天下的財源。

「青苗法」的要旨是：按戶等、按定額，分春、夏兩次向民戶攤派貸款，夏、秋時歸還，每次收息二至三分。因為是苗青時貸款，成熟時歸還，所以叫青苗法。青苗法先在東京、河北、淮南三路試行，然後推廣於其他各路。青苗本錢來自兩個方面，一是各地常平、廣惠倉的儲糧，一是國庫墊付。各地都由中央派出「提舉常平」，管理此事。

這兩個法的目的都是為了增加政府的收入，而這些收入則是通過打擊或取消一般的商業活動而獲得。簡言之，本來由商人掙的錢，現在由國家來掙。所以王安石認為，這是增加國家收入卻不加重農民負擔的良法。如果僅僅從理論上來看，確實是很好的辦法，豈止是不加重農民負擔，還可以減輕農民負擔。如青苗法，商人放高利貸，年息在百分之百以上，而國家的青苗息錢不過是年息百分之五十至六十（半年則是百分之二十至三十）。再說均輸法，國家官員從此地購物，運往彼地出售，總不會狠著心像奸商那樣去宰制老百姓。

但王安石和呂惠卿等人唯獨沒有考慮到推行這些法令的技術問題，以及在當時的官僚體制下，如何保證官員在執行過程中忠實遵循法令制定者的意圖。

這些問題，同在條例司的蘇轍卻考慮到了。他擔心，由於政府機關介入經濟運行，必然導致商業癱瘓；同時，政府必須投入大量的人力去從事貿易活動，他們在業務上並不熟悉，加上官場固有的惡習，經費成本肯定高於商人，到時不但不能贏利，很可能還要虧空。而從小就接受的正統教育，更使他對國家與民爭利，有一種本能的反感。

但是，蘇轍只能提出新法的不合理性，卻拿不出既比新法合理能又為天子聚財的具體辦法。因此，他的意見雖然引起了神宗及王安石的注意，卻又理所當然地遭到否定。

蘇轍原來懷著報效國家的熱忱向皇帝上書並進入條例司，但很快發現自己的看法和呂惠卿及其背後的王安石格格不入。而神宗皇帝已被王安石描繪的富國強兵等等美好的藍圖所征服，他可以為這幅藍圖罷退一切反對者，其中包括韓琦、富弼、司馬光、歐陽修這樣的元老重臣，何況是三十歲不到的小人物蘇轍。

既然道不同，也就不可能相謀，蘇轍要求退出條例司。

這正中王安石的下懷，他的反對派已經太多了，不能容忍在條例司再有反對派。蘇轍被差往洛陽，任河南府推事。

另外，或許受父親的影響更深，或許與歐陽修、張方平、韓琦、司馬光等反對派關係過密，當然，更主要是出於自己對國家、對社會的認識，蘇軾一回東京，便對王安石及其新法產生不滿，原先在四川時對王安石對策的讚嘆，也變得不以為然了。但他這一次卻不像蘇轍那樣激動，雖然也提醒神宗不要求治太急、聽言太廣、進人太銳。可惜並沒有對新法發表出具體的意見。

但是，從小就養成的不吐不快的個性和憂國憂民的責任感，又使他在這場史無前例的政治運動中不可能長期保持沈默。

照寧四年（一〇七一年）正月，各項新法已陸續出台。神宗為了廣泛聽取意見，發了一道敕令，讓京城及各地官員就新法的推行情況各抒己見。

此舉不啻引火燒身，各地官員批評新法的書表紛至沓來。蘇軾則選了一件自認為最有把握的事情發表意見。

從照寧二年開始，王安石著手改革學校和科舉制度。他認為明經科考試帖詩、墨義，死背聖人詞句，完全沒有實際意義，故而予以廢除。進士科也廢除考試詩賦，只考經義及試策，考生可在詩、書、易、禮（包括周禮、禮記）五經中任選一種，同時兼治《論語》和《孟子》，考試時則考所選一經的「大義」，即闡發自己的理論。與此同時，整頓中央的太學和地方的縣學，學官均由朝廷委派。當然，委派的都是新法的支持者和追隨者，目的在於從上到下，灌輸王安石的改革思想。

蘇軾早就對這種做法大不以為然，既然皇帝徵求意見，他也就直言不諱言了。

蘇軾首先抨擊了朝廷興辦官學，任命教官的不切實際。

仁宗慶曆時，曾在全國各地大辦官學，委派教官。以為這樣一來，可教化天下，立致太平。但事實上地方學校由於管理不善、經費不足，早已名存實亡。而真正在起作用的，卻是民辦的書院；只要有科舉在，這種學校就會存在下去。國家可以不出錢、不勞力，坐享其成。如果一窩風大辦官學，勢必又要徵集勞動力蓋校舍，增加稅收，為學校提供經費。等到學校辦起來以後，誰又能保證不蹈慶曆時的覆轍？

蘇軾接著逐條抨擊了科舉改革的四個主要環節，認為都是只知其一，不知其二。

按王安石的新科舉法，考試的第一個環節，即鄉試取舉人重德行而略文章，目的是為了使人向善。但蘇軾則認為，提倡德行固然重要，但不能在科舉上體現。如果舉人不考文章而只憑地方官推薦，勢必形成請托鑽營之風，不但選不出真正道德高尚的人，反倒會引導人們去做偽君子。

新法在省試時不考詩賦，而專考經義策論，理由是策論有用於時而詩賦無益於事，經義為真學問而詩賦徒玩辭藻。

蘇軾對此進行了嘲弄：以文章而言，固然是策論有用而詩賦無益；但若以政事而言，則詩賦、策論都是空談。如果說憑詩賦入仕者必然追求華靡，蘇軾以楊億為例，論辭藻的華靡，沒有人能夠比得上楊億的，但楊億恰恰以忠清鯁亮為人們所欽服；如果說經義可見真學問，蘇軾以孫復為例，論通經學古，沒有人比得上孫復，但孫復恰恰是迂闊矯誕之士。所以問題不在乎考什麼有用，而是在考什麼可以更好地發現人才。

新科舉法尤其重視考生已有的名氣，因而廢除彌封而糊名，主考官及閱卷官一看試卷上的姓名，便知道考卷是誰的，以免一些成名之士落榜。

蘇軾竭力反對的，也正是這一條。考試不糊名，那成什麼體統，考與不考有何兩樣，何不乾脆誰人名氣大就取誰。而名氣大的又未必有真才實學，得靠人捧場，那還不把社會風氣給弄壞了！而且權要請托、賄賂公行，朋黨之禍隨之而起。

至於廢除明經一科，蘇軾也不同意。他以為人才不過兩種，一能文、一曉義，能文者可通過進士科獲得出身，曉義者也有明經科可供一試。至於行政管理人員，則只有在實踐中才能表現出來。

蘇軾了解光從道理上講難以說明問題，請神宗從四個方面進行比較：一是科舉制度本身的疏密，二是言語文章的短長，三是所得人才的多寡，四是辦事能力的強弱。他請神宗根據這四條來判斷新五報和成法的優劣。

學校科舉是蘇軾親身經歷又最有感受的問題，所以分析起來鞭劈入裏。神宗被這番道理打動了，雖然蘇軾因此而被王安石弄去做了開封府推事，但考試只憑德行、考試不糊名等做法也因此而被放棄。

如果王安石對蘇軾、蘇轍兄弟的意見認真予以考慮，吸取其合理成分，或許不至於將二蘇逼向敵對立場。但王安石的作風又恰恰容不得反對意見。韓琦、司馬光都可以因持不同政見而被驅除出京，何況初出茅廬的蘇軾兄弟。

但蘇軾與蘇轍又不一樣。蘇轍有點像司馬光的脾性。司馬光因政見不同，便往西京洛陽編書，十五年絕口不談朝中政事；蘇轍被排斥到河南府任推事後，也不再上疏論道新法的是否。蘇軾卻不甘心，實際上是沒有兄弟看得透。他被排斥到開封任推事後，一方面以他的實幹精神和理事才能向王安石表現了會寫文章的同樣有行政能力，另一方面連續向神宗上了三份書狀，對新法進行了全面批評。

第一份是《諫買浙燈狀》。用蘇軾自己的話說，這不過是投石問路。當時神宗在近侍和后妃的勸說下，準備在熙寧四年元宵節舉行燈會。這雖說是粉飾太平之舉，只是身為天子在節慶之日搞點娛樂活動，也並不為過。但在買燈問題上卻大失皇家氣度。

浙燈是一種傳統工藝品，品種多，做工細，氣勢豪華，久負盛名。

開封市民有元宵觀燈的習俗，而且特別喜歡用浙燈，以示富有。因此，每年元旦剛過，就有大量浙燈上市，商人既可牟利，而民間也可因浙燈而增加一些收入以補生計。

為了宮中慶元宵，神宗命內使收買浙燈四千盞。當有關部門根據實價上報後，神宗又命減價收買，同時禁止市民買浙燈，以足宮中所需之數。

這一舉動，引起了商人和市民的強烈不滿。

就當時的情形而言，新法已全面推行，種種搜括聚斂的措施也隨之而來。比起這些，減價強買浙燈幾乎不算什麼不得了的事情。加上凡是提意見者幾乎毫無例外地遭受打擊，所以對區區浙燈也就無人過問了。

但蘇軾不管這些，雖然剛剛給穿了小鞋，但皇帝給他的印象還是很不錯的，而且當面鼓勵過他，要他經常對國事提提看法，於是寫下了《諫買浙燈狀》。

神宗剛看到蘇軾的奏章時，覺得他有些小題大作，但慢慢便被蘇軾所說的道理打動了。尤其是蘇軾給了他一個台階：「陛下勤恤之德，未信於下，而有司聚斂之意，或形於民。」言下之意，這減價買浙燈的事情肯定不是皇帝的初衷，而是聚斂之臣背著皇帝幹的。神宗這年也就二十三、四歲，年輕人喜歡聽好話，竟重新降旨，不再購買浙燈。令下之後，傳為美談，都說皇帝有愛民之心，蘇軾有諫君之膽。

蘇軾從這件事中嘗到了甜頭，更加確信自己原先的判斷，皇帝是好的，事情全由王安石及其追隨者弄壞了。雖然知道反對新法沒有好結果，但既然認定了新法既禍國又殃民，他就必須提醒皇帝；他覺得這是他的責任。

經過一段時間的醞釀，蘇軾呈上了他洋洋萬言的《上神宗皇帝書》，對新法進行全面批評。還沒等神宗喘過氣來，他又寫了《再上神宗皇帝書》，將矛頭直指主持新法的王安石，認為只有貶黜王安石並離散其黨，朝廷之事才可有為。

上這兩道奏書，蘇軾其實已是背水一戰。除非是出現奇蹟，皇帝才會聽從自己的意見，否則，在所有反對新法者中，第一個拿來開刀的便是自己。因為迄今為止，包括韓琦、歐陽修、司馬光在內，都是對某一兩項新法提出反對意見，唯獨蘇軾，從理論到實際，對全部新法都提出批評。而且，不但提出要罷黜王安石，而且要求清除其支持者，這就將自己置於向全體新政人員挑戰的地位，全然不留餘地。

幸虧宋朝有不以言論誅殺士大夫的傳統，也幸虧王安石從來沒有產生過引誘皇帝殺人的念頭，加上蘇軾雖然職位卑微卻名氣太大，當權者也沒有太過為難蘇軾，只是將其擱置一邊，不予理睬。但蘇軾已經覺得京師並非久留之地。弟弟蘇轍貶謫河南府，恩師歐陽修出知青州，好友曾融、劉攽、劉恕相繼被排擠出京，連德高望重的司馬光、范鎮也退居洛陽、四川。自己待在京城，豈不成了偷安懷祿之輩？難道非要在京師，外任就不能施展自己的抱負？

蘇軾這次按弟弟的車轍運動了，要求離開京師去做地方官。雖然當權者打算對他進行壓制，但神宗卻一如既往地欣賞蘇軾的才學，讓他去了古往今來才子們都願意去的人間天堂杭州，做杭州的通判。

第四章
蘇公天下知

情深誼長

熙寧四年（一〇七一年）七月，蘇軾攜帶眷屬，如釋重負地離開京師，前去杭州赴任。

這時，蘇轍已離開洛陽，在陳州（今河南淮陽）任教官。陳州在京師開封東南，正是去杭州的路上。蘇軾這次在弟弟家一住就是七十多天。自從蘇轍為河南府推官後，兄弟二人已有近兩年沒見面了。而且在以後的歲月中，也很少有機會在一起住這麼長的時間。

這兩兄弟無論是長相還是性格，都分屬兩類人，而長相和性格又都多少有些錯位。

哥哥蘇軾大臉龐、高顴骨，前額突出，下頦稜角分明，眼睛比一般人長，雖然沒有長到當年漢壽亭侯那樣雙眉入鬢，卻也是典型的丹鳳眼，一部美鬚更令人羨慕，身材比一般南方人略高，骨胳發達，精力充沛。這種貌相給人的印象是豪放、爽朗、自信、堅毅，蘇軾也確實有這些特點。但在這副貌相之下，卻掩蓋著令人難以置信的天真和不懂人情世故。

弟弟蘇轍比哥哥還高，但臉部沒有哥哥那樣讓人難以忘記的特徵，圓乎乎的面孔，令人覺得厚度而可靠，又有些世故。但人們卻難以想像，這副貌相下還有倔強的個性和對社會的深刻洞察力。

兄弟兩人雖然長相、性格不同，但同受父親蘇洵的影響，以天下為己任，政治觀點也相當一致，這使他們兄弟二人始終保持著令人羡慕的親情。

蘇轍的個性是不說二遍話。制科策試以他的言論最激烈，因此只入四等，商州推事也沒能赴任，但他絕不發牢騷。在制置三司條例司，他是最早對均輸法和青苗法進行批評的人。王安石不接受他的批評，他也不再爭論，自請外任，到了洛陽。

蘇軾則有些喋喋不休。上了「諫買浙燈狀」，又一再寫「上皇帝書」，而且還老寫諷刺詩，這目標就大了。

蘇轍這時真正佩服父親的遠見卓識，這位取名為「軾」的兄長確實令人擔心。現在父母早已去世，一個姐姐也在出嫁後不久病故，蘇門這一支就他們兄弟倆了。小時候是蘇軾照顧弟弟，此時蘇轍反過來覺得有保護哥哥的責任了。

蘇轍認認真真把想法告訴了哥哥。蘇軾看了看早已長大成人，已經比自己老練得多的弟弟，不由得湧動起一股激情。在這個世界上，真正了解自己、關心自己的，只有眼前這個兄弟了。按理說，自己應該關心他才對。

蘇軾點了點頭，但又無可奈何地搖了搖頭：「我知道自己的弱點，藏不住事。但每看到不合情理的事，我總覺得像口裡吃了蒼蠅，非吐出來不行。」

蘇轍知道哥哥的脾氣，有話不說，比什麼都難受，但忍不住還要勸說：「這我知道，但得分清是誰。對朋友固然可以說，對小人、偽君子還是敬而遠之的好。譬如君實（司馬光的字）先生，在朝巋然屹立，人不可犯；在野絕口不議時政，潛心著述。小人既畏其嚴正，又捉不住他的把柄。但人人都知，日後驅除邪惡，拯救國家的，只有君實一人。」

蘇軾對此與弟弟有同感。舉朝大臣，真正令蘇軾內心欽佩的，只有三人。歐陽修是座主，於己有獎拔之恩，學識精博，卻從不以文壇泰斗自居，待人以誠，表裡如一，蘇軾對他既敬且親。王安石有膽識，有氣魄，有擔戴，是個偉丈夫，雖然政見不合，卻不能不承認他人格的高尚，身居要職，從不為自己謀私利，蘇軾對他既敬又恨。再就是司馬光，聽說他幼年時就砸缸救友，這種遇變不驚、決斷過人的膽識是常人企望不及的；立朝之際，獎賢驅邪、愛憎分明，君子信之敬之，小人忌之畏之；出居西京，夫人亡故，既無子女，也拒納妾，唯一老僕相隨，所居僅避風雨，僅此一樣，蘇軾就自付辦不到，故既敬且畏。

聽弟弟說到司馬光，他想起恩師歐陽修。西京離陳州雖不算太遠，但得繞道而行，不免授人以口實，司馬光是不能去看的。歐陽修就住在離陳州二百多里的潁州（今安徽阜陽），從陳州順潁水而下，只是一日的路程，而且也在去杭州的行程途中，何不就此前去拜謁。

聽哥哥一說，蘇轍樂了。他正想去探望歐陽修，兄弟同往，還可以相處一段時間。主意已定，兄弟二人和當時閒居在陳州的忘年之交張方平痛飲了幾天，然後乘船直下潁州。

歐陽修這時已年過花甲，自從英宗治平三年（一〇六六年）因濮議遭受攻擊以後，心情一直不好，剛到六十歲就要求退休。後來出為青州（今山東益都）太守，因反對行青苗法為王安石、呂惠卿等人所忌，徙蔡州（今河南汝南），這年六月以太子少師致仕，定居潁州。

聽說蘇軾兄弟來訪，歐陽修既驚且喜。三人一聚便是十多天，泛舟潁水，飲酒西湖（潁州西湖）；官場爭鬥、世態冷暖，盡置身外；把個垂老的歐陽公樂得如孩童一般。蘇軾見歐陽修滿頭白髮、皺紋堆疊，更無十多年前主持禮闈時的風采，不禁暗自傷感。不就十多年嗎！為何如此逼人向老。這次相聚之後，不知是否還有相見之日。

雖然主人一再挽留，蘇軾兄弟還是不得不辭別恩師，又互道珍重，灑淚而別。蘇軾作詩一首，以贈兄弟——

征帆掛西風，別淚滴清潁。
留連知無益，惜此須臾景。
我生三度別，此別尤酸冷。
念子似元君，木訥剛且靜。
寡詞真吉人，介石乃機警。
至今天下士，去莫如子猛。
嗟我久病狂，意幻無坎並。

有如醉且墜，幸未傷輒醒。

這是兄弟第三次久別。第一次是在鄭州西門，蘇轍送蘇軾夫婦赴任鳳翔，一別三年；第二次是在汴京，蘇軾送蘇轍夫婦前往洛陽，一別兩年；這是第三次離別了，也將是三年。到熙寧七年（一〇七四年）年底，蘇轍調任密州（今山東諸城）太守，兄弟才重又見面。相聚的時間卻一次比一次短，而離別的時間卻一次比一次長。

由兄弟之情，蘇軾又想起師徒之誼。當年初出茅廬，歐陽修以一代大師，屈己相交，這份情誼，又怎能忘記。隨著征帆的東行，在江邊相送的歐陽修已模模糊糊，不辨面目了。

蘇軾心頭一酸，頓覺淒涼——

近別不改容，遠別涕沾胸。
咫尺不相見，實與千里同。
人生無離別，誰知恩愛重。
始我來宛丘，牽衣舞兒童。
便知有此恨，留我過秋風。
秋風亦已過，別恨終無窮。
問我何年歸，我言歲在東。

離合既循環，憂喜迭相攻。
悟此長太息，我生如飛蓬。
多憂髮早白，不見六一翁。

歐陽修晚年作《六一居士傳》，自稱家藏一萬卷書，集錄三代以來金石遺文一千卷，有琴一張、棋一局，又常置酒一壺，自己則為一老翁，優遊於這五物之間，所以自號「六一居士」、「六一翁」。雖說預感此行或為永別，但蘇軾萬萬沒有想到，別後僅一年，歐陽修便溘然去世。蘇軾當時正在杭州通判任上，不能身赴潁州祭奠，只能作文痛悼。

在那篇著名的《祭歐陽文忠公文》中，蘇軾將歐陽修視為正義的化身、文壇的魁首。歐陽修在，就如民有父母，國有著龜，斯文有傳、學者有師，君子有所恃而不恐，小人有所畏而不為。歐陽修一去世，赤子無所仰庇，朝廷無所稽疑，斯文化為異端，而學者至於用夷。自己受教於門下，計有十六年，卻不能前去弔唁，只得作文遙祭，「上以為天下慟，而下以哭其私。」

十八年後，蘇軾以龍圖閣學士知潁州，值歐陽修夫人去世，又是一番辛酸。由師母而想起恩師，他回顧了自己從傾慕到師從歐陽修的一段往事。

幼年讀書時，就知歐陽修的大名，覺得自己應該拜這樣的大家為師。一次，父親蘇洵讓自己學著歐陽修《謝宣詔赴學士院並謝賜對衣、金帶及馬表》的樣子，寫篇作文。當天晚上就夢見了歐陽修。雖然當時他沒見過歐陽修，但十五年後一見，宛然就像夢中所見一樣。如果說緣分，這恐怕就是緣分。

結交佛印

離開潁州後，蘇軾一家由潁水入淮，再由淮水進入運河，從壽州（今安徽壽縣）、濠州（今安徽鳳陽）到揚州。這是當年隋煬帝觀瓊花的地方。從那時以後，成為江淮地區的一大都會。治平三年，蘇軾兄弟送父親靈柩回川時曾經過此地，故而未多作逗留。加上與揚州隔岸相對的潤州（今江蘇鎮江）金山住著他的好友佛印和尚，那是他急於要去的地方。

說到佛印，尤其是佛印與蘇軾的交往，那自然是傳說多於事實，乃至到底哪些是真哪些是假，已經難以分清了。

佛印俗姓謝，多端卿，杭州人；也有說姓蔡，本是浮梁人；還有記載他是王安石的擁護者、秀州判官李同的同母異父弟，其母為揚州妓女，後來從良嫁人，嫁了三次，生了三個異父的兒子。至於哪種說法屬實，抑或每種說法均在虛實之間，已無關緊要。因為他既遁入釋門，法號佛印，又號了元，已將謝姓、蔡姓視為烏有，母親嫁三嫁四，也已是過眼雲烟。但他的出家，卻純屬誤會。

相傳蘇軾在史館時，謝端卿赴京應試。兩人都是才高八斗，又都愛開玩笑、惡作劇，所以一見如故，傾意相交。

那年天下大旱，英宗皇帝往大相國寺祈求甘雨，請在京名僧演經說法。這件事在京城引起了轟動。謝端卿既喜佛法，又想目睹皇帝的聖容。但按規定，除了有關的僧人及皇帝的隨行官員，其他人是不能進入大殿的，只能在台階下的場地聽法。而且，即使聽法的，也要有一定的身分。謝端卿只得找蘇軾商量，請他出主意，使自己能夠進殿，看看皇帝的模樣。

剛好蘇軾受命協辦誦經儀式，既然謝端卿求助於己，便讓他充當侍者，這樣就可以接近皇帝。謝端卿對蘇軾的安排自是千恩萬謝。

祈雨的儀式開始了，英宗在群臣的簇擁下來到大相國寺，焚香禱告。根據蘇軾的安排，謝端卿充當了持香侍者；這是最能和皇帝接近的差事。英宗從謝端卿手上接過點燃的龍香，卻發現這持香侍者竟是個俊美少年。但見他身材勻稱，面皮白淨，雙目有神，氣宇軒昂，不禁大為驚訝。謝端卿這下也看清了皇帝，三十多歲年紀，和自己一樣，也是圓面孔、白皮膚，只是感到眼神有些異樣，但到底哪裡不對頭，一時卻說不清楚，又不敢老是盯著他。

禱告儀式一結束，便是高僧誦經說法了。英宗由大相國寺方丈陪著閑談，一眼又看見了謝端卿，招招手讓他過去。

英宗問他：「你這侍者，看上去倒是一表人才，不知是否誠心向佛？」

謝端卿這個侍者本是冒牌貨，見皇帝問話，趕忙回答：「小人自幼向善，長而喜佛，乃是至誠。」

英宗見他應對如流，更是歡喜，興致一來，乾脆做個順水人情：「你既一心向善，今日又與盛會，便是有緣。朕一發成全於你，便在大相國寺剃度了吧！」

聽了皇帝一番話，謝端卿驚得目瞪口呆，一股涼意從頭頂直貫腳底。你倒大方，自己不出家，卻樂得做好人，一句話就讓我出家了！我這次赴京，是來考進士。這下倒好，進士不成成比丘。但話還不能說，誰不知皇帝是金口玉牙，這一說出去的話是不收回的了。任憑謝端卿平日裡口若懸河，從不讓人，此時卻一句話也說不出來。那邊蘇軾也是暗自叫苦，本是做好人，沒想到將一個朋友送入空門。

大相國寺的方丈自然喜出望外，皇帝賜一個少年英俊的和尚，這可是大情分，當下便按戒律進行剃度。執事僧又捧出一套僧服，讓謝端卿換上。

再看謝端卿，竟是另有一番風采，蘇軾忍不住讚嘆起來。謝端卿聽到蘇軾的讚嘆，瞪了他一眼。蘇軾趕忙住嘴，心裡卻暗自好笑。

皇帝既然賜了大相國寺一個和尚，乾脆人情做到底，賜謝端卿法名了元，號佛印。

幾年過去，佛印憑著深厚的學問功底，精研佛法，成了著名的學問僧，到潤州金山寺做了主持。潤州當時與杭州同屬兩浙路，潤州是運河江南段的起點，杭州是終點，蘇軾往杭州赴任，正好路過潤州。金山寺為江南名寺，原本也是要去的，而主持金山寺的又是佛印，自然更是非去不可。

佛印早知蘇軾在京師一而再、再而三地上書批評新法，料想這位朋友必然倒楣；沒想到竟然外放杭州做通判，很是高興。金山寺雖是大寺，江南也是人文薈萃之地，但難得有蘇軾這樣投脾性的朋友。

蘇軾的座船才靠岸，佛印已經得到了消息，早早等候在碼頭。久別重逢，兩人都是撫掌大笑。這朋友之情，和兄弟之情畢竟不一樣，它更多一些歡樂，而更少一些傷感。

兩人說說笑笑，步入山門。尚未進禪房，佛印卻停下腳步。過去兩人在一起，總是愛開玩笑，佛印這次先發難了：「內翰此番從何而來，往何而去，本寺可無坐處。」

蘇軾見佛印唇槍刺來，也以舌劍相架：「和尚當有『四大』，權借作為禪床。」「四大」本是佛教所指構成宇宙的四大元素，即地大、水大、火大、風大。地大以堅為性，能載萬物；水大以潤濕為性，能包容萬物；火大以暖為性，能成熟萬物；風大以動為性，能生長萬物。而人身也是由四大構成，故又將人身稱為「四大」。

蘇軾說借「四大」為禪床，就是用這個引伸義。禪床沒有無所謂，你和尚不是有這具臭皮囊嗎？我就借它作為禪床。

對蘇軾的機變，佛印早就領教過了。但蘇軾既然用起禪機，在佛印看來，卻是棄長用短，當下逼進一步：「山僧有一轉語，內翰如若應聲而答，便依所言，借這『四大』。如若有所滯疑，請將所佩玉帶留下，以鎮山門。」

這是要打賭了，蘇軾當然不會服輸，點頭答應。

佛印對著蘇軾笑了笑，說道：「四大本空，五蘊非有，內翰欲於何處坐？」

佛家講究四大皆空，任何事物和現象只有因和緣，卻無固定不變的實在；便是人身，也不是自我實體，而是由色蘊、受蘊、想蘊、行蘊、識蘊等五種難以捕捉的抽象物集合而成。既然是這樣，你坐到哪裡去？

蘇軾沒想到佛印有這一手。也怨自己佛文未精，否則便不當以四大為詞。但這佛印顯然是有備而來，出了一個無解的玲瓏，引蘇軾入彀。要想破這個玲瓏，只能在彀外。蘇軾全無準備，一開口就入彀中而不自知，自然一時無言可對。當然，如果稍加思索，以蘇軾的機敏和善辯，或許可以混戰一場，把玲瓏攪亂。但佛印早已用扣子扣住，要應聲而答，稍加沉吟便算輸了。當下也不等蘇軾解釋，佛印連忙傳呼侍者，命其將蘇軾的佩帶解下。

蘇軾被打了個措手不及，苦笑一聲，將玉帶奉送。佛印也不是存心圖人財物，隨即解下僧袍相贈。以佛印的身分和名望，這僧袍自然也非尋常之物。

但蘇軾是個不服輸的人物，他渾身上下充滿著活力和機警，隨時都得發泄出來。那邊眷屬還在安頓住處，這邊蘇軾又和佛印針尖對麥芒地幹了起來。二人走進前殿，只見兩尊凶神張牙舞爪，怒目而視。

蘇軾問佛印：「你看這尊門神，哪尊更利害些？」

佛印笑了笑：「既是門神，便當出力，自然是拳頭大的利害。」

蘇軾聞言，也不吭聲，隨著佛印來到內殿，但見這裡的觀音菩薩與他處不同，不禁又問：「別處觀音都手持甘露瓶、垂柳枝，以救苦救難、普渡眾生。為何你處觀音卻手持念珠？」

佛印解釋說：「他處觀音都是救人，我處觀音卻是救己，所以手持念珠，不忘拜佛。」

蘇軾聽佛印話中有話，繼續追問：「所拜何佛？」

佛印一句話頂了回去：「自然是拜個己。適才不是說過，我處菩薩只是救己。這求人不如求己的道理，內翰難道全然不知？」

佛印說罷，連誦佛號。

對呀！求人不如求己。但能利國利民，何必一定要在朝廷爭強鬥勝。此番前去杭州，不正可以在自己的職權內為民排難，為國解憂嗎！蘇軾幾個月來一直耿耿於懷的憂鬱，不知不覺間化為烏有。

通判杭州

熙寧四年（一〇七一年）十一月，蘇軾到了杭州。說來宋朝時對士大夫還是相當寬容的。以蘇軾而言，治平三年五月奉父喪返川，第二年四月到眉山，路上花了將近一年。這一次外放杭州，四月間接到敕令，打點行裝，處理在京的住宅財產，朋友聚會，到七月才上路。在陳州弟弟蘇轍家住了兩個月，又在潁州歐陽修家住了十多天，而後揚帆東去，一路上走走停停，遊山玩水，遇有親朋好友處，少不了痛飲高歌。待到杭州，前前後後已花了七個月時間，也沒有人提出過質問。當然，從朝中當權者來說，倒希望蘇軾等反對新法者沉湎於酒色山水之中，省得他們動不動就品頭論足，議論新政。

說來也是，蘇軾一路上訪訪親友，尋尋古蹟，寫寫詩，作作畫，倒也逍遙自在。但一到杭州，面對現實，他又忍不住要憤怒，要發議論了。

通判在宋代地方官中也算是有頭有臉的了，凡知府、知州公事，均須通判簽議連名，才能上報或下發；故名「通判」，實為「同判」，即同理公務。這種官，蘇軾在鳳翔已經幹過三年。但鳳翔是小府，只能稱「簽判」，杭州則是大州，所以才叫「通判」。不過地位雖高，卻沒有獨立處理公事的權力，最後定奪還是得知州或知府拍板。

蘇軾到杭州後，第一件不滿意的事就是監獄關滿了犯人。經了解，這些犯人大多是因為私自買鹽、販鹽，乃至賣私鹽而被捕入獄的。

當時各地設立了鹽務管理機構，由官府對食鹽的產銷進行控制，不許私煮私賣，理由是為了將鹽利收歸國有。

這種做法春秋時的管仲便進行過，到漢武帝時更在全國推行，但不久即予廢止。從此以後，凡是國家財政出了問題，統治者總是想在食鹽上做文章。因為人人都要吃鹽，而又非處處都能產鹽，政府只需要將產鹽地控制，便可實行獨家經營。

王安石既以理財為己任，自然不會放過這個傳統的財源，而且要超出歷代，把鹽利完全歸於政府。於是，官府不僅控制食鹽的生產，而且取代商人，直接向民戶發售食鹽。但由於缺乏商人的經營手段，乾脆實行配給制，每年按人口向民戶發放食鹽，同時收取鹽錢。鹽錢成了政府的固定財政收入，民戶不管是否得到食鹽，鹽錢卻是不能少的。

這樣一弄，問題就大了。一方面，沿海居民本來靠買鹽、賣鹽謀生，政府一控制，生路全被切斷。另一方面，民戶交了鹽錢，卻未必能領到食鹽，即使領到，也往往是劣質鹽。於是，私買私賣食鹽便不可避免；而私買私賣都犯鹽禁，一經抓獲，就要蹲監。

蘇軾後來向韓絳、文彥博等人上書，說兩浙地區每年因犯鹽法而下獄的便有一萬六、七千人；這還不包括那些成群結隊，官兵不敢過問的武裝走私鹽販。

身為通判，蘇軾每天都得和犯人打交道，乃至去杭州當年的除夕，也因案子太多而推遲回家度歲的時間。對這些人犯，蘇軾充滿著同情和憐憫。就在除夕的那天晚上，儘管公事辦完已經很晚，但他沒有心思去和家人團聚，卻在官廳的牆上留下了難以名狀的思緒——

除日當早歸，官事乃見留。
執筆對之泣，哀此繫中囚。
小人營餱糧，墜網不知羞。
我亦戀薄祿，因循失歸休。
不須論賢愚，均是為食謀。
誰能暫縱遣，閔默愧前修。

百姓為了生計而觸犯法網，致使身陷囹圄，這除夕之夜也不得與家人團聚。自己為了區區薄祿，不得不廢寢忘食，處理這些無稽之事，這與被自己審理的囚犯又有多大的區別？

但蘇軾畢竟是蘇軾，雖然他不能擅自將這些本屬無辜的百姓釋放，卻能部分改變他們在獄中的待遇。在杭州任通判的三年時間裡，他時常到監獄去，視察囚犯的生活情況和監獄管理狀況。那年頭素有「世上無冤枉，牢裡無犯人」之說，身為囚犯，有冤無處伸，有苦無處訴，獄卒打罵，獄吏剋剝乃是平常之事。但如今蘇大人親自來到監獄，囚犯就如重見天日，雖然有冤未必就能伸，但有苦畢竟可以訴了。

經過和囚犯的接觸，蘇軾又發現，他們之中的大多數人不僅是因生計所迫而觸犯刑法，有不得已處，而且比許多朝廷官員還講道理、還通人情。他們只要求蘇大人做能夠做到的事情，比如讓他們住的獄房稍微平靜些，吃的囚飯能夠充饑一些，獄卒不要動輒對囚犯施以鞭撻。他們體諒地方官的難處，鹽法是國家定的，他們既然犯了國法，就不能指望　地方官法外開恩，只希望能向朝廷反映民間疾苦，給百姓一條生路，廢除那些不切實際、將百姓逼上絕路的法令。

通過和囚犯的接觸，蘇軾發現自己這才算真正了解社會、了解民眾，朝廷的一個法令、一項政策，如果不切實際，又會將多少百姓推上絕路，執政掌權者實在是應該謹慎從事。

想想那些在京師拒絕批評、一意孤行的掌權者，他們為何不到下面來看看。如果他們也來聽聽囚犯們訴苦，不是可以減少很多政策上的失誤嗎？

再想想那些明明知道百姓疾苦，卻昧著良心歌功頌德的地方官，他們只要稍微收斂一些迎合奉承，多講點實話，也可以減少一些新法制定及執行的失誤。可他們偏偏不是這樣，真不知是何居心。想到這些，他的心又往下沉了。

所幸的是，杭州新任太守陳襄是位正派人物。雖說有些古板，言行皆以古人為法，卻是敢於直言，在朝為侍御史時，就反覆論辯青苗法的弊病，被貶到陳州。蘇軾探望弟弟蘇轍時，曾去拜訪過他。此公每到一地，必以興辦學校，講求民間利病為急務。蘇轍對他很有好感，不止一次向蘇軾提起。沒想到蘇軾來杭的第二年，陳襄也到杭州任太守，也算是他鄉遇故知了。在此後兩年裡，蘇軾和陳襄一起，深入山村，走訪鄉民，賑災救荒，排憂解難，為百姓辦了不少好事。當然，最使他得意的是解決了杭州居民的飲水問題。

杭州地處杭州灣西岸，錢塘江從州南由西往東而，折而向北，再向東入海，致使海潮倒灌，整個杭州東部都受潮水侵襲。久而久之，土地和水源因受海水沖刷而含有鹽分，土地經改造，已為桑麻之區，水卻因鹹苦而不能飲用。但山泉有限，遠遠滿足不了需要；又往返路遠，很不方便。

唐代宗時，名臣李泌為杭州刺史。這是一位有經天律地之才的人物，安史之亂的平定，多靠他從中策劃；但為宦官所忌，出守杭州。來到杭州後，他經過實地勘查，命人在城內開了六口井，引西湖水入城，滿足了城內居民的飲用。此後屢浚屢壅，到熙寧時，六井中的金牛池、白龜池、小方井完全被污泥壅塞，其餘相國井、西井、方井及後來開鑿的南井也因年久失修而出水不暢。

熙寧五年（一〇七二年）秋，陳襄、蘇軾物色了兩位既懂水利，又熱心於公益事業的僧人，一位叫仲文、一位叫子珪，讓他們規劃疏浚方案，又發動富商集資。然後徵集民夫，發溝易甃、彌修罅漏，又調整水井的位置，清潔水源，並重修四個水閘，均築垣牆圍護，平日上鎖，有專人管理。工程進行了將近半年，到熙寧六年春，大功告成。就在這年，江浙、江南發生大旱，河乾井涸，居民用罌瓶盛水，珍貴得像酒醴，唯獨杭州居民不但飲水充足，牲畜用水也不缺乏。老百姓都稱誦陳太守、蘇通判做了大好事。蘇軾自然也很高興，專門寫了一篇《錢塘六井記》，敘述六井修浚的原委；當然也絕不會忘記寫下由此而產生的想法——

……余以為水者，人之所甚急，而旱至於井竭，非歲之所常有也。以其不常有，而忽其所甚急，此天下之通患也，豈獨水哉！

水對於人，不可一日或缺，而天旱竟旱到河乾井枯，則是不常見的。因為大旱不常見，便忽視大旱時可能發生的水荒，就太可悲了。但是人們通常又恰恰犯這個錯誤，只圖眼前安逸，不顧可能發生的禍害。

這是蘇軾寫文章的習慣，總要以具體事情引伸到一般規律，文章的精采處就在這裡，而別人要抓辮子、打棍子往往也在這裡。

西湖暢遊

說來做皇帝也未必有什麼意思，以宋朝的仁宗、英宗、神宗、哲宗而言，活動空間不過就是十里皇城，天天看那些老面孔、老殿閣，便是御花園，占地也不過幾十畝，哪裡見過烟波浩淼的太湖，又何嘗遊過令人陶醉的西湖？至於徽宗和欽宗，到北國城所受凌辱的滋味，更是不堪一言。

蘇軾雖說在京城受排儕，但不能不從內心感謝神宗，把他放到杭州這樣一個充滿神奇色彩的地方來。

杭州古稱錢塘，又名餘杭。相傳當年大禹南巡，在杭州為江水所阻，於是造船渡江，渡江後棄舟陸行。古人稱方舟為「杭」，「餘」即棄、即遺，大禹遺舟於此，於是有「餘杭」之名。秦始皇統一全國後，在此設「泉唐」縣。因為杭州西南有武林山，武林山出泉水，名武林泉，東流入海，居民為免受海潮的侵襲，築唐於海灣，實際上是武林泉養著杭州人，捍海唐護著杭州人，於是取「泉」與「唐」，名「泉唐」。後來，東漢華信守泉唐，募兵加固捍海唐，凡能運土一擔者，給錢一千，旬日之間而唐成，於是取名為「錢唐」。唐代為了避諱，在「唐」的左邊加一「土」字，成了「錢塘」。江水跟著叫「錢塘江」，海潮也稱作「錢塘潮」了。

這錢塘潮的名氣也非比一般，它是伍子胥和文種冤魂的化身。這兩位各為其主的仇敵，一因諫主而皮囊裹屍，葬骨大海，一因功高而狗烹弓藏，伏劍身亡。死後他們卻言歸於好，伍子胥背著文種，日夜在海江遨遊，時時掀動連天雪浪，要向昏君討個公道。他們卻不知人間滄桑，多少冤仇早已化為青烟，昔日昏君也已化作塵土，仍然是摧動波濤，沖向天際，撲向海岸。但海岸之西，卻是萬千無辜百姓，為了抵禦海潮，他們築起了海堤，建起了神塔。吳越王錢鏐為此親往胥山祠祈禱，告訴伍子胥人間已經發生的變化，又調集強弩三千，迎頭擊射那些乘機興風作浪的歷代無名冤魂。經過這番周折，伍子胥和文種終於明白了事理，不再衝擊杭州了，轉往西陵。

對於這種種典故傳聞，蘇軾早在來杭州之前就聽說過了。但杭州最令他神往的，還是當年西施浣紗的西湖。

杭州的官員是頗會享受的，他們的官舍都建在西湖與鬧市之間，平日在衙門辦事，閑暇去西湖遊玩，十分方便。蘇軾也不例外，他的官舍便在緊靠西湖南岸的鳳凰山頭。南面是千帆競發的錢塘江，東面是江水與海水相結的海灣，北面就是令人心醉的西湖了。環湖山巒迭翠，花木繁茂，樓閣亭榭點綴其中。都說杭州是人間天堂，其實，即便到了天堂，也　未必尋得到西湖這般迷人的景致。未來杭州之前，蘇軾對西湖是嚮往，一到杭州，蘇軾又覺得早已相識。他的感情和西湖再也分不開了。

西湖在蘇軾眼中，似乎就是一千五百年前那位令時人傾倒、令後人遐想的絕代佳人——

水光瀲灩晴方好，
山色空濛雨亦奇。
欲把西湖比西子，
淡妝濃抹總相宜。

天晴也好，下雨也好，西湖的景色美總是讓人留連忘返；淡妝也好，濃抹也好，西施的美貌總是讓人心怡神馳。如果因生不逢時，未見西施而感嘆，那就看看西湖吧！或許能彌補心中的缺憾。但這首詩一名世，便令前人、後人咏西湖詩都黯然失色了。

蘇軾遊西湖，較旁人另有一番興致。他是舉國公認的大才子，十六年前歐陽修就說過要避此人出一頭地。歐陽修是何等身分，大宋朝比寫文章，有幾人是他的對手。如今，這位令歐公避席的大才子來到了杭州。這杭州既是出才子的地方，又是東南都會，僧是詩僧、妓是名妓，連孩童也能吟出佳句，可就是沒有文魁詩首。蘇軾一來，眾星捧月一般，當即成了文壇領袖。偏偏蘇軾生性好動，喜歡熱鬧，既然朝中權貴容不得他在政治上呼風喚雨，那麼就在西湖玩他個人仰馬翻。

陪著蘇軾遊西湖，有文人圈子裡的朋友。那時在杭州的著名文人首推詞作家張先。張先字子野，是浙江烏程人（今吳興），天聖八年（一〇三〇年）進士，詩格清新，尤長於樂府，在北宋諸家中，獨樹一幟。晚年辭官，優遊鄉里，泛舟垂釣為樂。蘇軾通判杭州時，張先已八十多歲高齡，仍是精神矍鑠，談鋒敏銳。當時有兩位張先，都以「子野」為字。為了不致混淆，有人做了這樣的區別：彼張先是歐陽修稱之為「志守端方，臨事敢決」者；而此張先則是和蘇軾遊西湖，被推為前輩，能為樂府，號「張三影」者的。

張先曾帶著自己寫的詞去見歐陽修。歐陽修雖然是文壇泰斗，但比張先還小十七歲，等到一看張先的詞，不覺大加讚賞。有人稱張先為「張三中」，說在他的詞中見到的是「心中事、眼中淚、意中人」，張先不以為然。他以為與其稱「張三中」，不如稱「張三影」，因為他對自己這三句詞特別注意——

其一：「雲破月來花弄影。」

其二：「嬌柔懶起，帘厭捲花影。」

其三：「柳徑無人，墜風絮無影。」

在張先的影子裡，蘇軾寫了自己的第一批詞，其中最著名的是一首《江城子》——

鳳凰山下雨初晴，
水汎清，晚霞明。
一朵芙渠，開過尚盈盈。

何處飛來雙白鷺？
如有意，慕娉婷。

忽聞江上弄哀箏，
苦含情，遣誰聽？
烟斂雲收，依稀是湘靈。
欲待曲終尋問取，
人不見，數峯青。

這首詞大體上是學張先的路子，這「弄哀箏」三字便取自張先的一首《菩薩蠻》——

哀箏一弄湘江曲，聲聲寫淨江波綠。
纖指十三弦，細將幽恨傳。
當筵秋水慢，玉柱斜飛雁。
彈到斷腸時，春山眉黛低。

張先寫了在湘江聽曲的感受，蘇軾覺得西湖哀箏依稀便是湘靈。張先聽得細緻，聽出了曲中傳出的幽恨；蘇軾也聽得細緻，聽出了曲中所含的辛酸。但也就在這首詞中，已經可以看出蘇軾的視野和氣勢跨越了張先的藩離。張先始終離不開湘曲的地方，故在斷腸時，只見春山眉黛低。蘇軾卻跳出了哀箏傳出的苦情，故能見到烟斂雲收，放眼數峯青。

陪蘇軾遊西湖的，還有說是出家，卻戒不了七情六欲的和尚。

杭州集中了江南最著名的幾座寺院。靈隱寺是中國佛教禪宗十大名刹之一。相傳東晉咸和初年，天竺高僧慧理泛海來到中國，在杭州西湖之畔見到一座奇峰，不禁驚嘆：此峰不正是天竺國靈鷲山的小嶺嗎？怎麼飛來此處？佛祖在世之日，多為仙靈所隱。於是面山建寺，取名「靈隱」；而寺前奇峰也從此得名為「飛來峰」，又叫「靈鷲峰」。

五代時，吳越以杭州為國都，兩次擴建靈隱寺，至有九樓、十八閣、七十二殿，僧徒三千人，房屋一千二百餘間，盛極一時。到了北宋時，靈隱仍保持著五代的規模，香火既盛，名僧也多。

此外，靈隱寺的南面，由北而南，有分別建於東晉、隋代、五代時的下天竺法鏡寺、中天竺法淨寺、上天竺法善寺及資延寺、智果寺、梵天寺、慧日永明院等，都是著名佛寺。

在這些佛寺中，有蘇軾的舊知和新交。當然，過從最為密切的，還是參寥子（道潛）、惠勤、惠思及由潤州趕來湊趣的佛印等人。這幾位都是作詩寫文的高手，也是六根不淨、嘻笑不忌的狂僧。蘇軾有他們陪伴，自是神采飛揚。

當然，陪蘇軾遊西湖的，更有歌女、名妓。有人說，大凡中國古代的大詩人、大詞人、大畫家，他們的名詩、名詞、名畫都是在兩種尤物的刺激下產生的，一是好酒，一是美女。所謂「李白斗酒詩百篇」，李白的好詩是黃酒灌出來的；歐陽修自號「六一居士」，六個一中，也少不了一壺酒。蘇軾酒量欠佳，每飲必醉，但往往在醉中產生靈感。

有記載說，蘇軾在一次酒酣之際展紙揮筆，打算畫一幅墨竹。只見他下筆之際，如龍蛇騰舞，頃刻而就。眾人湊近一看，竹節纏虯、枝葉挺拔、氣勢恢宏，但並非「墨竹」，而是「朱竹」。原來蘇軾醉中錯當書案上的朱筆為墨筆，畫了一幅「朱竹圖」。眾人大笑。再看蘇軾，已趴在書案上，酣聲如雷。

等他醒後，有人揶揄說：「世間有千竹萬竹，哪有朱竹？」

蘇軾揉著惺忪的醉眼，反問道：「世間有千竹萬竹，又何曾有墨竹？」

眾人一想，也真是，朱竹固然沒有，又何曾有過墨竹。惜乎「朱竹圖」已不知下落，否則的話，多少幅墨竹圖也比不上它的收藏價值。

至於名妓、美人，那也是大文人所不能少的。

白居易三憶江南詞，一憶風景，再憶杭州，三憶便是吳宮了。

至於溫庭筠、韋莊、李煜、張先、柳永，那更是沒有女人便寫不出詞的。被蘇軾尊為前輩的張先，他自詡為「三影」的三首詞，便都是為女人寫的。

蘇軾到杭州時，雖然寫詞還是新手，但詩、文的名氣已經超過張先，又生性豪放爽快，自然成了西湖歌女、名妓追逐的對象。但蘇軾又不是李煜、柳永那樣出入於脂粉堆的人物，他不僅有纏綿幽鬱，更有豪氣壯懷。所以他更多的不是被女人簇擁著遊西湖，而是和朋友一道與名妓唱和，或帶著名妓去看朋友。在朋友和女人之間，迴旋出入，游刃有餘。因此，在他的一生中，自己倒沒有太多風流韻事，卻流傳著他在朋友和妓女之間的惡作劇。而這些惡作劇又多編排在西湖、杭州。

蘇軾既在杭州，佛印自然不能不來。蘇軾對這位好友的剃度一直有些內疚。自己一片好心，讓他有機會接近皇帝，沒想到弄巧成拙。但佛印剃度之後，卻一本正經地念起佛來。雖然也喝酒吃肉，揮金如土，全無出家人的規矩，卻從來不近女色，蘇軾倒有些暗自稱奇。因為蘇軾的自我感覺，什麼事情都好克制，就是這男女之間的情欲有些把握不住。以己度人，佛印禿賊是否假裝正經？他要試一試。

一天，二人遊罷西湖，興頭正高，於是對飲起來。一面喝酒，一面叫歌妓敲著雲板唱曲。這歌妓在西湖是出了名的，不但曲子唱得好，而且容貌極佳，還會寫詩填詞，佛印對她印象甚好。蘇軾有心做鬼，拼命勸酒，把佛印灌得酩酊大醉，然後命人將其扶入臥室；又命歌妓陪伴佛印，並留下一句話，如能使佛印破戒，便幫助她脫籍從良，否則，必定重罰。

佛印酒醒之後，發現自己睡在床上，衣服全被脫去，不覺吃了一驚。一轉身，發現身旁還躺著一位女子，更是慌神。但馬上想起，是蘇軾的惡作劇。佛印連忙起身。那歌妓一把將他按住，道述原委。佛印一聽，連叫荒唐。他等歌妓穿好衣服，自己也披上僧袍，見書案上有現成的筆墨，略一沉思，在粉牆上題了四句詩——

夜來酒醉床上眠，醒來琵琶在枕邊。
傳語翰林蘇學士，不曾撥動一條弦。

蘇軾正在外屋觀書，等著看佛印的笑話。猛聽門帘一響，佛印從內室出來，既無怒容，也不見尷尬之色。蘇軾連忙跑進內室，見那歌妓向隅而泣。一回頭，看見佛印題在牆上的詩，不由連聲稱道：「好和尚！果然是坐懷不亂！」由讚和尚而憐憫歌妓，花錢替她贖身，了卻一樁心願。

雖是如此，蘇軾的脾性卻改不了。

這天他又帶著一幫朋友和歌妓遊湖，隨後棄舟登陸，來到大通禪師的禪房前。大通生性拘謹，不像佛印那般洒脫。對於女人，他從不正眼一看，更不許女人進他的禪房。但蘇軾偏要破他的例，帶著一位歌妓闖將進去。大通正在打坐，見蘇軾進來，正要招呼，卻見後面跟著一位濃妝美姝，不由得將臉一沉。蘇軾也不去理睬他，朝歌妓一點頭，讓她唱起自己剛剛哼出的小詞——

師唱誰家曲，宗風嗣阿誰。
借君拍板與門槌，我也逢場作戲莫相疑。

詞意既清新，歌喉更動人，大通不由得吸了口氣，對這蘇子瞻實在沒有辦法。但聽曲詞一變，竟是衝著自己而來。

溪女方偷眼，山僧莫皺眉。
卻愁彌勒對生遲，不見阿婆三五少年時。

一曲唱罷，蘇軾衝大通抱抱拳，領著歌妓揚長而去。

題聯莫干

當然，雖然人人都知蘇子瞻，卻不是人人都識蘇子瞻，偏偏他有時又愛青衣羅帽，獨自四處逛逛。

杭州西北有座名山，叫莫干山。相傳春秋時吳王闔閭命名匠干將、莫邪夫婦在此山鑄劍，數年不就。後來，莫邪斷髮剪爪，投入爐中，金鐵乃濡，遂鑄成陰陽雙劍，陰劍取名莫邪，陽劍取名干將。此後，人們便稱此山為莫干山，既懷念干將夫婦，又讚譽陰陽二劍。

蘇軾領著一童一僕來遊莫干山，先看了當年干將、莫邪磨劍之處。後人稱之為「劍池」。這裡池水清澈，上有飛瀑懸空瀉下，水經石阻，形成三疊，甚是壯觀。然後來到莫干山的頂峰。這裡有座寺院，院中建有一塔，所以山峰又叫「塔山」。蘇軾讓童、僕在院外等候，自己獨自進了院牆。

等一進寺院，蘇軾不禁喝起采來。這寺院裏著山顛，毋須登塔，周圍景色便盡收眼底。往北看，是波平如鏡的太湖，湖上東、西洞庭山山色葱鬱。往東看，千里運河蜿蜒如帶，運河與錢塘江相接處竟是茫茫一片。近處峰巒羅列，遠處東、西天目山如屏如嶂。

正自陶醉，猛聽有人問道：「施主從何而來，往何而去？」

蘇軾回過神來，見幾步之外站著一位五十開外的老僧，裝束舉止很是端嚴，連忙拱手：「不才遊山至此，見貴寺清淨，故此擅行闖入，還望羅漢恕罪。」

老僧見他舉止文雅、言語有禮，四十來歲年紀，卻羅衣小帽、裝束簡樸，又無隨行童僕，料想是科場屢蹶的秀才，微微一點頭，指著院中一石墩，說了聲：「坐！」又命身旁僧童：「茶！」

蘇軾生性洒脫，全不在意，往石墩上就坐，又招呼老僧：「老羅漢也請坐！」老僧也不好過於簡慢，在另一石墩上坐下。

二人有一搭無一搭地閑扯，越扯老僧越是驚訝，暗想此人見識非比尋常，雖說眼下尚未發達，尚不至終生就此潦倒。他趕忙起身，將蘇軾讓入禪房，指著門旁一把椅子，客客氣氣地說了聲：「請坐！」自己則居中坐下，又對端茶上來的僧童吩咐：「敬茶！」

蘇軾這次有些不自在了。自打離京以後，從陳州到潁州、到杭州，哪裡都是自由自在，何曾被人指著下首讓座的？剛才坐石墩倒無所謂，覺得自在，如今這和尚端著架子居上而坐，哪裡是待客的道理？

和尚本來自以為是看重了他，蘇軾卻覺得這和尚太過傲慢，於是有意談起了詩賦學問。這下和尚坐不住了，試探地問起科試之事。蘇軾也不穩瞞，說是嘉祐三年的第二名進士，主考官是歐陽修，嘉祐六年制科入三等。

和尚一聽，瞪大了雙眼，老半天才站了起來，連聲招呼道：「請上坐，請上坐！」又對僧童揮揮手：「快，快，敬好茶！」

僧童也不敢樂，應了一聲，就要退下。

蘇軾見這和尚的神態，暗自好笑，乾脆再嚇他一次，便自報家門：「不瞞老羅漢，眼下杭州通判，人稱蘇子瞻的便是在下。」

和尚這下更是吃驚，連僧童也忘了要端水，他們上下打量著蘇軾。和尚結結巴巴地問：「您就是蘇軾蘇子瞻先生？」

蘇軾笑了笑：「蘇軾又怎麼了，難道我還要去冒充他？」

和尚雙手合十，壓了壓過於緊張和激動的神經，但說出的話卻更是糊塗：「子瞻先生，請禪房坐！徒兒，快上我的茶！」

蘇軾看了看忙亂不迭的老和尚，倒笑不起來了，暗自感嘆：「世態冷暖，一至於此！信佛本是出世，卻也難脫塵俗。」不覺索然無味，起身告辭。

和尚再三挽留不住，堅請蘇軾留下墨寶。蘇軾略一沉思，揮筆題了一副對聯——

坐請坐請上坐請禪房坐，

茶敬茶敬好茶敬我的茶。

和尚一看，滿臉尷尬，口裡卻連聲稱道：「好！好一副對聯，好一手妙字！」

蘇軾拱拱手，看了看高聳雲天的塔端，出了院門。

初為太守

熙寧七年（一〇七四年），蘇軾杭州任滿。

這三年在他的一生中實在是太愜意了，杭州的山、西湖的水，以及生活在這山水之間的人，給了他從未享受過的情義。他在這裡用不著去提防誰，前後兩任太守陳襄、楊繪都是正人君子，而且都因得罪王安石而外任，對蘇軾甚是推重。

先是這年七月，蘇軾送陳襄移守南都應天府（今河南商丘）。送出了杭州，在臨平（今浙江餘杭）舟中才依依而別。蘇軾見境生情，由情感境，寫了一首《南鄉子》以述情思——

回首亂山橫，不見居人見只城。
誰似臨平山上塔，亭亭，迎客西來送客行。
歸路晚風清，一枕初寒夢不成。
今夜殘燈斜照處，熒熒，秋雨晴時淚不晴。

當年陳襄來杭州任太守，蘇軾專程前往臨平舟次迎接；這次送陳襄北歸，又來到臨平塔下。蘇軾此時也收到朝命，讓他前往密州為太守，此番送陳襄，他口送自己，何時還能再回到這人間天堂。

九月，這是南方一年之中最好的時光，蘇軾上路了。一同上路的有蘇軾的妻子王閏之及三個兒子蘇邁、蘇迨、蘇過，還有一位王閏之買下的丫鬟朝雲。

朝雲是杭州人，聰明伶俐，有一副天生能唱歌的好嗓子，這年剛十二歲，比蘇邁還小六歲。朝雲本來就姓王，還是因為王閏之自己姓王，便也讓朝雲姓王，已不可知。王閏之在離開杭州之前買下她，或許也是出於對杭州的不捨之情。但從此以後，王朝雲便成了蘇軾生活中不可缺少的一部分，並繼王弗、王閏之之後，成為蘇軾的第三位王姓妻子。

蘇軾離開杭州，幾乎把整個江南都牽動了。新任杭州太守楊繪、山陰縣（今浙江紹興）知縣陳舜俞，以及蘇軾在杭州的男朋女友，都來送行。碼頭上三教九流，販夫走卒難分貴賤，大家都是蘇軾的朋友和崇拜者。楊繪、陳舜俞和已經八十五歲高齡的張先一直把蘇軾一家送到湖州（今浙江吳興）。在這裡，有劉述、李常置酒高會。劉、李二人都是因反對新法而外放的，於是也不難理解王安石的新法為何推行維艱。且不說新法自身弊病甚多，僅是有這批反對派，小弊病也得給你弄出大亂子來。

當年十一月，蘇軾到了密州。密州（今山東諸城）避處膠州半島西南，既無地產之利，也無交通之便，土地貧瘠，民無宿儲；比起杭州，真是天壤之別。蘇軾也是在到了密州之後，才真正感受到杭州「天堂」的韻味，同時也才真正感受到作為地方父母官責任的重大，

天災人禍

蘇軾一到密州，便發現這裡的情形比自己想像的還要糟糕甚多。從秋天以來，密州幾乎沒有下過一場雨。嚴重的旱災加上蝗災，使這塊本來就貧瘠的土地更加荒涼蕭條。

蘇軾的心頓時就像被人揪住。他暗罵自己路上耽擱太久，沒能早日趕到此地與百姓共患難；同時又感到有些手足無措。他在鳳翔和杭州都參與過抗災，但那裡的災比起這裡，卻根本不算一回事。在鳳翔，他只做了一件事，寫一道請封太白山神表，做幾次祈禱，便把雨求來了，從而得到「蘇賢良」的美譽。在杭州，他和太守陳襄一起，花了半年時間，輕輕鬆鬆便疏浚了六井，使杭州百姓災年也不災水。但在鳳翔是碰上了天要下雨，也有雨可下；在杭州則是托了前人的蔭德，又是帶預防性的工程。可眼下這密州，卻是十萬百姓嗷嗷待哺，每

天都有人被飢餓奪去生命。眼巴巴盼來了新太守，百姓們有了一線指望。

蘇軾坐不下去了，他走入災民之中，和他們一道捕捉蝗蟲，尋找水源，商議抗災的辦法。但一與災民接觸，他又發現，天災固然可怕，人禍更為慘烈。

對於天災，蘇軾與他的同時代人一樣，把希望寄托在求神祈雨上。他從熙寧八年（一〇七五年）四月初開始齋居蔬食，然後往密州境內的常山去求神降雨。這次求神，他寫了一篇與眾不同的祝文——

> 洪維上帝，以斯民屬於山川群望；亦如天子，以斯民屬於守上之臣。惟吏與神，其職惟通。殄民廢職，其咎惟均。

上帝委派山川諸神，就像天子委任各地官員一樣，是讓他們庇護當地百姓。因此，神靈與官員的職責是相同的。倘若殘害生靈，不盡職守，那麼都應受到相同的處罰。

祝文一開頭，蘇軾便拉開架勢，和常山山神論理。他以前在鳳翔、在杭州也多次寫過祝文，都沒有如此激動，也可見密州災情之重。同時，他認為多次求雨而不下雨，是山神失職所致，應該承擔責任——

> ……哀我邦人，遭此凶旱；流殍之餘，其命如髮。而飛蝗流毒，遺種布野。使其變

躍飛騰，則桑柘麥禾，舉罹其災，民間罔有孑遺。吏將獲罪，神且乏祀。

作為守土之官，未能盡護民救民之職，理當獲罪；而作為地方神的你，同理也得不到民間的祭祀！

……謹以四月初書，齋居疏食，至於閏月辛丑。若時雨沾洽，蝗不能生，當與吏民躬執牲幣以答神庥。嗚呼，我州之望，不在神乎？

為了表示誠意，蘇軾齋戒了一個月，希望山神也盡其所能。如果能下雨，定和吏民一起用豐盛的祭品去敬神，絕不食言，拜託了！但蘇軾仍不放心，向山神反覆規勸開導——

……父老謂神求無不獲，克有常德，以名茲山。其可不答，以愧此名？若曰：「歲之豐凶在天，非神之所得專。」吏將辯曰：「民之休戚在朝廷，我何知焉。」則誰任其責矣。上帝與吾君，愛民之心一也。凡吏之可以請於朝者，言不敢不盡，則神之可以謁於帝者，宜無所不為。

父老都說山神你有求必應，克有常德，所以稱此山為「常山」。如果求而不應，那就愧對於這個名稱了。對於生民的苦難，神和吏都不能推卸責任。如果山神說，年成的好壞是上天決定的，神無能無力；官吏也說，百姓的喜愛是朝廷決定的，吏怎能知曉。那麼保民安民的責任又由誰來承擔？上帝和天子愛民之心都是一致的，對於天子的施政，假如有不便於民者，吏應該知無不言，言無不盡。同樣，如果上帝有不合乎民情者，神也應該盡力陳請，無所不為。

蘇軾是慷慨激昂地理論了一番，但寫到最後，他內心深處應該諒解常山山神。因為正如山神對上天不下雨無可奈何一樣，蘇軾對朝廷的坑民政策也是一籌莫展。

密州的災情和當年鳳翔的苦旱不一樣。鳳翔麥子因不下雨而要枯黃，連續幾天大雨，麥子便轉青了。密州則不但遭旱災，凡田地作物、山地林木，均被蝗蟲摧殘。據蘇軾所見，當地百姓捕殺而坑埋的蝗蟲堆積路邊，壘壘相望，長達二百多里，約有蝗蟲近三萬斛。如果能下透雨，固然旱情可以緩解，蝗蟲也無可藏身，但眼下百姓的衣食卻仍難以解決。

因此，蘇軾除了求神祈雨、指導和組織百姓捕殺蝗蟲之外，還得請糧賑濟，並組織居民生產自救。但剛涉及到這一步，麻煩便來了。

其時王安石已罷相，朝中主指者是韓絳和呂惠卿。論地位，韓絳為同中書門下平章事，正宰相，呂惠卿為參知政事，副宰相。但韓絳遇事缺乏主見，才力遠非呂惠卿之敵，故真正掌權的還是呂惠卿。

呂惠卿本為王安石的助手，後來卻對王安石進行構陷。當時人們普遍認為，王安石雖然脾氣怪，聽不得不同意見，但品行卻是高尚的；他推行新法雖然觸犯了很多人的利益，但動機卻是為了國家的富強。因此，他是做了錯事的君子。而呂惠卿則純為小人，心術不正，謀權圖利，王安石的許多過錯都是受了他的唆使和蠱惑。這種認識固然帶有偏見，但也不是全然沒有道理。

王安石當政時，雖說客觀上重視國計而輕視民生，但總是時時注意民間的反映，其主觀願望仍是希望國與民均富，故聚財時所思者既增加政府收入又不增加農民的負擔。而呂惠卿則不然，他一門心思只想著增加收入，至於農民負擔是否加重，全然不予考慮。因此，蘇軾一到密州，便撞上了呂惠卿的兩個新法。

一是「手實法」。這是免役法的輔助措施。宋朝繼唐末五代的舊制，民戶有各種職役。王安石變法時認為職役妨礙農時，而且負擔不均，逃役也嚴重，所以創免役法。規定民戶納錢免役，稱「免役錢」；以前沒有職役負擔的官戶、女戶、寺觀戶等，也要按定額的半數交納役錢，稱「助役錢」。這項法令有其合理性，後來司馬光要廢除，蘇軾便當面頂撞。

呂惠卿為了多收免役錢和助役錢，創手實法，讓民戶自己估算財產。金錢、糧食等動產稍微好辦些，房屋、土地等不動得產卻複雜得多，於是官府訂立物價，民戶自行估算。各縣根據民戶的估算將其分為五等，按比例將本縣役錢分攤下去。如果自報不實，鼓勵告發，將被告人財產的三分之一作為賞錢，獎勵告發人。

這種「手實法」其實並不是什麼新貨色，而是漢武帝時「算緡令」與「告緡令」的翻版。該法一賞行，民間告訐成風，民事糾紛不可開交。

二是「鹽法」。蘇軾在杭州時，就對因煮鹽、販鹽、賣鹽而下獄的囚犯深表同情。但當時的食鹽專賣場還只設在兩浙等部分地區。蘇軾往密州赴任途中，便了解到京東、河北路尚無專賣場，官不賣鹽，獄中也無鹽囚，曾高興過一陣子，因為密州屬京東路。但一到密州，旱災、蝗災還沒能解決，就得知消息，京東、河北諸路的鹽利也收歸國有。

為了救災，蘇軾已上疏朝廷，請求蠲免密州的秋稅，並推遲歸還青苗本錢及利息。這些要求還沒有得到答覆，手實法又來了。限期估算民戶家財，徵收役錢，這不是逼著農民鋌而走險嗎？密州逢大災，唯一能救急的辦法是組織農民煮鹽、賣鹽，但政府又禁止私鹽，這不是斷了農民的活路嗎？當年王仙芝、黃巢起義，多半原因就是唐朝政府禁止私鹽，結果逼得鹽販武裝走私，最終釀成大患。這種教訓還歷歷在目，真不知道呂惠卿輩是何用心。

根據多年的經驗，蘇軾知道自己對這些事情無能為力，便如山神對上天不下雨無能為力一樣。但他不甘心，同時也吸取以往的教訓。給皇帝上書，等於將自己送入呂惠卿的刀俎。他把一線希望押在韓絳身上，寫了一封私函，極論手實法和鹽法的不便，懇請韓絳用自己的地位和權力，將其危害限制在最小的範圍內。由於韓絳是嘉祐二年省試副考官，與蘇軾有師生之誼，所以蘇軾特別說明——

軾不敢論事久矣！今者守郡，民之利病，其勢有以見及。又聞自京師來者，舉言公深有拯救斯民，為社稷長計遠慮之意，故不自揆，復發其狂言。可則行之，否則置之。願無聞於人，使孤危衰廢之蹤，重得罪於世也。

作為主管一州事務的長官，於民生之計竟然不能向朝廷直陳己見，不能不說是一種悲劇。這個政權即使沒有女真人來收拾它，也對老百姓沒有什麼好處。四十年後，京東一帶發生宋江等人的起義，也是不足為怪的。

條條路都被堵住了，蘇軾覺得愧對密州父老。但作為父母官，他並沒有辜負一方子民。在密州百姓受天災人禍的煎熬中，蘇軾也和他們一樣，過著飯糗茹草的日子。他寫了一篇《後杞菊賦》以自嘲，賦前之敘卻真實地記載了當時的窘境——

唐朝有位陸龜蒙，自稱往常吃杞柳和野菊，入夏以後，杞菊枝葉又老又硬，氣味苦澀，也得強食。蘇軾看了陸龜蒙寫的《杞菊賦》，有些不信。他覺得讀書人未曾發跡，生活清苦一些是可以想見的，但說窮到以草木充飢，則不免過份。但到密州後，有了親身體驗；俸祿既薄，又鬧飢荒，吃頓飽飯也難以遂願；只得每天和通判劉廷式沿著古城廢圃，尋找杞菊，以求充飢。

但是，蘇軾的生活態度卻充滿著樂觀情緒。他在《後杞菊賦》中的自嘲，或許對飢塞交迫中的密州人會產生一些感染力——

人生一世，如屈伸肘。
何者為貧？何者為富？
何者為美？何者為陋？
或糠核而瓠肥，或粱肉而墨瘦。
何侯方丈，庾郎三九。
較豐約於夢寐，卒同歸於一朽。
吾方以杞為糧、以菊為糗。
春食苗、夏食葉，秋食花實而冬食根，
庶幾乎西河、南陽之壽！

詞風千古

密州惡劣的生活環境，造成了密州人強健剽悍、質樸粗豪的民風。這種民風與江南富庶繁華之地截然不同。

杭州的嬌歌軟語、良辰美景，使蘇軾個性中的天真、纏綿、嬉戲、傷感等等特質得以發揮。故此在杭州三年，既有對西湖情意切切的咏嘆，也有對歌妓惋惘悱悱的惻隱；既有和佛印、大通肆無忌憚的惡作劇，也有對莫干山僧辛辣尖刻的嘲弄。

而密州的窮山瘠壤、粗俗豪氣，則使蘇軾個性中的豪邁、曠達、超然、狂放等特點得到激發，從而使他開始向文學巨子的行列邁進。

在群星璀燦的中國文學史上，有時上百年也未必能產生出大師級的人物。北宋仁宗時期風雲際會，竟然出了歐陽修、蘇洵、王安石及晏殊、張先、柳永、梅堯臣、蘇舜欽、范仲淹等一大批文學天才。蘇軾後來居上，詩、詞、文均雄視千古。但在密州之前，論詩文，也只在歐（陽修）蘇（洵）及王安石之間；論詞，則還是新手，在張先的影子下徘徊。

密州遠離學術中心，文學氛圍不但不能和開封、杭州相比，便是較成都、洛陽乃至鳳翔，也相距甚遠。但蘇軾恰恰從這裡開始，在文學創作上將其同時代人甩在身後，並跨越已故的歐陽修和蘇洵，成為北宋文學史上首屈一指的巨星。如果說歐陽修在文壇上的霸主地位不可動搖，黃庭堅開江西詩派之功不可沒，那麼蘇軾除了在文壇直逼歐陽修、在詩壇開啟黃庭堅外，尤以詞作雄視千古，迄無來者。而在密州所作的三首詞，恰似蘇軾在詞壇上的三級跳。

第一首為《江城子》。熙寧八年正月二十日夜，蘇軾到密州之後已三個月。三個月後，整日操心的就是旱災、蝗災，以及因手實法等秕政而引起的民心騷動。但在這天夜裡，竟與已故十年的妻子王弗夢中重逢了。醒來之後，寫下了著名的「十年生死兩茫茫」，寄調《江城子》。詞的下闋，「夜來幽夢忽還鄉，小軒窗，正梳妝……」云云，自是夢中之景。而詞的上闋，「千里孤墳，無處話淒涼……」又是災後密州淒涼蕭疏的寫照。對已妻的懷念和對劫後災民的同情，兩種情感交織在一起，才有熙寧八年正月的《江城子》。這種感情，卻是兩年前在杭州西湖與張先同賦《江城子》時所未具備的；因此，詞的意境也是兩年前的《江城子》無法比擬的。

第二首還是《江城子》，但一掃「十年生死」的哀怨戚楚，竟是豪氣勃發——

老夫聊發少年狂，
左牽黃，右擎蒼，
綿帽貂裘，千騎卷平岡。
為報傾城隨太守，親射虎，看孫郎。

酒酣胸瞻尚開張，
鬢微霜，又何妨！
持節雲中，何日遣馮唐？
倉挽雕弓如滿月，西北望，射天狼。

自從李白的《菩薩蠻》、《憶秦娥》二詞問世以來，三百年間，還沒有人在詞中千里馳騁、彎弓搭箭；也還沒有人將一腔豪放之氣注入詞曲之中。詞有豪放一派，自蘇軾始；嚴格地說，是從這「密州出獵」始。

但世人往往以「豪放」二字來限量蘇詞，卻是偏頗誤會。

清末王鵬運《半塘遺稿》，有一處專論蘇詞——

北宋人詞，如潘逍遙（閬）之超逸，宋子京（祁）之華貴，歐陽文忠（修）之騷雅，柳屯田（永）之廣博，晏小山（幾道）之疏俊，秦太虛（觀）之婉約，張子野（先）之流麗，黃文節（庭堅）之雋上，賀方回（鑄）之醇肆，皆可模擬得其彷彿。唯蘇文忠（軾）之清雄，敻乎軼塵絕世，令人無從步趨。蓋霄壤相懸，寧止才華而已？其性情，其學問，其襟抱，舉非恆流所能夢見。詞家蘇（軾）辛（棄疾）並稱，其實辛猶人境也，蘇其殆仙乎！

王鵬運認為，歐陽修、柳永、張先等人的詞後人可以模仿，而蘇軾的詞卻無以步趨。其實，蘇軾有些詞也是可以學而得其髓的。如上面兩首《江城子》，秦觀就學到了「十年生死兩茫茫」的哀怨婉約，辛棄疾也學到了「老夫聊發少年狂」的豪放粗獷。但蘇軾在密州所作的第三首代表作《水調歌頭》，卻實在無以望其項背。

熙寧九年中秋節，蘇軾「歡飲達旦，大醉。」醉而想起數百里外濟州城內的弟弟蘇轍。此時此刻，子由是否也在對月歡飲，是否也在懷念自己——

明月幾時有？把酒問青天。
不知天上宮闕，今夕是何年？
我欲乘風乏去。惟恐瓊樓玉宇，高處不勝寒。
起舞弄清影，何似在人間？

轉朱閣，低綺戶，照無眠，不應有恨，
何事長向別時圓？
人有悲歡離合，月有陰晴月缺，此事古難全。
但願人長久，千里共嬋娟。

說蘇軾的詞豪放，這裡確有豪放之情，卻又不露痕跡；說蘇軾的詞超然，這裡確有超然之意，卻並無出世之慼；說蘇軾的詞拙直，全詞確是信筆直書，並無著意雕刻，卻流爽暢達，清新絕俗；說蘇軾的詞重情，自這首中秋詞出來後，所有中秋抒情的詞便黯然失色，但絕無病態，處處催人向上。

近人夏敬觀說蘇軾的詞意有上乘與第二乘之分。其如春花散室，不著跡象，使柳枝歌之，正如天風海濤之曲，中多幽咽怨斷之音者，為上乘；而激昂排宕，不可一世之概者，為第二乘。後人學蘇軾詞者，包括辛棄疾在內，都只能學到他的第二乘，而學不到上乘。「中秋詞」所顯露出來的行雲流水、天風海濤般的意境，正是蘇詞中的上乘境界，那是無法仿效的。人們將宋詞中的蘇軾比作唐詩中的李白，是恰如其分的。杜詩的現實主義與格律技巧，杜牧和李商隱可以說深得其味；但李詩的浪漫主義和似不經意，卻無人能學。

徐州抗洪

熙寧九年（一〇七六年）十二月，蘇軾在密州任滿，奉詔移知河中府（治所在今山西永濟縣）。和新任南秷州知州孔宗翰辦完交接手續後，蘇軾離開了多災多難的密州。

但蘇軾並未到河中府。在他經由濟州去開封時，朝命變了，讓蘇軾赴徐州任知州。

河中府屬永興軍路，春秋霸主晉文公重耳為公子時，其封地就在河中府府治所在地蒲州，故稱「蒲城公子」；唐肅宗至德二年（七五七年），在這裡設河中節度使，後稱護國軍，是拱衛京師長安的重鎮，戰略地位十分重要。北宋定都開封，政治重心東移，河中府的地位也就隨之下降了。

徐州為《禹貢》「九州」之一，當時有「海岱及淮惟徐州」之說，即北起泰山、南至淮河、東及於海，均為徐州。又名「彭城」，秦漢之際，楚懷王及西楚霸王項羽便在此定都。漢武帝開始，徐州為十三部州之一，轄有今山東南部和江蘇北部之地。由於地處南北衝要，因而徐州又是歷代兵家必爭之地。但在隋唐至兩宋，南北大運河的淮河到黃河段是由汴河和蔡河溝通，未經徐州，所以徐州的地位也就不如以前了。

但不管怎麼說，無論是調河中府還是調徐州，蘇軾這太守都比在密州要風光一些。蘇軾調徐州時，蘇轍也由濟州調任南都宋州（今河南商丘）通判。於是兄弟二人一道攜帶家屬南下，蘇轍在宋州稍事安頓，便陪著哥哥全家來到徐州。

似乎是上天有意對蘇軾加以考驗和挑戰，過了八月中秋，剛送走蘇轍，浩浩蕩蕩的黃河之水便奔向徐州了。

一個多月前，熙寧十年（一〇七七年）七月十七日，黃河在澶州（今河南濮陽）曹村下埽決口，本來北流的河水掉頭向南，四十五個縣遭到黃河水的沖刷，三十萬頃土地被淹沒。八月二十一日，大水經徐州繼續南下，卻被徐州城南的大山擋住去路，水勢日漲。到九月，水位已達二丈八尺，比徐州城內平地高出一丈多；只是因為被城外長堤所堵，才沒有侵入城中。

在黃河決口的消息傳來後，蘇軾便將徐州城內的青壯年組織起來，對外堤進行加固，並準備了土石等物，防備長堤萬一不測，可及時填補。同時，還建造了一批木筏，以便隨時救援。因此，當洪水到來之際，徐州城內的百姓才不致過於驚恐。

但是，誰也未曾料到這年的洪水來得這麼快、這麼凶。接連幾天暴雨，水面離東南堤面只有幾寸了。蘇軾一面組織青壯年趕赴東南大堤，將大堤加高加厚，一面冒雨來到屯駐徐州的禁軍武衛營，動員禁軍參加抗洪。禁軍在宋朝直屬中央調遣，但眼看徐州城危在旦夕，蘇太守親自來駐地求援，怎能袖手旁觀？數千禁軍開赴城外，和居民一道，加固大堤。

這邊的事情剛安排妥當，那邊守城的官吏卻來報告，說是大批富民要求出城避難。

蘇軾一聽，腦子轟地一震。如果富民一出城，這民心就亂了；如果築堤軍民聽說城內大撤退，這堤還護不護？

蘇軾也顧不了許多，柱著木桿從城東趕到城北。只見城門口擠滿了人，風聲、雨聲、哭喊聲、叫罵聲，響成一團。蘇軾快步走上城牆馬道。人們見太守來了，停止了叫罵。

蘇軾看了看那些被雨淋得渾身濕透的居民，人人眼中露出乞求的目光。蘇軾心一軟，就想讓他們出城。但轉念一想，徐州城內還有幾十萬居民及外地災民，這城門一開，引起混亂，還有誰能夠收拾得了？

蘇軾定了定神，將牙一咬，對眾人說：「我為本州太守，定與徐州共存亡。武衛營禁軍和民壯已趕赴東南大堤，加固堤壩。有我蘇軾在，絕不讓洪水侵入徐州。你們都是好百姓，在這緊要時機，更應齊心同德，共渡難關。」

人們見太守濕淋淋地站在雨中，早已被鎮住。這任太守非是旁人，他可是大學問家。連他都和徐州共存亡，旁人的性命難道比他還珍貴？聽了蘇軾一席話，想出城的人紛紛散去，那些擠在城門口和守門士兵爭吵的居民更是慚愧。一時間，城門恢復了平靜。

蘇軾終於鬆了口氣，他覺得這次自己真正做了一件大事，不僅僅是勸退了想出城的居民，更主要是感到自己能臨危不亂，克制住心慈手軟的毛病。

但這個念頭一起，他又想到了東南大堤。

蘇軾吩咐守城士兵，任何人都不許出城，然後趕到城東。雨漸漸停了，上萬軍民將一條長近千丈、寬兩丈、高一丈多的大堤修護得固若金湯。蘇軾又採納了一位當地僧人的建議，開鑿清冷口，將城外積水引入黃河故道。

經過五十多天的晝夜奮戰，洪水終於退下去了，徐州軍民歡喜若狂。蘇軾也長長地舒了一口氣，心裡卻暗叫「僥倖」。如果暴雨再連續下幾天，如果沒有那位僧人提出開鑿清冷口，如果大堤一旦決口，那會是怎樣的後果？他不敢再想下去了。在徐州軍民的慶賀聲中，蘇軾給朝廷上表，托皇上和執政大臣的福，蘇軾避免了洪水的劫難。同時經過一番估算，向朝廷提出徵集民夫、撥出款項，修建一條石堤，防患未然，以收一勞永逸之效。

這時韓絳、呂惠卿已罷相，王安石復相又罷，吳充、王珪並同中書門下平章事。吳充便是在宋朝制科策試中第一位入三等的吳育之弟。吳充不到二十歲中了進士，既有學問也敢於發表意見。他一上台，便向神宗提出要召回司馬光等十多人，其中也包括蘇軾。因此，蘇軾的表章送出以後不久，就得到了朝廷的嘉獎，說他親率官吏，督率軍民，救護了一城生靈，公私財物，不傷分毫。第二年二月，朝廷又撥款二萬四千貫，並准許動用地方財政六千貫，用工七千餘人，修築大堤。

按蘇式的設想，是建一座石堤，但朝廷撥款有限，只能建成土木結構的堤壩。六、七年間，蘇軾很少向朝廷提出要求，即使提了，也是石沉大海。這次總算有了回音，且給了一些經費，該知足了。

大概是受陳希亮在鳳翔建凌虛台的影響，也是當時的官場風氣所致，蘇軾每到一地，除了辦實事。也喜歡搞些樓亭台閣。在鳳翔，蓋了座喜雨亭；在密州，有超然台。這次來徐州，三個月就遇上大洪水，戰而勝之，又增築了土木大堤，怎能不蓋座建築物紀念紀念？

這個建築，蘇軾一開始就納入規劃之中，所以堤壩剛峻工，一座建在城東大堤上的十丈高樓也落成了。蘇軾命人用黃土塗牆，取名「黃樓」。

「黃樓」的含義可以舉出許多。蘇軾根據陰陽五行說，黃色代表土，土能克水，因而這建在河堤上的「黃」樓便是克水的象徵。另外，黃樓與黃河同色，黃河就不能沖刷黃樓了。

元豐元年（一〇七八年）九月初九重陽節，蘇軾在黃樓舉行了盛大的慶典，既慶賀大堤的峻工及黃樓的落成，也慶賀上年抗洪的勝利。去年的九月初九，正是抗洪的緊要關頭。蘇軾的「黃樓詩」說到當時的情形——

……

水穿城下作雷鳴，泥滿城頭飛雨華。
黃花白酒無人問，日暮歸來洗靴襪。

當此生死存亡之際，誰還有心思念叨重陽？更不會想到還有今日的重陽。

作為地方官，蘇軾在徐州才真正大展鴻才。繼熙寧十年帶著徐州軍民抗禦洪水之後，蘇軾又在第二年，即元豐元年，派人在城西南的白土鎮附近找到了煤礦，不但解決了當地居民的生活所需，而且由此而發展起徐州的採煤業和冶鐵業。這可是一件了不起的大事。蘇軾自己也喜不自禁，寫下《石炭》詩，以抒情懷——

君不見，
前年雨雪行人斷，城中居民風烈骭。
濕薪半束抱衾裯，日暮敲門無處換。
豈料山中有遺寶，磊落如磐萬車炭。
流膏迸液無人知，陣陣腥風自吹散。
投泥潑水愈光明，爍玉流金見精悍。
南山栗林漸可息，北山頑礦何勞鍛。
為君鑄作百煉刀，要斬長鯨為萬段。

烏台詩案

宋太祖以禁軍統帥的身分發動兵變，將周世宗柴榮留下的孤兒寡妻趕出開封，自己做了皇帝，唯恐他人效法，故對將領加意防範。既在中央收奪兵權，又在地方派文官理事，並說了一句令人聽了發笑卻又切中要害的話：文官再壞，不過就是撈錢；但一百個文官貪贓所產生的後果，也不如一個武官造反。

其實，即使是文官，趙宋皇帝也是不放心的。南宋葉適說到宋時文臣為地方長官，不像漢唐那樣稱郡守、刺史，稱縣令、縣長，而是稱「權知府事」、「權知州事」、「權知縣事」，知府、知州、知縣只是「權」知地方事，使其名不正、任不久，不能在地方結成勢力。通判、簽判是副手，可在一地幹三年；知州、知府是一把手，在一地只能幹兩年。所以蘇軾簽判鳳翔，通判杭州都是三年任滿，而知密州、知徐州，兩年便任滿。

元豐二年（一〇七九年）三月，蘇軾徐州任滿，奉調湖州。

對朝廷的此一安排，蘇軾有些不滿。他在徐州抗洪水、開煤礦、恤囚犯、安百姓，政績是有目共睹的；而且，無論是詩、詞還是古文，當時均視為天下第一人。有了這些本錢，蘇軾不免對政局看得樂觀了些。湖州地處太湖南岸，與杭州同屬兩浙路，也是富庶之地，但還稱不上繁華；與徐州相比，湖州的地位則是頗有不如。以赫赫政績，又身負盛名，竟不得升遷，蘇軾認為這是朝中當權者在作梗。這種情緒在給神宗的謝表中便流露出來。

元豐二年四月底，蘇軾到湖州後照例上謝表。由於這份謝表關係重大，故附錄於下——

臣軾言。蒙恩就移前件差遣，已於今月二十日到任上訖者。風俗阜安，在東南號為

> 無事；山水清遠，本朝廷所以優賢。顧惟何人，亦與茲選。臣軾（中謝）。伏念臣性資頑鄙，名蹟堙微。議論闊疏，文學淺陋。凡人必有一得，而臣獨無寸長。荷先帝之誤恩，擢寘三館；蒙陛下之過聽，付以兩州。非不欲痛自激昂，少酧恩造。而才分所局，有過無功；法令具存，雖勤何補。罪固多矣，臣猶知之。
>
> 夫何越次之名邦，更許藉資而顯受。顧惟無狀，豈不知恩。此蓋伏遇皇帝陛下，天覆群生，海涵萬族。用人不求其備，嘉善而矜不能。知其愚不適時，難以追陪新進；察其老不生事，或能收養小民。而臣頃在錢塘，樂其風土。魚鳥之性，既能自得於江湖；吳越之人，亦安臣之教令。敢不奉法勤職，息訟平刑。上以廣朝廷之仁，下以慰父老之望。臣無任。

這份謝表不挑毛病則罷，如果要挑毛病，則處處是毛病。

謝表說湖州風俗阜安，號為無事，是優賢的所在，豈不是埋怨朝廷沒有委以重任，有意將其閑置，使其無以施展才能？

謝表說自己性質頑愚，所至沒有任何業績；又說自己文學淺陋，議論闊疏，那更是自我標榜。誰不知你蘇軾在徐州築了高樓，大肆慶賀，為自己抗洪歌功頌德？誰不知你蘇軾自視天下文章第一人，舞文弄墨，讓人傳誦？

謝表說曾在史館供職，又歷守二州，明明是提醒皇帝，自己既有決策中樞之才，又有安撫地方之能，卻偽稱才力所限，有過無功，並埋怨朝廷不體恤他兢兢業業。

尤其是謝表公然指責朝廷執事眾臣是主事新進，而自稱為老成歷練，還說吳越之人安於他的教令。你這教令難道不是朝廷的教令？難道是和朝廷作業的教令？

如果說少不更事，那倒罷了！可你蘇軾已過不惑之年，又自詡早知天命；更何況十年來從未說過新法的好處，相反，不是上書反對，便是作詩譏諷。如今又公然上書誹謗，不能再放過他。

蘇軾的謝表到京城時，仍是吳充、王珪為相。吳充固然讚許蘇軾，王珪卻有些模稜兩可。吳充提出召還司馬光，王珪則推薦俞充為天章閣待制，知慶州，以阻止司馬光入朝。

王珪阻止司馬光倒並不是因為政見不一，也不是因為他支持王安石，而是出於自己的既得利益。如果司馬光入朝，那宰相的位置是否還有他王珪，便不得而知了。要阻止司馬光，那麼凡是與司馬光交厚者都不能用。蘇軾的移知湖州，不能說王珪沒有起作用。蘇軾上謝表發牢騷，自然也觸犯了王珪。

而副相蔡確則是更厲害的角色。蔡確初附王安石，與呂惠卿同為新法的重要擬定人。後來測知宗神與王安石有隔閡，便上疏指摘王安石的過錯，以取得神宗的信任。

到元豐二年五月，即蘇軾上謝表時，蔡確由御史中丞擢參加政事。他是靠羅織他人罪名、屢興大獄而起家的。

蔡確任參加政事後，接替御史中丞一職的是李定。李定是王安石的學生，也是新法的擁護者。王安石推行青苗法時，李定為秀州（今浙江嘉興）判官。神宗召問青苗法的利弊，李定極言青苗法利國利民。雖然得到仁宗和王安石的嘉許，卻引起了反對派的忌恨。李定為翰林院知制誥時，母親病死，卻隱匿不報，被揭露後又藉故不奔喪，被司馬光斥為禽獸，蘇軾也對此進行了譏諷。司馬光立朝嚴慎，一般人都畏他三分，加上去洛陽後潛心著述，對朝政不發表意見，李定雖然恨他，卻無從發難。蘇軾則不然，既無城府，又愛叨咕，還總是寫詩作文，說東道西，這次李定算是找到機會了。

首先發難的是監察御史里行（試御史）何正臣。他挑出蘇軾謝表中的幾句話，認為是在愚弄朝廷，妄自尊大。由此及彼，何正臣指出蘇軾每有水旱之災、盜賊之變，便喜形於色，說這是因為推行新法而引起上天的震怒，因此，要求神宗重加刑罰，以示天下。

何正臣的彈劾倒不是一點根據也沒有。蘇軾確實在許多詩文中將災變和新法連在一起，但說他每遇天災便喜形於色則是誣陷。無論新法推行前在鳳翔，還是新法推行後在杭州、密州、徐州，只要遇上災變，蘇軾總是廢寢忘食，與當地官民共赴患難。

另一位見習御史舒亶不甘落後，他不僅在蘇軾的謝表中找出了譏切時事之言，還特別列出了蘇軾一些譏諷新法的詩句，說蘇軾觸物即事、應口所言，無一不以譏諷為主，「小則鏤版，大則刻石，傳播中外，自以為能。」

經過這兩位御史的發動，由對蘇軾謝表的抨擊迅速升格為從蘇軾的詩文、主要是詩中，尋找誹謗朝廷、譏諷新法的證據。

一時間，御史們從蘇軾詩集中搜集到了一百多首他們認為有問題的詩。這些詩大多是蘇軾通判杭州時寫的，其中有些是抨擊新法的，如《吳中田婦嘆》——

今年粳稻熟苦遲，庶見霜風來幾時。
風霜來時雨如瀉，把頭出菌鐮生衣。
眼枯淚盡雨不盡，忍見黃穗臥青泥。
茅苫一月壟上宿，天晴穫稻隨車歸。
汗流肩赬載入市，價賤乞與如糠粞。
賣牛納稅拆屋炊，慮淺不及明年飢。
官今要錢不要米，西北萬里招羌兒。
龔黃滿朝人更苦，不如卻作河伯婦。

詩的前半部分記了江南農戶遭天災的慘狀。好不容易等到天晴，將稻穀收割。但是，穀才下地，已非己有，得向官府交稅。而官府偏偏不收穀子要收錢，由於出現錢荒，穀子只能賣到糠粞的價錢，仍是不足稅額，只好賣耕牛、賣房子。更露骨的是最後兩句：滿朝都是理財高手、聚斂專家，老百姓更沒法活了，還不如投入漳河，去做河伯的妻子。

有些則純屬捕風捉影、牽強附會。如蘇軾寫過一首《王復秀才所居雙檜》詩。

王復家住杭州，精通醫術，專以治病救人為己任，視功名利祿如糞土。蘇軾去王復家探訪，見門前兩棵檜樹挺拔魁偉，由此聯想到王復的為人，便賦詩讚美——

凌然相對敢相欺？直干凌空未若奇。
根到九泉無曲處，世間惟有蟄龍知。

宰相王珪素有「三旨宰相」之稱，人們說他上朝「領聖旨」、「聽聖旨」，下朝則說「得聖旨」，專看皇帝的眼色行事。這次眾御史聲討蘇軾，他也不甘落後，說蘇軾這首詩是蔑視皇帝，皇帝飛龍在天，蘇軾卻要奪之於地，用心顯然不良。

神宗聽了他的解釋，也覺得太過牽強。哪有這樣來理解詩人寫的詩呢？蘇軾說的是檜樹，和我有什麼關係？況且當年諸葛亮就曾經自比臥龍，如今襄陽還有臥龍崗，說龍也未必就是說皇帝。

罪名已經羅織不少，御史台長官李定出面了。他根據御史們的彈劾，加上自己的推測，給蘇軾定了四條罪行：一是怙惡不悔，其罪已著，態度惡劣；二是傲悖之語，日聞中外，影響極壞；三是言偽而辯，行偽而堅，危害極大；四是訕上罵下，怨己不爭，無人臣禮。李定的結論，實際上給蘇軾定了性，罪在當誅。

神宗對蘇軾的印象還是不壞的，但御史們所說的事情又大多可信，至少蘇軾對朝廷不滿意，這就是罪。他批准了李定的請求，將蘇軾押解進京，並命御史台審理此案。

御史台素有「烏台」、「烏府」之稱，而蘇軾的案子又因詩而起，所以人們稱這一案子為「烏台詩案」。這種根據詩文捕風捉影的事，在以後的中國時有發生，並發展成清代雍乾時期株連甚廣的文字獄，李定和宋神宗可謂始作俑者。

被捕下獄

元豐二年（一〇七九年）七月二十八日，拘捕蘇軾的官差到了湖州，領頭的是太常博士皇甫遵。

宋朝的司法機關和官制一樣，機構重疊。按理說，三法司中刑部為司法行政機關，大理寺為司法審訊機關，御史台為司法監察機關，蘇軾的案子應該由大理寺審理。但在宋太祖建隆年間，就特設了審刑院，刑部和大理寺受理的案子，得送審刑院備案審核，再交大理寺斷覆，斷覆後還要送審刑院詳議，連署上奏。

神宗即位後，裁削了審判院。但對重大案子，往往由皇帝指定朝官組成特別審判機關進行。而這種特殊案子，往往就落入御史台。因為御史台除負責司法監督外，也具有直接參與偵訊、拘捕、審理的職責。凡有大獄，尤其是牽涉到重要人犯的大獄，御史台有推勘官，可「乘傳」，即由沿途驛站供應車馬捕人，既保密，又快捷。

皇甫遵以太常博士任御史台推勘官，自告奮勇去提解蘇軾，帶著兒子和兩名台卒，一路上馬不停蹄。但到潤州時，因兒子生病而耽擱了半天，卻被蘇軾的信使爭取到一點時間。

拘捕蘇軾的詔令是直接發給御史台的，十分機密，但皇甫遵緝拿蘇軾的消息卻立即傳開了。京師有誰不知蘇軾呢？附馬都尉王詵娶了神宗的姐姐魏國大長公主，他和蘇軾是密友，一聽說要緝捕蘇軾，大吃一驚。但蘇軾到底犯了什麼罪、皇帝要定蘇軾什麼罪，卻不明就裡。但不管怎樣，得送個信出去，讓蘇軾有所準備。於是王詵立即派人通知在南都宋州的蘇轍。蘇轍聞訊，大吃一驚，便請王適兄弟晝夜兼程，趕赴湖州通知蘇軾。同時，蘇轍還叮囑王適，蘇軾被補後，將其家屬接來宋州，和自己一起居住。

本來王適兄弟是趕不上皇甫遵的，但皇甫遵的兒子一病，王適便先期到了湖州。說來好笑，如果王詵、蘇轍不派信使傳信，蘇軾或許會鎮靜一些；如今有信使送信，而信使又不明就裡，沒法把事情說清楚，蘇軾反倒束手無措，不知道個己到底有多大的罪，否則，信使為何支吾不說？

正忙亂間，皇甫遵已來到知府衙門。這皇甫遵雖是太常博士，高級知識分子，卻並不在太常原任職，博士頭銜也不過是拿俸祿的等級，職務卻是專業理刑官。他官袍整齊，手捧詔書當庭一站，不怒自威，更增加了緊張氣氛。

還是湖州通判祖無頗見多識廣，也是旁觀者清，他陪著蘇軾用正式禮節來見差官，並要求驗明差官的身分。待見到詔書，裡面不過只寫著蘇軾革職進京，並沒有罪在不赦、罪不容誅或畏罪潛逃，捉拿歸案等嚴厲詞句。蘇軾見後，也稍微寬了點心。但到後堂辭行時，卻見夫人王閏之和兒子、僕人們哭成一團。

蘇軾也不知此行到底是生離還是死別，但他不願用眼淚辭行，便像哄小孩一樣對妻兒講了一個半真半假的故事——

國初有新鄭人楊璞，字契元，善作詩歌，其詩多在士大夫間傳誦，但不願做官，時常乘牛往來於村莊鄉舍，自稱東野遺民。真宗皇帝往鞏縣拜祖陵，路過鄭州，讓人召楊璞一見。楊璞不見，被差官強行送往鄭州。

真宗見了楊璞，問道：「聽說你的詩寫得很好，可是真的？」

楊璞一聽，傲氣上來了。我的詩寫得好不好，你自己不會看？還問是真是假？他硬梆梆頂了一句：「我不會做詩。」

真宗暗自發笑，又問：「朕召你來時，有無他人贈詩與你？」

楊璞想了想，回答說：「只有賤內（妻子）念了一首詩。」

真宗一聽，大感意外！他的妻子也會賦詩？便讓楊璞將其妻念的詩朗誦一遍。

更休落魄貪酒杯，且更猖狂愛詠詩。
今日捉將官裡去，這回斷送老頭皮。

故事法講完，蘇軾的妻子、兒子、僕人全破啼而笑。楊璞倒是確有其人，真宗皇帝召見他也確有其事，但楊妻賦詩云云，則是蘇軾胡謅以自嘲。

八月十八日，蘇軾被押送到東京汴梁，投入御史台台獄。陪同他上京的，是長子蘇邁。妻子王閏之及家人則由王適兄弟護送，乘船移居宋州。船至宿州時，被御史台派出的另一批差官截住，翻箱倒櫃，搜尋蘇軾的詩文，因為蘇軾的罪行都在詩文之中。差官走後，王閏之這個平日斯斯文文的女子也發怒了，她將蘇軾留下的詩文付之一炬。今日我們能看到的蘇軾詩文，元豐二年以前的已大多不存，不能不說是一大憾事。

但是，我們又怎能責怪燒文稿的王閏之呢？在恐怖的專制制度下，人的生存權利都得不到保障，何況詩文？王閏之說得對，她丈夫所以得罪，就是因為平日喜歡吟詩作文，是這些詩文害得他蹲監獄，害得全家流離失所，不得安寧。然而，這連吟詩作文都有罪的時代和朝廷，不更值得詛咒嗎？

無可救藥

蘇軾下獄的第三天，元豐二年八月二十日，審訊開始了。如果說蘇軾沒有罪，他確實沒有犯罪；如果說蘇軾有罪，那麼也可以說證據確鑿，他的那些詩文白紙黑字，無可抵賴。而且詩文犯罪和行為犯罪不同。行為犯罪看動機和後果，都是實實在在的；詩文犯罪卻可見仁見智，不需任何實據，可以穿鑿引伸，可以牽強附會。

審訊開始的一些日子，蘇軾試圖用搪塞術，除了《吳中田婦嘆》及《山中五絕》等在杭州作的幾首詩外，不承認有其他譏諷朝政的詩，也否認在給朋友的詩文中抨擊過時事。但是，他的這種策略在強大的政府機器及素以搏擊為能事的御史們面前，卻不堪一擊。

根據李定的提議，神宗要求凡與蘇軾有詩文往來的人，均將蘇軾的詩文交出，並搜集流行在社會上的蘇軾詩集，由御史們逐一鑒定，哪些是無所謂的，哪些是含意隱諱的，哪些是言帶譏諷的，哪些是惡毒攻擊的。

審訊官挑出了一百多首他們認為有嚴重問題的詩，要求蘇軾逐首作出解釋。

在這種情況下，蘇軾的搪塞術過不了關，便改用推舟術。只要審訊官認為有問題的，他便直認不諱，說這首是抨擊新政，那首是譏諷當道。但有一點他把握得很恰當，絕不承認詩文中有蔑視皇帝、攻擊朝廷的。

經過一個多月的反覆提審，從蘇軾詩文中挑剔出來的問題越來越多，被牽扯進去的人也越來越多，性質自然也就越來越嚴重。

幸虧發生兩件偶然的事情，使案子有了轉機。

蘇軾下獄期間，蘇邁每天給父親送飯。父子二人約好，每天的菜只送肉類和蔬菜，不用魚。如果蘇邁得知兇訊，便改送魚，不用肉、菜。

十月中旬，蘇邁因費用缺乏，去他處借貸，請在京親友代為送飯。行前，蘇邁將事情告訴了父親，卻忘了將暗號告訴親友。偏偏親友想改改蘇軾的口味，於是買了條鮮魚，烹成魚羹給送去了。

蘇軾一見送了魚來，心裡就是一驚！這是將被處死的暗號。蘇軾環顧四周，土牆徒立，鐵窗森然，孑然一身，獨對昏燭，難道就此了卻一生，連和親人話別的機會也沒有？他又一次想到了死。

第一次萌生死志是在剛剛被捕時。押送他的官船停泊在太湖時，修理船舵。蘇軾回顧一生，學業眉山，應試東京，簽判鳳翔，通判杭州，出守兩州，何事不是光明磊落，何處不是倍受敬重。沒想到竟被一紙詔書、兩名台卒，便如驅犬雞、捕寇賊般地解押上路。他沒有受過這種屈辱，沒有受過這種打擊。

雖然說幼年就景仰范滂的視死如歸，可那畢竟是書上說的，而且范滂生前闖下多大的名頭，他出獄時迎接的車輛竟有數千，與李膺、杜密齊名，死得其所。自己雖說以詩文名揚天下，想想不過浪得虛名，哪有范滂直斥時弊那樣痛快，真是愧對先賢。再想想此去京師，等著的是更大的屈辱，還不如一死了之。

當然，想死容易，真正去死卻並不那麼輕易。蘇軾這時不過四十四歲，且不說往後的路還長得很，單說自己這一死，弟弟蘇轍怎麼辦？難道由他一人承擔兩家的生計，難道拋下他一人日後在宦海的惡浪中搏擊？說來也怪，蘇軾一生中，說得最多的是弟弟蘇轍，最好的詩詞也是作給弟弟蘇轍，最艱難時刻想到的，還是弟弟蘇轍。只是為了弟弟，他也不能死。

但這一次，明明是親友知道了自己將被處死的惡訊，讓自己有心理準備，考慮好對後事的安排。船在湖中，自殺是很方便的，只需頭一栽，一切問題就解決了。在獄中就困難些；但蘇軾也有準備。

他平日和僧道結交，對於養氣煉丹之術頗為精通。即便在監獄，雖然無法煉丹，但煉氣服藥卻是不廢。這在當時士大夫中也是一種風氣，監獄也不禁止。這丹藥以礦物煉成，適量可以提神，過量則可送命。蘇軾對此自然清楚。如果死罪已定，他可以服藥自殺，以免受那斬、絞之刑。當然，歷朝優待士大夫，或許不用刑，賜其自盡；但畢竟不如自己死了乾淨。但這一次是稟性中的機警救了他。既然自己是因為寫詩而獲罪，那何妨試試，寫詩能不能自救？

他連夜寫了兩首詩，請獄卒梁成交給弟弟蘇轍，並特別叮囑：「如果我有幸不死，自然可以家人團聚。若有不測，眼下無一親人在東京，請你一定將這二詩交給我弟子由，也算訣別。否則，我死不瞑目。」

獄卒梁成平日對蘇軾十分關照，每天都會按蘇軾的習慣送熱水為他溫腳，但不敢拿自己的身家性命開玩笑。按規矩，蘇軾這樣的犯人在獄中所寫的任何文字都得交給典獄官，然後層層上遞，直送皇帝。

梁成提心吊膽地將詩稿交了出去，不知道它將給蘇軾帶來什麼新罪名。

自從蘇軾下獄後，神宗所見的，只是御史台送來的審訊記錄，以及蘇軾自己的供詞。雖然其中不少是牽強附會的罪行，但攻擊新政卻是事實。神宗對此當然很是惱火，但也很矛盾。處刑過重，比如處死、充軍、革職，似乎於情理不通；處刑過輕，又不足以起到殺一儆百的作用。

正猶豫間，太監送來了由御史台呈上的蘇軾獄中詩。

神宗有些奇怪，此人以詩得罪，怎麼還在寫詩？經太監解釋，才知是蘇軾聽說要定死罪而寫給弟弟蘇轍的訣別詩。神宗倒有些傷感起來！蘇軾的詩文名播天下，竟然會有今天。再一看詩，情思哀切，不但沒有怨恨朝廷之意，反倒深自譴責——

聖主如天萬物春，小臣愚暗自亡身。
百年未滿先償債，十口無歸無更人。
是處青山可埋骨，他時夜雨獨傷神。
與君今世為兄弟，又結來生未了因。

這首詩是給弟弟蘇轍的，有托孤之意。這倒無所謂，神宗樂意的是第一句和第二句。人說蘇軾狂妄自大，但對君父還是恭敬的。僅此一條，就不該重治。

另一首是寫給妻、兒的——

柏台霜氣夜淒淒，風動琅璫月向低。
夢繞雲山心似鹿，魂驚湯火命如雞。
眼中犀角真君子，身後牛衣愧老妻。
百歲神遊定何處，桐鄉知葬浙江西。

言詞淒楚，神宗也不由嘆息起來。

也就在同一時期，太皇太后曹氏病危，神宗前去探望。

曹氏是宋朝開國名將曹彬的孫女，景祐年間（一〇三四－一〇三七年）被仁宗冊封為皇后，英宗即位後，是為太后，到神宗繼位，則尊為太皇太后。

曹后見神宗滿腹心事，動問原因。

神宗也不隱瞞，說國事多艱，又有蘇軾寫下許多謗訕文字，御台史審問多次，未果。

曹后一聽蘇軾，從床上欠起身來，問道：「蘇軾？可是二蘇兩兄弟的那個蘇軾？」

見曹后提到蘇軾、蘇轍，神宗吃了一驚，忙問：「祖母怎麼知道這兄弟二人？」

曹后咳嗽了幾聲，追憶說：「那是二十年前的事吧？嘉祐六年制科，蘇軾入了三等。仁宗皇帝回到後宮，滿心歡喜，說為子孫選了兩個宰相，一名蘇軾，一名蘇轍，是兄弟倆。聽說他們的文章寫得越來越好，怎麼就犯了法呢？」

神宗將御史們所說的罪狀告訴了曹后，請她不用擔心，自己會秉公裁處；又說打算大赦天下，為祖母祈福。

曹后點了點頭：「這就是啦！蘇軾為官，並無過錯。小人抓不到把柄，便在詩文上挑毛病。皇帝試想一試，哪一朝哪一代的小人不是採用這種辦法攻擊好人呢？我的病已不可治，不須赦免天下惡人為害百姓，只放了蘇軾也就夠了。」

一方面是蘇軾的訣別詩，另一方面是太皇太后的臨終遺言，還有太祖皇帝留下的祖訓，都救了蘇軾的命。

宋太祖在位時，曾密刻一碑，立於太廟寢殿的夾室中，稱為「誓碑」。並定下制度，凡新君繼位，拜過太廟，便要恭讀誓詞。由於只能有一個不識字的小太監陪同新君入室，所以人們一直不知道誓碑上刻些什麼。直到靖康之變，金人入汴京，將禮樂祭祀諸法器擄掠而去，密室之門洞開，人們才得以看到誓碑。

誓碑高七、八尺，寬四尺，上刻三行誓詞：一、柴氏子孫有罪，不得加刑；縱犯謀逆，止於獄中賜盡，不得市曹刑戮，亦不得連坐支屬。二、不得殺士大夫及上書言事人。三、子孫有違此誓者，天必殛之。

雖然這樣，神宗對蘇軾仍有些不放心，於是才有蘇軾後來追述的一件事——

十一月間的一天夜裡，已交二更，蘇軾正要睡覺，獄卒押著一人進了牢房。那人進牢房後，倒頭便睡。蘇軾沒留意那人有何古怪，也自行睡了。蘇軾睡覺打呼嚕是出了名的，一睡下，鼾聲便起。

約莫四更天，蘇軾被人推醒。睜眼一看，是二更進來的那人。蘇軾睡意正濃，被他推醒，很不高興。正想發作，那人開口了，連稱「恭喜」。

蘇軾聽到「恭喜」二字，頓時從頭頂一直涼到腳底。獄卒來提被判死刑的犯人時，就是稱「恭喜」。

但那人隨即笑了笑，說道：「好好睡，別擔心。」說完便出了牢房，也無人攔阻。不久，有詔出下來，將蘇軾赦免出獄。蘇軾這才明白過來，那人是皇帝派來察看動靜的，不由一陣害怕。萬一那天睡不著，輾轉反側，乃至夢中說糊話，那可怎麼辦？

蘇軾下獄後，存心要置他於死地的固然不少，如李定、舒亶、何正臣及王珪等人便是。但千方百計要救他出獄的也不少。弟弟蘇轍自不待言，他上書要求代哥哥服刑。張方平、范鎮、吳充、王安石及其弟弟王安禮，還有當時任翰林學士的章惇，都採用不同方式向神宗進言，營救蘇軾。杭州和湖州的百姓則做了幾個月的解厄道場，為他祈福消災。

十二月二十七日，經過將近半年的反覆折騰，聖旨終於下來了，將蘇軾奪去兩官，貶黃州團練副使，黃州安置。被案子牽連的共有三十九人，都受到程度不同的處罰。其中，附馬王詵因通風報信，洩露機密，又與蘇軾唱酬應和，全無忌諱，被奪去一切職務。蘇軾的密友王鞏被流放賓州（今廣西賓陽縣），王詵的密信就是由他傳遞給蘇軾的。蘇轍則被貶到筠州（今江西高安）任監酒。

按說，九死一生的蘇軾出獄後該有所收斂了，但稟性難改，出獄的當天晚上，他又作了兩詩首，如果要致罪，即刻又可下監獄。

其一——

百日歸期恰及春，餘年樂事最關身。
出門便旋風吹面，走馬聯翩鵲啅人。
卻對酒杯渾似夢，試拈詩筆已如神。
此災何必深追咎，竊祿從來豈有因。

前四句抓不著大問題，後四句卻可羅織罪名。因作詩誹謗蹲了四個月的監，出來卻說詩筆已如神，這不是公然嘲笑司法部門嗎？明明是罪有應得，卻說是「竊祿」造成的，難道天下官員都是「竊祿」？難道人人都應棄官歸鄉，才能保得住性命？這不是在說「伴君如伴虎」嗎？

第二首也是缺乏自省之意——

平生文字為吾累，此去聲名不厭低。
塞上縱歸他日馬，城東不鬥少年雞。
休官彭澤貧無酒，隱几維摩病有妻。

堪笑睢陽老從事，為余投檄向江西。

自己是因文字而「失馬」的「塞翁」，是福是禍尚不得而知，但有一點卻是肯定的，絕不做鬥雞取寵之類的事。問題也就在這裡：你不鬥雞取寵，難道在朝群臣都是鬥雞取寵？

蘇軾寫完這兩首詩，頗為得意，但當他搖頭晃腦地念了一遍之後，卻猛然醒悟，這不是又授人以柄嗎？他拍拍自己的腦袋：「你這人真是無可救藥！」

第五章
江湖好自在

東坡居士

農曆正月初一是中國傳統的春節，普天同慶。但元豐三年（一〇八〇年）的春節，卻是蘇軾被發遣的日子。

這天一早，汴京城就沉浸在節日的喜慶歡樂之中，城內城外鞭炮齊鳴。鞭炮聲中，文武百官及各國使節冠冕朝服，趕赴皇宮，他們要去向神宗皇帝和皇太后、太皇太后朝賀，並接受皇帝的賜宴；士農工商各界民眾都換上新衣鮮服，走街串巷，互致吉言。

也是在鞭炮聲中，蘇軾由長子蘇邁陪同，被御史台差人押出了汴京。對蘇軾來說，這滿城的鞭炮是在送行，還是在驅趕？是送他回歸自然，玉成他在文字的天地裡走向輝煌，還是將他趕出政治中心，使他的滿腔抱負化作泡影？

比起前後政敵呂惠卿和章惇，蘇軾缺乏對政治權力的執著，也更容易在政治上失去信心。他不是職業政治家，而是文人政治家；他不是抱著必將東山再起的信念，而是懷著從此趨向沉淪的愁腸離開京師的。

六百多年後的王夫之（一六一九～一六九二年明未清初大思想家）曾對中國歷史上的君子和小人作了界定。他認為：「君子之道，有必不為，無必為。小人之道，有必為，無必不為。執此以察其所守，觀其所行，而君子小人之辨昭矣。」雖然王夫之對蘇軾頗有微詞，但蘇軾卻可以根據王夫之的標準進入君子的行列。蘇軾有自己做人的原則，不合乎道德、有違於良心的事他必不為。而權力地位則不必去追求，對於政敵的陷害，只會遮攔抵擋，從來沒有想到主動出擊。這既是自古以來君子們的悲劇，也是蘇軾的悲劇。

經過一個月的跋涉，蘇軾父子到了長江北岸的黃州。黃州在蘇軾來到之前是個默默無聞的小地方。隋文帝開皇五年（五八五年）由衡州改置，治所在現在的湖北省新洲縣；唐僖宗中和五年（八八五年）遷治黃岡縣。但和黃州隔江相對的武昌縣（今湖北鄂城）卻大大有名。秦朝在這裡設了鄂縣；到魏文帝黃初元年（二二〇年），東吳孫權將都城由公安遷到這裡，改稱武昌縣，一時成了東南半壁江山的政治中心。

蘇軾貶謫黃州，官名是「檢校尚書水部員外郎充黃州團練副使」。這本來就是一個只拿薪水的閑官；但還拖了一個尾巴，叫「本州安置，不得簽書公事」，這就明確了身分，其實是一個由本州監管的犯官。

由於是犯官，便沒有官舍居住；加上朝廷旨意催促，上年十二月二十九日下的文書，正月初一便得起程，連變賣家產的時間也沒有，囊中拮据，只得借住在定惠院。所幸蘇軾素習佛學，有不少僧朋道友，而定惠院的清靜正是他所需要的。

蘇軾的大名早已享譽海內，定惠院這個無名山寺能夠接待蘇軾這樣的大人物，可說是喜從天降。如果不是戴罪遣發，便是專人去請，也未必能請得到。因此，全院上下以院持顒師長老為首，均將蘇軾父子視為貴客，禮遇有加，專門將緊靠竹林的一座屋子空出，讓蘇軾父子居住。這屋子雖小，卻典雅幽靜，名為「嘯軒」。看來，顒師長老的安排暖有深意的。

但這時的蘇軾似乎仍被憂鬱和驚悸的陰影所籠罩，有一種莫名其狀的寂寞感。他到黃州之後不久所作的寄調《卜算子》「黃州定慧院寓居作」便充滿著這種情感——

缺月掛疏桐，漏斷人初靜。
誰見幽人獨往來？縹渺孤鴻影。
驚起卻回頭，有恨無人省。
揀盡寒枝不肯栖，寂寞沙洲冷。

將近兩個月後，貶為筠州（今江西高安）監酒的蘇轍將嫂子王閨之，侄兒蘇迨、蘇過，以及已經出落成大姑娘的丫鬟王朝雲送到黃州。家人團聚，給寂寞的「嘯軒」帶來了歡樂，也使蘇軾逐漸從險惡的官場噩夢回到寧謐的現實生活，他那顆憂鬱的心重又爽朗起來了。

家人一到，自然不能再在定惠院住下去。否則，和尚廟裡盡是女眷，成何體統？

黃州太守陳君式對蘇軾景仰已久，雖然蘇軾是在黃州監管他卻以禮相待。蘇軾對這段情分十分感慨，並在為陳君式寫祭文時追憶道：「我以重罪，竄於江濱。親舊擯疏，我亦自憎。君獨願交，日造我門。我不自愛，恐子垢紛。君笑絕纓，陋哉斯言。憂患之至，期與子均。」陳君式給蘇軾的，既是精神上的支持，也有生活上的關照。定惠院既然不能久住，陳君式便將蘇軾一家安頓在臨皋亭。

臨皋亭本是長江北岸的一個水驛，負責接待乘船溯江而上的赴任官員，因而緊靠江邊。對於在岷江西岸長大的蘇軾，這臨皋亭有說不出的親切。他似乎又回到了久別的家鄉，似乎又看到了秀麗青幽的峨嵋山，不禁產生幾分陶醉和自得：「亭下八十數步便是大江，其半是峨嵋雪水，吾飲食沐浴皆取焉，何必歸鄉哉！江山風月，本無常主，閑者便是主人。」忙忙碌碌二十多年，感謝朝廷的恩典，如今終於成了閑者，因而才真正成了江山風月的主人，才可以盡情地融入自然之中。

但時過不久，蘇軾的心又沉下來了。由於是犯官，官俸停發，雖然夫人王閏之離京前變賣了一些家產，但蘇軾平日豪爽慣了，並無多少積蓄。到黃州後，一家十來口，卻無固定收入，有道是坐吃山空，何況是個沒有家底的讀書人。為了使全家能夠活下去，蘇軾決心徹底改變一下自己。

他採取了兩條辦法。

一是節儉。蘇軾在給秦觀的書信中說到他「痛自節儉」的辦法：每日生活費規定不得超過一百五十錢。每月的頭一天，先取出四千五百錢，分成三十份，每份為一串，掛在屋樑上。早上起來時，用畫叉挑下一串，然後將畫叉藏起來，第二天早上才能夠取出。另外準備一個大竹筒，以儲存每天所剩的錢，用來招待賓客。

蘇軾告訴秦觀，他預計通過這種辦法，以前的積蓄可以支持全家一年的生活費。至於一年以後怎麼辦，蘇軾賣了個關子，只說「至時，別作經畫，水到渠成，不須顧慮。以此，胸中都無一事。」

根據林語堂先生的估算，宋朝的一百五十錢約等於美金一角五分。這個比價顯然有些牽強。據蘇軾自述，當時米價為二十錢一斗，則每日米錢三、四十錢即可，剩下一百餘錢購買蔬菜、魚肉也足夠了。

蘇軾的這個預算是以當時的物價和當地的生活水準制定的。比起當時當地的一般讀書人，蘇軾一家的生活還是較為富裕的。當然，比起過去的揮金如土，比起既有俸錢，又有祿米、職錢的在職官員，蘇軾也真可以說是「痛自節儉」。

除了節儉，蘇軾還有第二手準備。這是帶根本性的，那就是生產自救，自食其力。

經過一番交涉，新任太守徐君猷將一塊營防廢地劃給了蘇軾。這塊土地坐落在城東一里多路的緩坡之下，雖然距離皋亭很近，但因荒廢已久，成了「茨棘瓦礫之場」，荊棘叢生，瓦礫遍地，墾復談何容易。但蘇軾既然出生農家，自然知道土地的寶貴；他帶領全家老小，清除礫石，刈割雜草，深挖細耙，終於整理出五十畝田園，開始了躬耕自給的日子。

中國古代知識分子講究窮達之道，達則兼濟天下，窮則自善其身，總得有一份解決溫飽的職業，或務農，或經商。放不下架子、脫不下長袍，致使妻子、家人挨餓受寒的腐儒是讓人瞧不起的。當年陶淵明種豆南山，諸葛亮躬耕隆中，都是先立足於生計，然後才談得上縱情風光山水、指點天下英雄。

當然，蘇軾並不像陶淵明那樣大徹大悟，也不敢奢望效法諸葛亮。時局既不允許他歸隱，更不能容忍另立山頭。因此他覺得自己更像中唐時期的白居易。

白居易因學識才華，官翰林學士，遷左拾遺。這是負有規諫封駁責任的官職。憑著對皇家的忠誠、對天下百姓的同情，白居易連續上了十多份奏疏，建議革除時弊，使得立志中興、聽慣了頌詞的唐憲宗李純大為不快。憲宗將白居易召到便殿厲聲斥責。但白居易不屈不撓，力陳己見，結果遭到降級處分，出為江州司馬，從而有了著名的《琵琶行》。後調任忠州（今四川忠縣）刺史，在城東土坡上種了不少花和樹。白居易閑時便在這花叢樹影中追尋往事，慨嘆今生，並將此地稱作「東坡」。

蘇軾景仰白居易的詩文和人品，又感慨自己的經歷和白居易相似，遂將自己的這塊田園也稱為「東坡」。蘇軾因地制宜，冬種麥，夏種稻，又種上了棗栗桑果，成了道地的農民。

在黃州東坡，蘇軾第一次真正體驗到農家的辛苦，也第一次體驗到收穫的喜悅——

種稻清明前，樂事我能數。
毛空暗春澤，針水聞好語。
分秧及初夏，漸喜風葉舉。
月明看露上，一一珠垂縷。
秋來霜穗重，顛倒相撐拄。
但聞畦壟間，蚱蜢如風雨。
新春便入甑，玉粒照筐筥。
我久食宮倉，紅腐等泥土。
行當知此味，口腹吾已許。

這種感覺，卻是隱士諸葛孔明、陶淵明以及白居易那裡找不到的。

躬耕之中，蘇軾對東坡的感情更深了。他順著坡地，在原有的廢園基地上蓋起了五間房屋。這五間屋子既在雪天蓋起，蘇軾又在居山堂舍的四壁畫上雪景，遂取名「東坡雪堂」。

古代士大夫既有名又有字，還得有號。白居易字樂天，雖曾醉心忠州東坡，卻並未將其作為專利，晚年居香山，自號「香山居士」。蘇軾則不客氣，既食東坡之地，又居東坡雪堂，遂號「東坡居士」。隨著「東坡羹」、「東坡肉」、「東坡酒」，尤其是東坡居士本人的名揚天下，後人說起東坡，已只知有蘇而不知有白了。

當然，說蘇軾一家完全靠著一塊田園解決生計，則是不符合實際的。這塊田園更為重要的意義，是作為蘇軾物質生活和精神生活的一塊新的基石。有了這塊基石，才使黃州的四年成為蘇軾新生活的起點。

赤壁三唱

蘇軾在給秦觀的書信中，曾極稱黃州對岸武昌山水絕佳。那裡有著名的樊山，平地崛起，蒼勁奇偉，林茂泉幽，石怪溪迴。當年吳王孫權的避暑宮就建在這裡，東晉高僧慧遠又建了寒溪寺，成了著名的遊覽勝地。不僅有試劍石、青龍劍、洗劍池等遺跡，還有涵息、滴滴、菩薩、活水等名泉。

蘇軾每次泛舟渡江，總要到樊山遊憩。後人將此山山泉調麵炊餅，稱之為「東坡餅」，說是蘇軾來樊山就喜歡吃這種餅。當然，那時還沒有發現樊山下的魚特別鮮美，否則，產於那裡的武昌魚也該叫「東坡魚」了。

但是，蘇軾在長江泛舟時，卻發現不僅彼岸武昌有美景，此岸黃州同樣也是山水俱佳。就在黃州城西門外，有一臨江斷岩，突出下垂，色呈赭赤，形如懸鼻，當地人稱赤鼻磯，與武昌的樊山隔江相望，甚是奇特。

元豐五年（一〇八二年）七月十六日，夕陽西下，蘇軾興起，和朋友泛舟於赤鼻之下。

朋友是從故鄉四川來的道士楊世昌。蘇軾在舟中擺下酒宴，既是酒逢知己，又是話遇知音，二人且喝且唱，且唱且玩，不覺杯盤狼藉，相枕而睡。一覺醒來，已是第二天黎明。蘇軾濡墨展紙，竟成了絕代之賦——

壬戌之秋，七月既望，蘇子與客泛舟，遊於赤壁之下。清風徐來，水波不興。舉酒屬客，誦明月之詩，歌窈窕之章。少焉，月出於東山之上，徘徊於斗牛之間。白露橫江，水光接天。縱一葦之所如，凌萬頃之茫然。浩浩乎如憑虛御風，而不知其所止；飄飄乎如遺世獨立，羽化而登仙。

於是飲酒樂甚，扣舷而歌之。歌曰：「桂棹兮蘭槳，擊空明兮泝流光；渺渺兮予懷，望美人兮天一方。」客有吹洞簫者，倚歌而和之，其聲嗚嗚然，如怨如慕，如泣如訴。餘音嫋嫋，不絕如縷。舞幽壑之潛蛟，泣孤舟之嫠婦。

蘇子愀然，正襟危坐，而問客曰：「何為其然也？」

客曰：「『月明星稀，烏鵲南飛』此非曹孟德之詩乎？西望夏口，東望武昌，山川相繆，鬱乎蒼蒼，此非孟德之困於周郎者乎？方其破荊州，下江陵，順流而東也，舳艫千里，旌旗蔽空，釃酒臨江，橫槊賦詩，固一世之雄也，而今安在哉？況吾與子漁樵於江渚之上，侶魚蝦而友麋鹿。駕一葉之扁舟，舉匏樽以相屬；寄蜉蝣於天地，渺滄海之一粟。哀吾生之須臾，羨長江之無窮。挾飛仙以遨遊，抱明月而長終。知不可乎驟得，託遺響於悲風。」

蘇子曰：「客亦知夫水與月乎？逝者如斯，而未嘗往也。盈虛者如彼，而卒莫消長也。蓋將自其變者而觀之，則天地曾不能以一瞬。自其不變者而觀之，則物與我皆無盡也，而又何羨乎？且夫天地之間，物各有主，苟非吾之所有，雖一毫而莫取。惟江上之清風，與山間之明月，耳得之而為聲，目遇之而成色；取之無禁，用之不竭。是造物者之無盡藏也，而吾與子之所共食。」

客喜而笑，洗盞更酌。肴核既盡，杯盤狼藉。相與枕藉乎舟中，不知東方之既白。

人說蘇軾的詩，飄逸處似李白，綿密處似杜甫，而這篇賦所表現的意境，其曠達則直承老莊。虛實、靜動、消長、得失之數，盡從酒中、歌中而出，談玄說理，全在不經意中。難怪有人說這首《赤壁賦》代表蘇文的最高成就。然而，說是賦，卻和兩漢以來的律賦不同，它是典型的文賦，與歐陽修的《秋聲賦》並為兩宋散文賦的代表。

三個月後，蘇軾與二友重遊赤鼻磯。

蘇軾敘述了這次泛舟的緣由——

十月十五日晚，蘇軾和兩位朋友從東坡雪堂出來，本想回到臨皋亭去。路過黃泥坡，但見滿地白霜，樹木蕭疏，人影在白霜之上移動。舉目而望，明月當空，穹廬如洗，不禁心曠神怡。興致一來，三人行歌相答，樂而忘返。

蘇軾突然酒興大發，感嘆起來：「有客無酒，有酒無肴，月白風清，如此良夜何？」主人既然說到酒，客人便順著出主意：「今者薄暮，舉網得魚，巨口細鱗，狀似松江之鱸。顧安所得酒乎？」

傍晚已網得鮮魚，缺的只是美酒。蘇軾與客人回到臨臯亭，夫人王閏之取酒助興：「我有斗酒，藏之久矣，以待子不時之需。」

三人攜酒提魚，離岸登舟，重遊赤鼻。

但這次遊赤鼻與前次不同，不僅時至初冬，萬木蕭疏，客人也不甚湊趣。蘇軾興起，緣赤鼻攀岩而上，客人竟不敢相從，使蘇軾「悄然而悲，肅然而恐。」但是，也只是因為感受的不同，才使蘇軾寫下了與前賦風格迥異的《後赤壁賦》——

是歲（元豐五年）十月之望，步自雪堂，將歸於臨臯。二客從予，過黃泥之坂。霜露既降，木葉盡脫。人影在地，仰見明月，顧而樂之，行歌相答。已而嘆曰：「有客無酒，有酒無肴，月白風清，如此良夜何？」客曰：「今者薄暮，舉網得魚，巨口細鱗，狀如松江之鱸。顧安得酒乎？」歸而謀諸婦。婦曰：「我有斗酒，藏之久矣，以待子不時之需。」於是攜酒與魚，復遊於赤壁之下。

江流有聲，斷岸千尺。山高月小，水落石出。曾日月之幾何，而江山不可復識矣。

予乃攝衣而上，履巉岩，披蒙茸，踞虎豹，登虬龍。攀栖鶻之危巢，俯馮夷之幽宮。蓋二客不能從焉。劃然長嘯，草木震動。山鳴谷應，風起水湧。予亦悄然而悲，肅然而恐，凜乎其不可留也。反而登舟，放乎中流，聽其所止而休焉。

時夜將半，四顧寂寥。適有孤鶴，橫江東來，翅如車輪，玄裳縞衣，戛然長鳴，掠予舟而西也。

須臾客去，予亦就睡。夢一道士，羽衣蹁躚，過臨皐之下，揖予而言曰：「赤壁之遊樂乎？」問其姓名，俛首不答。嗚呼噫嘻！我知之矣。疇昔之夜，飛鳴而過我者，非子也邪？道士顧笑，予亦驚寤。開戶視之，不見其處。

前後兩賦，前賦爽朗曠達、哲理明辨，後賦寂寥冷峻、機鋒暗藏，都透露出蘇軾經過烏台之獄的打擊，在黃州獲得再生後價值觀念的巨變，也給後人留下一種悲壯的啟示。以柳宗元、白居易及蘇軾兄弟的才學和抱負，到頭來卻向佛老尋找人生的真諦和靈魂的寄托，這究竟是一種悲劇，還是喜劇？

但是，不管是歷史的悲劇還是喜劇，這種價值觀的轉變卻使蘇軾從此進入中國有史以來第一流文學家的行列。如果說蘇軾在密州時的《水調歌頭．明月幾時有》和《江城子．十年生死》已經使他具備了這種資格，那麼，在黃州時的前後《赤壁賦》以及詞塘巨作《念奴嬌．赤壁懷古》則使他的地位不可動搖。

比起《赤壁賦》，寄調《念奴嬌》的赤壁詞則以它的氣勢更為人們所熟知——

大江東去，浪淘盡，千古風流人物。
故壘西邊，人道是，三國周郎赤壁。
亂石穿空，驚濤拍岸，捲起千堆雪。
江山如畫，一時多少豪傑。

遙想公瑾當年，小喬初嫁了，雄姿英發。
羽扇綸巾，談笑間，檣櫓灰飛煙滅。
故國神遊，多情應笑我，早生華髮。
人間如夢，一尊還酹江月。

與赤壁賦一樣，赤壁詞也是情文並茂，明是懷古，實為傷今；雖是傷今，即並無悲泣惆悵之態，而是以樂觀豪爽、豁達幽默的態度面對人生。人們在這種傷今中感受到的不是沉寂，而是振作；不是傷感，而是奮進。蘇軾詩詞、散文的魅力似乎也正在這裡。

令人不解的是，三國周郎赤壁明明是在蒲圻縣。當時孫權駐柴桑（今江西九江），劉備駐黃州南岸的樊口。周瑜水軍由柴桑西進經樊口時，劉備到江上相會。周瑜繼續西進，與曹操對壘赤壁。這些史實，《三國志》記載得非常清楚，蘇軾未必沒有注意到，但他的前後赤壁賦及赤壁懷古詞竟全將「赤鼻」稱做「赤壁」。

後人有說蘇軾誤將赤鼻當赤壁者。如果真是「誤」，倒以為醉中誤，酒醒之後，則將錯就錯。赤壁詞已經點明：「人道是，三國周郎赤壁。」這個赤壁是聽人說的，說者便是四川道士楊世昌。前赤壁賦記楊世昌說：「此非孟德之困於周郎者乎？」其實，楊世昌也是觸景生情，由七月十六日「清風徐來，水波不興」，聯想到曹操的詩句「月明星稀，烏鵲南飛」。再看看這斷岸千尺的赤鼻磯，西望夏口，東望武昌，難道不就是當年的赤壁嗎？

所幸的是，人們不僅沒有去追究蘇軾誤認赤壁之過，而且從此便將黃州赤鼻稱為赤壁。隨著赤壁三唱的傳播，黃州假赤壁的名氣竟然較蒲圻真赤壁更為響亮。南宋初年王炎有詩：「烏林赤壁事已陳，黃州赤壁天下聞。東坡居士妙言語，賦到此翁無古人。」明代于成龍更說：「至今經二賦，不復說三分。」到清代，竟由康熙皇帝親自裁定，將黃州赤壁定名為「東坡赤壁」，又名「文赤壁」，以與蒲圻的「周郎赤壁」、「武赤壁」相區別。

名勝固賴於名人的渲染，如無王勃的《滕王閣詩序》、范仲淹的《岳陽樓記》，後人未必知滕王閣、岳陽樓；但像蘇軾以一詞二賦憑空弄出一大名勝，卻實不多見。

當然，蘇軾盡可用他的天才創造名勝，群眾也可以用他們的想像去創造蘇軾，使他更富有傳奇色彩。

傳說蘇軾到黃州之後不久，曾有一位白衣秀才以「赤壁」為題，向他索取詩詞。蘇軾向來豪爽，有求必應，便許諾第二天午時秀才來取詩。但求詩索文的人太多，白衣秀才說完後也沒再來過，蘇軾竟將此事忘了。但從第二天起，每日午時，江水便直撲赤鼻磯。開始人們還不注意，時間一長，便生疑竇。蘇軾聽說這件事，也覺納悶。

這天，蘇軾在赤鼻磯宴客。剛到午時，便見江面風起水湧，波濤翻滾，幾丈高的浪頭撲打著赤鼻磁，恰似千軍萬馬，前仆後繼，永不停息。蘇軾由這赤鼻磯，想起八百多年前的那場殊死搏鬥。眼前的巨浪，頓時化為艨艟巨艦。仰頭喝乾一杯美酒，乘著酒興，寫下了那篇千古絕唱《念奴嬌．赤壁懷古》。

不料剛剛寫就，一個浪頭直撲過來，浪頭上一條白色大鯉魚張口將寫著赤壁詞的宣紙奪去。隨著鯉魚沒入浪頭，江水頓時便退了下去，風平浪靜。

蘇軾始而一驚，繼而大笑，酒意湧了上來，昏昏入睡。

睡夢中，那白衣秀才出現了。他告訴蘇軾，自己是長江的江神，久慕子瞻大名，故而求詩，沒想到竟以這千古絕唱相贈，萬分感激，無以為報，便以石枕、石床相贈。

蘇軾甚是驚訝，猛然驚醒，發現自己正睡在石床、石枕之上，方信夢中所見為實，那白衣秀才竟是江神。

後人在這石枕、石床處建起一亭，名「睡仙亭」，至今仍在黃州東坡赤壁之上。

傳聞病故

蘇軾的貶謫，給默默無聞的黃州帶來了前所未有的榮耀。但蘇軾這樣一位職位卑微卻名聲顯赫的罪官放在黃州監管，卻給當地官員造成不小的麻煩。

由於職位卑微，官府便不可能派人侍奉守衛；由於只是監管，又不能將其拘禁；名氣太大，故上上下下對他都非常客氣，給他較大的自由。

蘇軾朋友多，好遊玩，喜喝酒，時常經宿不歸。這在黃州已是家喻戶曉，官府也不為怪。但在元豐五年的一天早上，黃州城內百姓傳誦的一首詞，卻使官府忙成一團——

夜來東坡醒復醉，
歸來彷彿三更。
家僮鼻息已雷鳴。
敲門都不應，倚杖聽江聲。

長恨此生非我有，
何時忘卻營營。
夜闌風靜縠紋平。

小舟從此逝，江海寄餘生。

人們在傳誦這首詞的同時，也傳出一個驚人的消息：蘇軾作了這首詞之後，將冠服脫在江邊，登舟而去了。有人甚至信誓旦旦，說親眼看見蘇軾泛舟遠去。老百姓既盼看熱鬧，又寧可蘇軾身上多一些傳奇色彩。但對官來說說，跑了蘇軾可不是鬧著玩的。聽說皇上有時吃飯都突然停下，先去讀幾句蘇軾的詩文，說不定早上一道旨意，午時就要蘇軾進京。

黃州太守徐君猷深知蘇軾的為人，他不相信蘇軾會不辭而別，將這黑鍋讓個己背。但他又熟知蘇軾的脾性，一喝醉酒，興致來了，或許又搞惡作劇。萬一真是喝了酒，昏天黑地上船遊玩，一腳登空，落入長江，那可怎麼辦？

徐太守越想越害怕，趕忙帶人來到臨皋亭，卻見蘇軾一家與往常無異，而那位讓人擔驚受怕的東坡居士卻是日高未起，鼾聲如雷。太守一顆提到喉頭的心才又放了下去。

原來蘇軾頭天晚上又和友人泛舟江上，吟詩喝酒，回家時已是醉眼矇矓，彷彿聽到正敲三更，家人早已入睡。蘇軾和友人佇立門外，萬籟俱靜，臨皋亭內傳出家庭的鼻息聲，幾十步外的江水拍擊江岸，濤聲陣陣。蘇軾被江風一吹，酒意已醒，口占一闋《臨江仙．夜歸臨皋》，友人應和，興盡而歸。蘇軾自然不會一個晚上倚杖不入。但這首詞卻不脛而走，使得太守虛驚一場。

而另一次傳聞則連神宗都驚動了——

元豐六年（一〇八三年）春，蘇軾大病了一場。先是手臂痲木，繼而又是眼睛紅腫，無法出門。這一病就是三月有餘。

蘇軾雖在黃州，卻無日不受外界的注目。朋友在關心他，政敵在窺視他，蘇軾則是我行我素，在黃州泛舟喝酒，吟詩會友，幾乎每天都有關於他的新聞傳出。但一連三個月，卻不見蘇軾露面。朋友和政敵都著急了，蘇軾怎麼啦？

就在這時，散文大師曾融在江寧去世的消息傳到京師。說不清楚是擔心、是痛惜，還是幸災樂禍，有人傳言蘇軾在同一天和曾融一道去了天庭，去尋找他們的老師歐陽修了。

消息傳到東京汴梁，傳到皇宮，神宗皇帝正在吃午飯，不禁愕然，立即命人召來大臣蒲宗孟。蒲宗孟與蘇軾是遠親，正在京師任職，但和蘇軾幾乎沒有書信往來，見神宗問起，只得如實相告，說自己也聽到這種傳言，卻不知真假。

神宗搖搖頭，嘆息再三，連稱「才難。」飯也吃不下了，離座而去。

消息傳到許昌，范鎮痛哭失聲。

這范鎮是老資格的政治家，王安石變法的強硬反對者，為人極是正直。他因與王安石政見不合而以翰林學士致仕。蘇軾前往祝賀：「公雖（身）退，而名益重矣。」范鎮一句話將小老鄉頂了回去：「使天下受其害，而吾享其名，吾何心哉。」從此，蘇軾對范鎮更加敬重，二人成了忘年之交。

范鎮這時定居許昌，聽說蘇軾去世，便要派人前去吊唁。幸虧子弟中有人勸阻，建議先派人探明情況，再作處理。於是范鎮派僕人帶著書信兼程趕赴黃州詢問。

蘇軾見到范鎮的書信，不禁開懷大笑，連忙回書：近日因「多患瘡癤及赤目，杜門謝客，而傳者遂云物故。」

經過這些誤會，蘇軾倒更加自信了：此身已不只是己有，它牽動著多少人的心。

辭別黃州

元豐七年（一〇八四年）春，蘇軾剛剛從「物故」的夢中醒來，朝廷便來了調令。將他調往汝州（今河南省臨汝），仍是團練副使，「不得簽書公事」，但離京師畢竟近了許多。而且，當時司馬光住在西京洛陽，范鎮住在許昌，距汝州都只有一天的路程。

但蘇軾卻在猶豫。他離開京師已經五個年頭，這五年雖說是粗衣蔬食，卻了無憂懼，自由自在，比起在京師驚心受怕，感受要好得多。在潛意識中，他倒寧可遠離京師，遠離政治中心，過這神仙般的自在日子。更何況，黃州的赤壁、黃州的雪堂、黃州的黃泥坂和臨皋亭，還有黃州的父老和黃州的感受，太讓他留戀。

但蘇軾最後還是決定離開黃州。一是皇帝的恩典不好全不領情，二是自己固可了此一生，兒子們卻應有更好的前程。

前一年已是蘇軾侍妾的朝雲生了一子，蘇軾戲作了一首洗兒詩——

人皆養子望聰明，我被聰明誤一生。
惟願孩兒愚且魯，無災無難到公卿。

雖然有人認為這是一首諷刺詩，但仍然可以看出蘇軾對孩子們的期望。

蘇軾謫居汝州的消息一傳出，朋友和鄰居都來話別。人們都很傷感，此行一別，何時再得相見？有人開始請蘇軾題詩相贈，蘇軾一一應允。他不像有些名人惜墨如金，而是每有燕集，醉墨淋漓，隨即贈人，毫不顧惜。許多朋友已多次得他題贈。但惟獨一人，蘇軾從來沒有為其題詩，這人便是歌妓李琪。

李琪在眾歌妓中年紀最小，但悟性甚高，也讀過一些書，蘇軾對她很是眷顧。這天李琪也來話別，奉觴再拜，並將圍在頸上的白巾取下，請蘇軾賜言。

蘇軾仔細端詳著李琪，在她的臉上，蘇軾似乎回想起自己在黃州的所有歲月。而李琪眼角眉梢流露出的依戀惜別之情，更令蘇軾感嘆萬分。他讓李琪磨研濃墨，取筆大書：「東坡七載黃州住，何事無言及李琪！」雖然以往沒有為你題詩，但我在黃州的七年（實為五年），有哪件事與你無關呢？

蘇軾寫完這兩句，便擲筆袖手，與客人談笑。

李琪望著這兩句詩，欲言又止，欲哭無淚。朋友中有人開口了：「這兩句詩的言語很是凡易，又未終篇，不知何故？」

蘇軾聞言，似不經意，借故而言他。
到酒宴將散，李琪忍不住了，再拜復請。
蘇軾這才似夢初醒，笑道：「幾乎忘了出場！」提筆在白巾上續寫了兩句。
一位朋友取過白巾，朗聲吟誦起來——

東坡七載黃州住，何事無言及李琪。
恰似西川杜工部，海棠雖好不留詩。

話音剛落，滿座喝彩。
誰都知道杜甫一生最愛海棠，但沒有一篇詠海棠詩。按杜甫的解釋，愛到深處，便不是言語可以盡情的了。
蘇軾用此典故，以言明他不為李琪題詩的「出場」。李琪因此名留千古。
這年四月，蘇軾在俠佛道三位友人的陪同下，離開了黃州，乘船到江州。唐時白居易寫《琵琶行》便在這江州碼頭。
陪同蘇軾的三位友人，一是陳慥，這是他在鳳翔時結識的故友、鳳翔太守陳公弼的兒子。陳慥少時使酒好劍，在鳳翔與蘇式論兵家勝負及古今成敗，成莫逆之交，但也因受到蘇軾的影響，折節讀書。後來隱居於光（州）黃（州）之間，是位有俠士英骨的異士。

第二位是參寥和尚。參寥俗姓何，法名道潛，號參寥子，住杭州智果寺，與蘇軾詩文往來，也非一日之交。蘇軾到黃州後，參寥專程前來看訪，陪住了將近一年。

第三位便是道士喬同。這喬同修道有得，擅長氣功及煉丹術，年過八十，仍然身強體健。蘇軾在黃州期間潛心長生術，便是以喬同為師。

有這三人陪同，對蘇軾來說是最佳搭配。陳慥雖為隱士，但俠風未退，眉宇間充滿精悍之色，途中若有不逞之徒，由他收拾，自在談笑之間。參寥是著名詩僧，中國寺院遍布天下，占盡人間佳景，有他陪同，食宿遊覽毋須操心。喬同精研道術，蘇軾早晚練功，自然少不得他的指點。這種待遇，大概神宗皇帝也沒有享受過。

題詩廬山

王安石曾經說到北宋開國以來的風氣：「一切因任自然之理勢，而精神之運，有所不加，名實之間，有所不察。」他是以振作精神之運，革除散漫之習的角度來進行評估的。但北宋的經濟文化卻正是在這種「因任自然之理勢」、較為寬鬆的氣氛中發展的。

以蘇軾而言，雖說是在黃州監管，但只要他不離開黃州，其行動卻是自由的，沒有人去理會他的生活習慣和交結朋友。否則，蘇軾在黃州的四、五年，也不可能優閑於臨皋與雪堂之間，更遑論三唱赤壁、題詩李琪。這次遷謫汝州，按理說應取陸路北上，但他卻從水路東去，直下江州。

蘇軾過去護送父親的靈柩入川，曾路過江州，但未作停留。這次得多待些日子，因為這裡不僅有「江州司馬淚沾襟」的遺址，更有蘇軾向慕已久的廬山。

據說當年大禹治水，為疏浚九江而登廬山主峰大漢陽峰，察看水勢；秦始皇南巡，也曾過九嶷，登廬山。到東漢明帝時，廬山已成為中國佛教名山，有西林、東林、大林三大名寺，海會、時乃峰、萬杉、栖賢、歸宗五大叢林。山川神奇秀麗，名勝古蹟眾多。東林寺前有東晉高僧慧遠親手種植的松林，歸宗寺內有書聖王羲之洗筆的墨池，溫泉附近的栗里村有陶淵明住過的茅舍。李白曾在五老峰下讀書，白居易曾在大林寺內觀花；至於他們的《望廬山瀑布水》和《大林寺桃花詩》，更是千古絕唱。

如此美妙的山，如此神奇的水，蘇軾焉能不遊？

有「大曆十才子」之稱的唐代詩人錢起在遊過廬山後，寫了一首欲擒故縱，卻感情真實的詩：「咫尺愁風雨，匡廬不可登。只疑雲霧裡，猶有六朝僧。」

當年登廬山，並不是一件輕鬆的事。如今兩個小時的汽車路，那時該爬多少山道？但就衝著錢起說的「匡廬不可登」，蘇軾也得登上一登。

未到廬山，想到廬山，一到廬山，蘇軾不禁大吃一驚！人間竟有這般山水，實為平生所未見，遠不是幾首詩、幾篇文可以說盡的。因此，他決定這次在廬山不寫詩。不過想歸想，到時卻身不由己。

先是廬山各寺僧人聽說蘇軾到了，奔走相告。誰不想看看蘇軾蘇子瞻！斗轉星移，朝代更替，皇帝可以有千百個，但蘇子瞻有幾個？蘇軾被僧人們的熱情感動了，同時也不免有幾分得意，情不自禁便吟了一首絕句——

芒鞋青竹杖，自掛百錢遊。
可怪深山裡，人人識故侯。

蘇軾早該知道，莫愁前路無知己，天下誰人不識君？

蘇軾其實是明智的。李白和白居易的「詠廬山詩」一出，任何寫廬山風景的詩都黯然失色。但蘇軾喜動，理智往往管不住熱情，說是不寫，還是寫了。

先詠嗽玉亭，再吟三峽橋。雖然頗費心智，卻並無新意。幸而在西林寺悟出了物我之間的關係，遂開廬山題詩的新徑——

橫看成嶺側成峰，遠近高低各不同。
不識廬山真面目，只緣身在此山中。

這首《題西林（寺）壁》充分顯示了蘇詩的特徵和個性。它沒有著意渲染廬山的具體景物，而是以哲人的眼光對廬山進行全景式俯瞰。詩在廬山中，意在廬山外，遂使古今所有廬山詩成為它的注腳。廬山巍然屹立了三百萬年，終於等到了自己的知音。

夜探石鐘

下得廬山，蘇軾前往筠州，與弟弟蘇轍相聚了幾天。然後返回九江，與即將就任德興尉的長子蘇邁來到湖口。

湖口為中國第一大淡水湖鄱陽湖和第一大河長江的交匯處。長江濁水東去，鄱陽清水北來，清濁兩流，並肩而行。在江湖交匯處，屹立著拔地高聳、陡削崢嶸的石鐘山。它南鎖鄱陽，北扼長江，有「江湖鎖鑰」之稱，為歷代兵家必爭之地。三國周瑜守柴桑，便在湖口之內的鄱陽湖面演練水師。南朝宋武帝劉裕也在此處布兵，破盧循水軍，開始發跡。

但蘇軾這次來湖口，憑吊古蹟倒在其次，他為的是解開一直存在心頭的疑竇。

以前看《水經》說：「彭蠡之口，有石鐘山焉。」酈道元對石鐘山的得名作了解釋，說是該山下臨深潭，風吹浪擊，水石相搏，聲如洪鐘，所以得名。

但人們對這種說法表示懷疑。有人曾做實驗，將一口大鐘罩在水面。但無論多大的風浪，這鐘也沒發出轟鳴聲；何況是一座石山？

唐代李渤以刻意苦學著稱，有一股執著的求實精神。他親至石鐘山考察，終於在臨長江的深潭上發現兩塊石頭。一經敲擊，北面的石頭發出清脆而高亢的聲音，南面石頭的發音則厚重而沉悶。李渤明白了，石鐘山的得名應由此而起。

但蘇軾則表懷疑？能夠發出鏗鏘聲響的石頭比比皆是，為什麼偏偏稱這兩塊石頭發出的是鐘聲？

懷著這個疑團，蘇軾請問了當地的僧人。一般來說，僧人在當地是知識的原有者。報慈寺的住持僧是李渤的信徒，也很熱心，但過於淺薄。他帶著蘇軾父子去看據說是當年李渤發現的石頭，並讓僧童由斧頭敲擊，發出「空空」之聲，說這就是鐘聲。蘇軾搖搖頭，不以為然。其實，在蘇軾的潛意識中，更相信酈道元的說法。

當天晚上，乘著月明星稀，蘇軾帶著蘇邁，雇了一條小船，直駛長江，來到石鐘山的絕壁之下。仰望石壁直刺黑空，如猛獸奇鬼，森森然有搏人之態。山頭隱隱傳來鸛鶴如泣如嚎的嘶喊，令人毛骨悚然。蘇軾雖然習慣夜遊，卻也有些心驚，打算驅舟而返。

突然，水面上發出陣陣響聲，如鐘鼓齊鳴，久久不絕。舟子害怕了。蘇軾卻精神一振，讓舟子將小舟划近絕壁，趁著月色仔細觀察。但見石壁與江水的結合處盡是縫隙和洞穴，卻看不清深淺，水波沖入，發出「噌吰」之聲。原來如此！

蘇軾證實了自己的想法，讓舟子駕舟回港。將入港口，又有新的發現。這石鐘山分南北兩處，南邊為上石鐘山，深入鄱陽湖；北邊為下石鐘山，插在鄱陽湖和長江之間。兩山之間的谷地為港口。蘇軾所探的是下石鐘山。當回舟經過上、下石鐘山之間的水域時，發現還有一塊巨石正當中流，巨石中空，與風水相吞吐，發出窾坎鏜鞳之聲，與前者所聞噌吰之聲相應，猶如樂隊演奏一般。

這一發現，使蘇軾歡喜若狂，又心有所悟。他笑著對蘇邁說：「你現在該知道了吧！下石鐘石壁所發噌吰之聲，是周景王所鑄的大鐘，這大鐘取名「無射」；兩出之間巨石所發窾坎鏜鞳之聲，是春秋時鄭國向晉國進貢的編鐘。酈道元的記載是對的。凡事不親眼所見、親耳所聞，怎能任意斷言它的真偽呢？」

事後，蘇軾將他夜探石鐘山的經過寫成《石鐘山記》，並深有感慨地說——

> 酈道元之所見聞，殆與余同，而言之不詳。士大夫終不肯以小舟夜泊絕壁之下，故莫能知。而漁工水師，雖知而不能言。此世所以不傳世。而陋者乃以斧斤考擊而求之，自以為得其實。余是以記之，蓋嘆酈道元之簡，而笑李渤之陋也。

士大夫有學問而無實踐，漁人舟子有感知而無理念，蘇軾身臨其境，遂解石鐘山千古之謎。讀書人不該自省嗎？

金陵見王

元豐七年十月，蘇軾一家路經東南都會金陵。去年四月，曾鞏在這裡去世。而另一位更響亮的人物王安石則正住在這裡，但也老病不堪。

論政見，蘇王不同道；論交情，也宿有積怨。但此時，卻同為天涯淪落人。王安石罷相已久，倍受冷落；蘇軾更戴罪在身。也只有在這種情況下，兩人才得以捐棄前嫌，走到一起。其實，他們是應該有共同語言的。雖然政見不同，卻都是坦坦蕩蕩的君子。王安石實行變法，蘇軾反對新法，都是以國家利益為出發點，並非謀求私利。分歧在於認識上的差異。而對於文學，對於佛學，對於經史，他們都是同道。

王安石討論蘇洵論文的咄咄逼人，卻讚賞蘇軾的才思敏捷。蘇軾每有佳作，王安石總以先睹為快。故蘇軾因烏台詩案下獄，王安石遠在金陵，仍馳書營救。後來蘇軾謫居黃州，王安石也時時關注。有朋友從黃州來金陵，必問：「東坡近日有何妙語？」

一次，一位客人帶來了蘇軾所作的《成都勝相院經藏記》未定手本，說是蘇軾醉宿臨皋亭，酒醒後即興而作的。王安石聞言，喜不自禁，讓客人立即從船上取來，就著月光，讀於房檐之下，一面讀，一面稱讚：「子瞻人中龍也。」

全篇一千餘字，王安石讀罷，覺得只有一字用得不甚穩當。客人請王安石指正，王安石挑出其中一句：「如人善博，日勝日負。」不如改成「如人善博，日勝日貧。」

後來蘇軾知道這件事，撫掌大笑，以為至言，遂改「負」為「貧」。

經過十多年的坎坷蹉跎，蘇軾對王安石和新法也有了新的認識。他在給好友滕元發的信中說到了這一點：「吾儕新法之初，輒守偏見，至有異同之論。雖此心耿耿，歸於憂國，而所言差繆，少有中理者。」

有了這種認識，才有日後蘇軾反對司馬光不問青紅皂白地盡廢新法，也是蘇軾到金陵會見王安石的感情基礎。

王安石得知蘇軾途經金陵，要專程上岸看望自己，很是感慨。不待蘇軾的座船靠岸，王安石已騎著毛驢在碼頭等候。

蘇軾遠遠望見昔日精強過人，如今風燭殘年的王安石，幾乎不復相識，心中一陣酸楚！不等座船停穩，便躍上碼頭，長揖問安：「蘇軾今日敢以野服見大丞相！」

王安石看看自己的便服，又看看帽子也沒來得及戴的蘇軾，笑道：「常禮難道是為我們這些人準備的嗎？」

一句話，往日的諸多隔閡盡皆化解，二人之間的距離頓時縮小了。

自熙寧四年（一〇七一年）蘇軾通判杭州之後，整整十四年了，兩人沒有見過面，王安石第二次罷相也已八年。當年的蘇軾正值盛年，英氣勃發，如今也是滿臉蒼霜，但眉宇之間仍顯出往日的傲氣。王安石點點頭，這蘇子瞻儘管吃了不少苦頭，稟性卻是不改。

在金陵的幾天，兩人說詩，說字，說佛，說道，甚是投機。

但蘇軾這次來看王安石，卻還有一番苦心。他希望王安石利用自己的政治影響，挽救國家已經出現的危機。蘇軾找到機會，將話題由藝術轉到政治。

王安石立時有些緊張了，他以為蘇軾要重翻舊帳：「子瞻欲說往事？」

「不，我要說的是今事。」

王安石早已謝政，聽蘇軾要說「今事」，他放心了。

蘇軾正色說道：「窮兵黷武，大興冤獄，是漢唐滅亡的起因。我朝開國以來，列祖列宗以仁義寬厚治天下，目的就是避免重蹈覆轍。如今天子用兵西北，興獄東南，兵疲民恐，怨聲載道，您怎麼無一言相諫？」

王安石搖搖頭，豎起兩隻指頭：「這兩件事都是由呂惠卿引起的。我早已告老還鄉，成了閑雲野鶴，怎敢說三道四？」

蘇軾不以為然：「在朝則言，在外則不言，這是臣子事君的常禮。但皇上以非常之禮待您，您怎能仍用常禮事君？」

王安石聞言，不覺動顏作色：「子瞻不必說了，我定向皇上進言！但這件事出自老夫之口，入於子瞻之耳，不能讓外人知道。」

蘇軾見王安石這般神情，不禁暗自嗟嘆！連王安石都不敢對國事暢抒己見，這國家的元氣還能持久嗎？

其實，呂惠卿也是代人受過。屢興冤獄固然是呂惠卿等人的主意，但對西夏用兵都是他的老闆神宗自己的主張。

只可惜王安石即使書諫，也已經晚了。就在蘇軾與王安石談論國事的半年之後，神宗皇帝就去世了，當時才三十八歲，王安石再也沒有機會向以非常之禮待他的皇帝盡忠了。但對蘇軾來說，神宗的去世卻使他有了再一次施展政治抱負的機會，只是福禍難以測定……

第六章　廟堂難度日

太后苦心

辭別王安石，蘇軾一家順江而下，來到了當時最富庶的浙西地區。十年前蘇軾為杭州通判時，這裡的人情風俗、山川田園曾給他留下難以忘懷的印象。如今故地重遊，景色如舊，心境全非。當年的蘇軾，仕意正銳，而今日，卻是戴罪在身。

然而，江南的秀色和好友的熱情，卻激發了他從此定居此地的願望。經與密友滕元發商定，蘇軾選定了太湖之濱的宜興作為終老之地。

宜興當時屬常州府，隔著太湖與蘇州相望。沿太湖南行，便是湖州了。這裡是著名的魚南之鄉，當時有「蘇湖熟，天下足」之說。既然是選擇終老之地，這一點是最為主要的。何況這裡風景優美、氣候宜人；文物古蹟也甚多，有聞名天下的宜興三奇——張公洞、靈谷洞、善卷洞，有東晉俠士周處的祭廟，還有傳奇人物祝英台的讀書處。

雖然有這個心願，也買下了一處田園，但蘇軾一家仍得北上，因為朝廷是讓他去汝州的。不過，既然有意留在江南，蘇軾就開始和朝廷討價還價了。

他一方面接二連三地上疏陳述家境的困難：官俸停發，衣食不繼；既然無錢雇車陸行，只有順水路逶迤輾轉；因長途跋涉，全家都在病中，最小的兒子在路上病死；即使到了汝州，也無屋可居，無田可耕。而在常州宜興縣則稍有薄田，可維持一家的生計。因此，請求朝廷允許他在常州居住。

另一方面，他帶著全家在路上停停走走，拖延時日，以等候朝命。自元豐七年四月離開黃州上路，七月間到南京，在浙西盤桓了三、四個月，十月重新上路，到第二年二月底才到南京應天府（今河南商丘）。到應天後，蘇軾乾脆住在老友張方平家，等待消息。

消息終於等來了。朝廷允許蘇軾一家住在常州。同時，還等到了一個令人難以置信的消息，三月初五日，正值盛年的神宗皇帝去世了。

自從元豐五年（一〇八二年）七月宋軍在對西夏的戰爭中慘敗以後，神宗便開始覺得精神恍惚，難以集中精力處理國事，靈魂似乎正在悄然離去。到元豐八年三月五日，終於撇下後宮嬪妃及滿朝文武，抱憾仙逝。

神宗死後，太子趙煦年方十歲，雖然按祖制繼承皇位，執政的卻是祖母太皇太后高氏。批准蘇軾居住常州的實際上就是這位太皇太后。

得到朝廷的恩准，蘇軾便攜家起程了。這次行程驚人的快，四月初三離開應天，五月二十二日就到了宜興。但是，到宜興才半個月，家還沒有完全安頓下來，便接到朝廷的委任，讓他去登州做太守，又得北上了。

蘇軾實在不是政治家的料，僅從他匆匆返回宜興就可說明這一點。中國的政治從來就是遊戲，政策的轉變不是切實根據社會經濟的要求，而是憑著最高決策者的直覺作出。任何秕政苛法，只要當事者不倒不死，就不易更改。因此，每當皇帝的新舊更替之際，便往往是對前朝政策的清算之時，也是最高權力階層的大換班時期。

經過烏台冤獄的打擊和謫居黃州的閑散，蘇軾本來就不靈敏的政治嗅覺變得更加遲鈍。在中國，一個成功的政治家並不在於能否提出切中時弊的改革方案，也不在於能否為國為民辦多少好事，而在於能否敏銳地尋找並把握奪取權力、打擊政敵的時機。在這一點上，蘇軾從來就是失敗者。如果換了呂惠卿或章惇，就絕不會匆匆忙忙從應天趕回宜興；即使不便在應天久留，也會在歸程踟躕觀望，並派人往京師打探消息，鑽營進身之門。

但蘇軾就是蘇軾，他既不是呂惠卿，也不是章惇，如果他一門心思放在稿權術上。又哪能給後世留下如此豐富的精神財富。

事實上，不僅僅是蘇軾，當時一些著名的正直官員如司馬光、范鎮、呂公著以及范仲淹的兒子范純仁等，都沒有利用神宗去世，太皇太后執政的機會去鑽營門道。這就是「君子」與「小人」的區別。正因為有這個區別，所以君子們玩權術時從來就不是小人的對手。

經過千里跋涉，蘇軾一家十月到了登州。剛到登州，朝廷又來了公文，讓蘇軾去京師受職。又該上路了。

等到了京師，蘇軾才發現形勢真的變了。司馬光已由太皇太后派校尉從西京接到東京汴梁，為門下侍郎。北宋前期，以「同中書門下平章事」為宰相，以「參知政事」為副相。元豐改制，開始實行中書、門下、尚書三省長官並為宰相的體制，以尚書左僕射兼門下侍郎、尚書右僕射兼中書侍郎為正宰相，門下侍郎、中書侍郎、尚書左右丞為副宰相。

司馬光此時雖為副相，但得到太皇太后的支持，開始罷黜新法。其他反對派人物呂公著、呂大防、范純仁、劉摯及蘇軾的弟弟蘇轍等也陸續被起用，勢力甚大。蘇軾這次進京，就是由他們推荐的。

蘇軾一進京，便被任命為禮部郎中。半個月後，為起居舍人；這是負責記載皇帝起居言行的官職，屬侍從文官。再過三個月，元祐元年（一〇八六年）三月升中書舍人。中書舍人為中書省屬官，主管中書省吏、戶、禮、兵、刑、工六房文書，起書對尚書省六部的指令，並可參與大政方針的討論及六部官員的選派，地位顯赫。

做中書舍人才六個月，蘇軾又奉詔任翰林學士知制誥。

翰林學士知制誥從唐中期以來就有「內相」之稱，是著名學者的最高職位。唐德宗時陸贄曾長期擔任這個職務，為知制誥一職贏得了極高的榮譽。蘇軾之前，歐陽修、王安石、司馬光都曾任此職；而且，都是以這個職務升副宰相。

對於朝廷一連串的升遷，蘇軾有些惶恐；當然，惶恐之中也有幾分自豪。

他在《辭免中書舍人狀》中說到自己的真情實感——

伏念臣頃自貶所，起知登州。到州五日，而召以省郎。到省半月，而擢為右史（即起居舍人）。欲自勉強，少酬恩私。而才無他長，職有常守。出入禁闥，三月有餘；考論事功，一毫無取。今又冒榮直授，踏眾驟遷。非次之升，既難以處；不試而用，尤非所安。願回異恩，免速官謗。所有告身，臣不敢祇受。

由六品起居舍人，直升四品中書舍人，確實出乎蘇軾的意料之外。司馬光雖說起用即為副相，但他於熙寧初告病去西京時已是翰林學士，而且拒絕了樞密副使的任命，入相是理所當然的，何況其道德風範為當世師表。蘇軾烏台之獄前為湖州太守，復職後為登州太守。知州在宋朝為差遣，蘇軾以朝奉郎知登州，僅正七品，所以入朝時得禮部郎中，從六品，後為起居舍人，也是從六品。從起居舍人到正四品的中書舍人，跨越四級，實在沒有思想準備。所以蘇軾說易招「官謗」，引人議論和攻擊。

雖然從中書舍人到翰林學士只是升兩級，而且這兩個職務之間的關係非常密切，但中書舍人畢竟只是中書省屬官，翰林學士知制誥則為皇帝和太皇太后的機要秘書，凡是以皇帝及太皇太后名義發出的口宣、敕文，均由知制誥執筆而成，對大臣表章的批答，也出自知制誥之手，所以人們認為這個職務是與中書省長官對柄機要。從品級來說，翰林學士僅在正副宰相及六部尚書、御史大夫之下，而在六部侍郎及御史中丞之上。所以蘇軾在辭狀中說，這個職務非高材、重德、雅望者不選。

但是，從當時的聲望來看，這個職務還非蘇軾莫屬。比他資歷深、名望大的司馬光、呂公著、范純仁已經入相，論資排輩，翰林學士也得數蘇軾了。更何況，翰林學士素來由「大手筆」擔任，論寫文章，舉朝上下還有誰比得上蘇軾？

太皇太后高氏是位精明的女人，她的恩澤是不能平白無故給人的。為此，她得找機會向蘇學士宣講。

元祐二年，當蘇軾因官場矛盾要求辭職的時候，太皇太后向他攤牌了。

按宋朝制度，翰林學士知制誥每逢單日夜晚得在宮中值班，起草詔命，第二天頒布。這天晚上，蘇軾照例值班，內侍傳命，讓他進殿。任務很簡單，只是起草命呂大防為相的詔令。事情辦完，蘇軾等待太皇太后讓他退下的命令。

但太皇太后一開口，卻使蘇軾大出意料？太皇太后問他：「進京之前，你擔任的是什麼職務？」

蘇軾一個念頭閃過，趕忙回答：「是黃州團練副使。」

太皇太后對蘇軾的這個回答顯然很滿意。接著又問：「今日為何官？」

蘇軾有底了，朗聲答道：「臣今待罪翰林學士。」

太皇太后繼續問：「你知道為何升遷如此之快？」

蘇軾毫不猶豫：「是太皇太后的恩典。」

太皇太后搖搖頭：「不是！」

蘇軾偷眼看了看坐在祖母身邊的小皇帝，心中暗笑：老太后是在為孫子籠絡人心。於是張口就說：「那定是皇上的鴻恩。」

太皇太后還是搖搖頭：「不是！」

蘇軾這下有些緊張了。既不是太皇太后，又不是皇帝，眼下朝臣之間明爭暗鬥、勾朋結黨，難道太皇太后懷疑自己也在結黨營私？

想到這裡，蘇軾只得壯著膽子說：「那麼是因為大臣的推荐？」

他知道自己的進京與司馬光的舉荐有關。但太皇太后素來敬重司馬光，自己也從未走司馬光的門道，因而心裡轉為坦然。

太皇太后仍然否認。

蘇軾沉不住氣了，他理直氣壯地為自己辯解：「臣雖無狀，不敢自他途以進。」我雖然毛病很多，但絕不幹鑽營苟且之事。

太皇太后這時才不緊不慢地告訴蘇軾：「這是先帝（神宗）的意思。先帝每讀到你的文章，總是讚不絕口。將你放到黃州，也是迫不得已，實有保全之意，免你受小人中傷陷害。只是還來不及重用你，他就去世了。」

蘇軾素來重感情，當年張方平推荐他，歐陽修識拔他，仁宗皇帝說為子孫找到了宰相，都曾令蘇軾感激不已。何況在這夜深人情、燭光搖曳的氣氛中，由先喪夫、繼喪子，守著孫子支撐大宋江山的太皇太后說出這番話，蘇軾更是感激涕零，既感前路之多艱，又愧報君之力微。傷感之下，淚滿衣襟。

其實，太皇太后雖然精明，並沒有從事政治鬥爭的經驗，她只是憑著自己的直覺來判斷臣下的忠奸賢愚。神宗死後，她將撥亂反正、安邦定國的希望寄托在司馬光身上，如今又對蘇軾進行安撫，用心確實良苦。

但司馬光上台之後，只知一味斥退新黨，引進舊人，廢除新法，恢復舊制，成了拗相公（本是對王安石的戲稱，意指極端固執之輩）第二。蘇軾襟懷坦白，以誠待人，文章暫且不論，見識也自非凡，但並無主持全局的謀略和氣魄，且生性不耐煩周旋於各種政治勢力之間。因此，進京以後不久，他就發現自己不適應京中的政治氣候，不但沒能給太皇太后減憂，反而為自己、為太后惹下不少麻煩。

爭論新法

十多年前，蘇軾是因為反對王安石的新法而被趕出京師的。他萬萬沒有想到，回京後第一件不順心的事，也是因為王安石的新法而引起的。蘇軾這一輩子，倒楣就倒在新法上。

司馬光自從熙寧初年因與王安石政見不合離開東京汴梁，十多年來，領著劉攽、劉恕、范祖禹等人在西京潛心修撰《資治通鑑》。他是一位辦事認真、一條道走到黑的山西硬漢，既然王安石聽不得不同意見，他便發誓絕不對朝政發表看法。他說得到做得到，十五年中，閉口不談國事，卻將對新法的不滿，全部傾注到《資治通鑑》中去。在《通鑑》中，無論是秦漢還是隋唐，凡是主持改革者，都被司馬光斥為「小人」、「奸黨」。

他不像蘇軾那樣說話有口無心，時時反省自己，而是不折不撓，從來不假人顏色，所以無論是新黨還是故舊，都對我懼怕三分。

以蘇軾言，誰都不放在眼裡，對歐陽修也敢開玩笑，惟獨在司馬光面前不敢放肆。

但司馬光雖是一絲不苟的學問家，也是鐵面無私的執法者和衛道上，卻不一定是好的政治家。通過對歷史的回顧，他有一個基本觀點，那就是「國將亡，必多制」。

從事情的表象看確是如此，這兩句話也在一定程度上揭示了國將亡與制度變更的關係。如果不是社會矛盾發展，不是舊的制度維持不下去，是不會有人輕易變法的。

但司馬光卻由此而陷入邏輯上的錯誤，由國將亡，必多制演釋為變舊制，必亡國。因此，要救國就必須廢除新法，恢復舊制，卻不知廢新復舊本身就是多制，就是變成法。

沿著這種邏輯思維，司馬光決心廢除一切新法，其實是一切成法。

他於元豐八年（一〇八五年）五月為門下侍郎，六月就勸太皇太后廢除了保甲法、市易法、方田均稅法、保馬法。但青苗法、免役法和置將法因在位新黨蔡確、章惇的堅持而仍在推行。司馬光自然不會就此罷休，雖然身體每況愈下，自知不久人世，但用他自己的話說：

「四患未除，吾死不瞑目矣！」

要徹底廢除新法，就必須改變最高決策機關的力量對比，蘇軾等人也正是在這種情況下被調進京的。

元祐元年閏二年，蔡確、章惇罷相，司馬光、呂公著進位尚書左僕射兼門下侍郎、尚書右僕射兼中書侍郎，蘇軾也由起居舍人進位中書舍人。舊黨在權力分配上取得了對新黨的全面勝利。

但司馬光卻沒有想到，他廢除新法不但受到新黨的抵制，也遭到自己人的反對，主要集中在免役法上。

先是范鎮的從子、中書舍人范百祿對廢除免役法提出了看法。他認為，熙寧初推行免役法時，僅開封府就革去夫役數百人，老百姓都奔相走告，欣喜之情溢於言表。只是後來有司不斷增加免疫錢和助役錢，才招致民怨。只要減少這兩項收費，便可寬紓民力，用不著改革制度，廢免役法而行差役法。

接著，同知樞密院事范純仁也提出，廢除新法當慎重，應充分考慮利弊，廣泛聽取意見，方才穩當。

在自己人中，蘇軾的反對最為激烈。

蘇軾和司馬光都是因反對王安石變法而離開京師的。但離開京師之後，司馬光潛心做了十多年學問，一直和古人打交道，完成了史學巨著《資治通鑑》。而蘇軾卻一天也沒有離開現實，先是通判杭州，接著為密州、徐州、潮州太守，然後是謫居黃州，一直在和新法打交道。應該說，蘇軾對新法的認識遠較司馬光深刻。出任杭州通判之前，蘇軾與司馬光一樣，對新法是持全面批評態度的。但到了地方之後，蘇軾的看法有些改變了。

蘇軾通過自己的實踐認為，新法中的青苗法、市易法等等是坑民之法，應即時罷去。但有些法如免役法等則有其合理性，只要執法者存愛民之心，仍可公私兩便。

但司馬光這次是鐵了心要廢除一切新法，包括免役法。為此，蘇軾與他當面論理。

蘇軾將免役法和原來的差役法作了比較，認為二者各有利弊。免役法的利在於民戶免除了差役，得專力務農，其弊則在免役錢和助役錢收得過多，而且往往移作他用，並不用在雇役；差役法民戶固然不需納錢，但得時常為官府服役，不能全力務農。罷差役行免役已有二十年，吏民已經習慣，如果變易更張，反而容易另生弊端。

司馬光知道蘇軾的脾氣，擺起道理來一套又一套。但他認為現在不是說道理的時候，特別是對王安石的新法，沒什麼利弊可言，只能盡行廢去。因此擺擺手，不讓蘇軾再說下去。

這時的蘇軾也已非當初。即使是初出茅廬，蘇軾也不能容忍別人對自己不尊重。為此，他在鳳翔曾和陳希亮幹過一次仗。後來又因王安石聽不進意見而堅決要求外調。沒想到司馬光掌權後也是這種德性。他敬重司馬光的人品和學問，也感激司馬光對自己的提攜，但他不能容忍司馬光無視自己的意見，將處理國家大事當成一種報復行為。

不管司馬光高興不高興，蘇軾繼續陳說自己的意見。他認為，只要將免役法的兩個弊病革除，這個法仍然遠勝於過去的差役法。

說完之後，蘇軾覺得還不解氣。他提醒司馬光，為相者當廣泛聽取不同意見，採其善者而行之。同時重提舊事：當年韓琦為相，你為諫官，爭事於相府。韓公不樂，你仍是侃侃而談。難道今日為相，就不能聽我把話說完嗎？

但司馬光已經有些日暮途窮，倒行而逆施了。他變得和當年的王安石一樣，聽不得不同意見，喜歡別人順著自己的意思去幹。雖然他當即向蘇軾道歉，承認自己態度生硬，但主意卻沒有改變。

就在蘇軾等人反對司馬光廢免役法時，也真有人做出了司馬光喜歡的事情。權知開封府蔡京不動聲色，五天之內就徵集了一千多人充役。

司馬光對此很是感嘆，什麼時候能夠少發一些議論，多幹一些實事呢？如果人人都像蔡京這樣奉法無滯，還有什麼事情辦不成呢？有了蔡京這塊樣板，司馬光不再理睬蘇軾等人的反對，下令在全國廢除免役法，恢復差役法。

令下之日，蘇軾氣得連連跺腳，口裡直罵：「司馬牛！司馬牛！」

蘇轍這時也召回京師為諫官，他對司馬光的一意孤行、所信非人很是擔憂，連續向司馬光陳述己見，指出蔡京在五日之內役民上千的舉措居心險惡，要求將其謫戍充軍，為天下挾邪壞法者戒。

當然，司馬光對蘇轍的說法更難以接受。但蘇轍確實有眼光，他比任何人都先看出蔡京為人的險惡。後來，打擊「元祐黨人」最積極，並搗毀司馬光祖墳、禁錮其子，將大宋江山搞得七零八落的，便是這個受到司馬光稱讚的蔡京。

為了廢除新法的事，蘇軾得罪了司馬光。但司馬光是君子，雖然意見不合，卻並不給他小鞋穿。雖然有記載說司馬光曾在太皇太后面前詆毀過蘇軾，說蘇軾只能做翰林學士，不能做宰相，一旦做宰相，便會像王安石那樣給朝廷帶來麻煩。但這恰恰說明司馬光還是了解蘇軾。用不著做宰相，便是做翰林學士，蘇軾也引起了不少麻煩。這麻煩就出在他的性格上。

不合時宜

蘇軾才學高，且獎掖後進不遺餘力，但瞧不起那些自以為是的假學究；蘇軾人品高，且敬愛端嚴賢德之士，但看不慣裝腔作勢的偽道學；蘇軾喜宴樂、好交遊，且樂善好施，接濟窮困，毫不吝惜，但反對鋪張浪費、誇財鬥富。

但當時的社會假學究充斥，假道學盛行，驕奢淫逸更成風氣。蘇軾不像司馬光那樣謹嚴，非關國事不爭；也不像歐陽修那樣大度，雅能容物。他是看不慣的要說，瞧不起的要說，而且不留情面，甚至言語之間帶著戲弄。用他自己的話說，是「性不忍事」，出口就得罪人。而蘇軾名氣又大，早上說一句話，下午就傳遍全城，又有好事者的加油添醋，遂使被其嘲弄者無地自容，怨恨日深。

有位名叫王祈的郎中，有些醫術，小有名氣。但他卻認為自己的長處還不在行醫，而在寫詩，逢人便要賣弄。蘇軾對此公也略有耳聞，也並未介意。沒想到他心血來潮，竟找上門來與蘇軾談詩。如果真來移樽就教，蘇軾是會以禮相待的。但王祈見面便吹自己得了一首好詩。蘇軾愕然！等到一聽王祈吟詩，蘇軾不禁笑出聲來。

王祈這首詩叫「詠竹詩」，最得意的兩句是「葉垂千口劍，幹聳萬條槍。」

蘇軾笑道：「這兩句詩對仗倒極工整，只是葉子太少了。」

王祈一聽，也笑了出來，他說：「蘇學士且慢批評。這葉子並不少，葉垂千口劍，有上千片竹葉呢！」

蘇軾這次卻不笑了。此人不可理喻。他看了看王祈：「但你這竹桿卻有萬條，十桿竹子才有一片竹葉，難道還多嗎？」

王祈聞言，臉刷地一下就紅了。

如果事情到此為止，蘇軾可說是在指點王祈。但他卻忍不住事後發表評論：「這些年來不順心的事太多，難得開心。但聽了王祈念詩，想要不笑卻辦不到。」

有蘇學士的這番評價，王祈哪裡還抬得起頭來。

得罪王祈這般無權無勢的假學究倒且罷了，蘇軾把程頤這位偽道學也得罪了。

程頤是著名學者周敦頤的學生，十八歲時遊太學，寫了一篇《顏子好學論》。國子監博士胡瑗見到後大吃一驚，當即召見，請他在太學講學。此後程頤專以講學授徒為業，弟子眾多，名氣也越來越大。英宗、神宗時不斷有人舉荐他，但程頤因對新法持反對態度，拒絕任職。直到元祐元年（一〇八六年）司馬光執政，程頤才就職校書郎，接著又出任崇政殿說書，雖然只是從七品，卻是皇帝的老師；程頤以布衣的身分出任這個職務，那是非常榮耀的。做了帝師，程頤仍是和以前授徒一樣，每次講課，總是板著面孔，專講古代的禮典制度，處處以孔子的言行比照當世。

程頤的這副腔調，不僅蘇軾看了覺得彆扭，連司馬光也覺得有些過分。

一次，小皇帝哲宗在經筵講學休息的時候折了一根柳枝，學者騎馬的樣子，自覺很是威風。這本是小孩的天性。但程頤看見了，馬上站起身來，責備說：「現在正是春天，萬物生榮，皇上怎能無緣無故去摧折生命呢？為君者以仁為本。草木和人一樣，都是生命。不愛惜草木，又怎能愛惜萬民？」

哲宗這時剛十歲，沒想到摘一根柳枝竟引出這麼多囉嗦，一賭氣，將柳枝拋掉。

司馬光聽到這件事，很不高興，對弟子們說：「人主不願意接近儒生，就是因為程頤這樣的腐儒造成的。」太皇太后也罵道：「怪鬼壞事。」但程頤全不以為然。

元祐元年九月，司馬光因操勞過度去世了。太皇太后聞訊，悲傷不已，當天就帶著皇帝來吊唁。官員們按禮也應來祭拜。

這天正巧是神宗皇帝靈位入祖廟的日子，蘇軾與眾人祭祀過神宗之後，來到司馬光家憑吊。主持司馬光之喪事的是程頤，他站在門口，不讓眾人進去。理由是，祭祀神宗皇帝靈位進祖廟是吉禮，而憑吊司馬光是喪禮，參加了吉禮的人在同一天不能參加喪禮。

蘇軾見程頤板著臉叨咕，覺得可笑。

他想起半年前，三月五日，那是神宗去世一周年的日子，大祭之後舉行宴會。程頤當時剛剛受命為崇政殿說書，他提出，按照古禮，這種日子只能吃素，不能吃葷。蘇軾最不耐煩這一套，領先反對，並惡作劇地振臂一呼：「為劉氏者左袒！」吃肉者站到我這邊來！程使頤落了個大沒趣。

程頤本來就對蘇軾大大咧咧、嘻笑怒罵的性格看不慣，這下更是耿耿於懷。今日冤家路窄，又在司馬光家相遇。程頤把著門不讓進，蘇軾領著人往裡闖。程頤又一次抬出了孔老夫子。他質問蘇軾：「子瞻讀過《論語》嗎？《論語》有言：『子於是日哭則不歌。』」

蘇軾見他又是這一套，反唇相譏：「《論語》可曾說『子於是日歌則不哭』？」論起隨機應變、冷嘲熱諷，十個程頤也不是蘇軾的對手。蘇軾一反問，程頤頓時脹得滿臉通紅，說不出話來。蘇軾嘿嘿一樂，領著眾人推開程頤，揚長而入。

蘇軾等眾人來到司馬光的靈堂，不由悲從衷來。雖然司馬光晚年做事有些不近人情，但畢竟出個公心，只是操之過急而已。

人們行事，往往是寬容死者，苛求生者。蘇軾此時真有些後悔不該為免役法的事情和司馬光當面頂撞。如果換一種方式，結果或許會好些。想起司馬光生前淡泊名利、苛於律己的品格，以及對自己的獎拔，蘇軾更是深深自責。

但蘇軾發現，靈堂中竟然沒有司馬光的家屬。按當時的風尚，父親死了，兒子應該在靈前接待客人。

一問方知，又是程頤的主意，說父親死了，兒子應該悲痛萬分，不能出來見客。

蘇軾憤怒了，當眾罵道：「程頤可說是燠糟鄙俚叔孫通！」

這句話是脫口而出，卻透露出蘇軾內心對程頤的鄙視，頗有人身侮辱之意。程頤以講學出名，沒有應科舉考試；叔孫通則是漢初儒生，幫助劉邦草定儀禮，被後人指責不識大體。蘇軾這句話既挖苦程頤是沒有見過世面的鄉巴佬教師，又嘲笑他只拘泥小節而不識大體。在場眾人都是飽學之士，聽了蘇軾的話，不覺轟然大笑。

蘇軾遇上看不慣的事，總是如刺在喉，不吐不快，而且往往圖一時痛快，不管對方能否接受得了。他三番五次戲弄程頤，是看不慣程頤裝腔作勢的偽道學。

但程頤不比王祈，他不是孤立的個人，而是代表著一種社會觀念和一股政治勢力。就其本人來說，也是出於信念和責任感，並無故作的成分。但雙方都以自己的原則裁量他人。程頤自己對蘇軾充滿敵意暫且不論，其門人弟子更是憤憤不平。蘇軾卻不管這些，仍是我行我素，嘻笑怒罵，毫不檢點。

司馬光去世了，呂公著去世了，呂大防、范純仁做了宰相。

對范純仁，蘇軾是敬重的，不但因為他是范仲淹的兒子，更因為他為人行事令人欽服，每以責人之心責己，以恕己之心恕人，義之所在，毅然不少屈。蘇軾對此，自問不如。

對呂大防，雖然政見和自己相同，蘇軾則有些瞧不起。此公立朝多年，無所建樹，徒以憨直無黨，不得罪人，故受輿論推崇，做了尚書左僕射。他的任職詔書，就是蘇軾起草的。

這天，蘇軾去拜會呂大防。呂大防正在午睡，僕人進臥室通報了老半天，仍不見出來。蘇軾有些不耐煩了，在客廳踱來踱去，終於將呂大防等了出來。蘇軾見他大腹便便，睡眼朦朧，坐下議事，也是答非所問，心裡很不痛快。突然，他看見客廳的瓦盆中養著一隻烏龜，個頭很大，龜甲上帶著一層青苔，看上去很有些年頭了。這烏龜偶爾將頭伸出來，四下望望，然後又懶洋洋地縮了進去，一動不動。蘇軾覺得很有趣，再看看仍是似醒非醒的呂大防，簡直和這烏龜沒什麼兩樣。此念一起，蘇軾又冒壞水了。

他指了指那隻烏龜，問呂大防：「微仲（呂大防字微仲）兄，這龜年歲不小了吧？」

呂大防正在假寐，猛聽到蘇軾問烏龜，精神一振，完全清醒了。他咧著大嘴笑道：「是啊！據說有好幾百歲了。這麼大歲數的龜是很難找到的。」

蘇軾搖搖頭，不以為然地說：「這不稀罕！人說千年王八萬年龜。即使是千年的烏龜也算不得稀奇。有一種六眼烏龜，那才真是少見。」

「哦！有六隻眼的烏龜？子瞻可曾親眼得見？」呂大防對烏龜的興趣甚於國事。

蘇軾不緊不慢地說：「五代唐莊宗時，有人進了一隻六眼龜。莊宗很感新奇，問這龜有何好處。當時有個名優叫敬新磨，專門為這六眼龜編了一支歌。歌詞說：『不要鬧，不要鬧，聽取龜兒口號。六隻眼兒睡一覺，抵上別人睡三覺。』」

呂大防這才聽明白，蘇軾是在拐著彎子說自己貪睡。但呂大防又不比程頤，他是心寬體胖，雅能容物。儘管蘇軾戲耍自己，倒先不好意思起來，怪自己怠慢了朋友，對蘇軾的博聞強記更是讚嘆不已。對同僚是如此，對親戚也是如此。

蒲宗孟是蘇軾的親戚，但政見不同。熙寧時呂惠卿定「手實法」，徵收役錢，蒲宗孟是主要參與者。後來做到了翰林學士、尚書右丞。神宗常常嘆息缺乏人才，蒲宗孟則說人才大半為司馬光的邪說所壞。

哲宗即位後，蘇軾兄弟回京做官，蒲宗孟則貶到亳州，得主動搞好關係。他認為二蘇多年在外，早已是土包子，不懂得京師的舒適生活，便向蘇軾介紹自己的保養辦法。這種保養辦法包括「大洗面」、「小洗面」，「大濯足」、「小濯足」，「大澡浴」、「小澡浴」等一套排場。

他自己每天洗兩次臉。第一次只洗臉部，但得換一次水，由兩位僕人侍候，叫「小洗面」；第二次不但洗臉，還得洗頸部及肩部，由五個僕人侍候，換三次水，叫「大洗面」。每天洗兩次腳，第一次由兩個僕人侍候，換一次水，洗腳掌、腳背，叫「小濯足」；第二次由四個僕人侍候，換三次水，洗膝蓋以下的部位，叫「大足」。每兩天洗一次澡，「大澡浴」、「小澡浴」交替進行，小澡浴要用五、六個僕人侍浴，大澡浴得用藥膏洗，八、九個僕人侍浴。每次澡浴，內衣都要用異香薰烤才穿。

蒲宗孟推荐的其實是一種保健療法，但不免過於講究排場。此外，蒲家還種著許多花草，讓女傭專門採集花粉，加糖做成甜食；用今天的術語，則屬花粉營養品。說是招待客人，更主要還是自己享受。

蒲宗孟和蘇軾都在研究養生術，蘇軾是練氣養生，自行修煉即可，對蒲宗孟的一套既不理解，也不贊成。

他回信給蒲宗孟，感謝蒲的好意，但卻提出兩點建議，一是「儉」，二是「慈」。

但在蘇軾的時代，尤其到了元豐、元祐時期，王祈之類的假學究、程頤之類的偽道學、呂大防之類的玩物喪志、蒲宗孟之類的享樂奢侈實在是太多了，蘇軾處處看不順眼，處處要發表意見，也便處處得罪人。加上他自己也是結交朋友，喜歡熱鬧，讓別人看不順眼處也多有之。因此，總是覺得有些不痛快。

一次酒足飯飽，蘇軾摸了摸已經發福的肚子，打趣地問家人：「你們說說，我這肚子裡裝了些什麼？」

一個侍女搶著說：「老爺是滿腹錦繡文章。」

蘇軾搖了搖頭：「不是！」

「是滿腹學問見識！」另一個侍女接著回答。

蘇軾還是搖了搖頭：「也不是！」

王朝雲很長時間心情都不好。兒子生下十個月就病死了。儘管到京城之後，生活比以前好多了，蘇軾兄弟也是官運亨通，一個是翰林學士，一個是尚書右丞，誰不敬重。但她知道蘇軾並不開心，麻煩事太多，一半是名高人忌，一半是不合時宜。這時見蘇軾既否認是滿腹文章，又否認是滿腹見識，心中一動，脫口而出：「是滿腹的不合時宜！」

蘇軾聞言，不禁大笑：「朝雲知我，確是滿腹的不合時宜。」

蘇門學士

雖說不合時宜，但蘇式在京師這幾年也是他一生中最得意的時期。倒不只是在仕途中爬到了最高點，更主要是朋友和學生都聚集在汴京。和他們在一起，是蘇軾最高興的時候。

蘇軾雖然官居正三品，為翰林學士知制誥，但他似乎從來沒有想過要再進一步，為門下侍郎、中書侍郎，乃至左右僕射。這實在是一件非常奇怪的事情。

以往知密州、知徐州、知湖州，乃至簽判鳳翔、通判杭州，他都是實幹家。雖然也吟詩作詞、舞文弄墨，但總是將生民利病、地方安危放在第一位。因此，他在地方總要做一把手，總要做出轟轟烈烈的業績。

但在京城卻不一樣，聚集在他身邊的盡是文人，不要說司馬光、呂公著、范純仁、呂大防，便是兄弟蘇轍，蘇軾和他的接觸也並不太多。除了替太皇太后起草詔書，便是和朋友們聚會、和家人聊天，似乎也是在玩物喪志。到底是翰林學士的職務限制了他，還是汴京的風氣改造了他，抑或自認為這種職務和生活才真正適合於他？

或者他還有另外一種想法，覺得弟弟蘇轍比自己更適合搞政治，總不能兄弟二人同為宰輔，得為弟弟讓出一條路來。

不管是什麼原因，反正沒有任何跡象表明他要繼續往上走。

在京師的幾年，和蘇軾接觸最多的是黃庭堅、秦觀、張耒和晁補之，人稱「蘇門四學士」。李薦和陳師道也加入這個行列，與前四人合稱為「蘇門六君子」。

說是蘇門學士，黃庭堅等人主要是景仰蘇軾的文章人品，將其視為師長，並志同道合，作文唱和，過往較密而已。蘇軾向來狀拔後進，得一善讚不絕口，有不滿意處也直言相告。他並沒有板著面孔，以師長自居，而是虛心相接，以朋友相待。所以，蘇軾與黃庭堅等人實際上是半師半友，與程頤和門人弟子的關係大不一樣。

四學士中，年紀最小的晁補之卻最先投在蘇軾門下。晁補之出身文翰世家，高祖晁迥、曾祖晁宗愨都做過知制誥，甚至一度父子同掌制誥；父親晁端友，叔父晁端禮，從伯叔晁端稟、晁端彥均以詩文名世。

晁補之十三歲時曾在常州從學王安石的弟弟王安國。

王安國精研經學，雖然和王安石是兄弟，卻政見不同。神宗曾經問王安國：「你兄長在朝執政，你從西京來，外面有何議論？」王安國毫不隱諱：「恨知人不明、聚斂太急耳。」並多次對王安石進行規勸，後為呂惠卿迫害，罷官而去。

王安國對弟子要求很嚴，卻稱晁補之為奇才，傾心栽培。

蘇軾為杭州通判時，晁補之的父親晁端有正好為杭州新城縣令。蘇軾的大名早已傳遍天下，十七歲的晁補之便拿著自己的文章請蘇軾指教。

這些五章都是晁補之到杭州後的遊記，一共七篇，載錢塘山川風物之麗。所記的景是蘇軾大致都去過，而且有意寫文章記載的。

等一見晁補之的遊記，蘇軾大吃一驚！這難道是出自一位十六、七歲的少年之手？「我可以擱筆了！」有晁補之的文章，我就用不著再寫了！

以蘇軾的身分說出這番話，晁補之由此出名了。

但是，對晁補之的文章，蘇軾也有不滿意之處。七篇遊記中，晁補之覺得最得意的是《新城遊北山記》——

去新城之北三十里，山漸深，草木泉石漸幽。初猶騎行石齒間。旁皆大松，曲者如蓋，直者如幢；立者如人，臥者如虬。松下草間有泉，沮洳伏見。墮石井，鏘然而鳴。松間藤數十尺，蜿蜒如大蚖（巨蛇）。其上有鳥，黑如鴝鵒，赤冠長喙，俯而啄，磔然有聲。稍西，一峰高絕，有蹊介然，僅可步。繫馬石觜，相扶攜而上，篁筱仰不見日，如四、五里，乃聞雞聲。

有僧布袍躡履來迎，與之語，愕而顧，如麋鹿不可接。頂有屋數十間，曲折依崖壁為欄楯，如蝸鼠繚繞乃得出。門牖相值。既坐，山風颯然而至，堂殿鈴鐸皆鳴。二三子相顧而驚，不知身之在何境也。且莫（暮），皆宿。於時九月，天高露清，山空月明。仰視星斗皆光大，如適在人上。窗間竹數十竿相磨戛，聲切切不已。竹間梅蹤，森然如鬼魅離立突鬢之狀。二三子又相顧魄動而不得寐。遲明，皆去。

既還家數日，猶恍惚若有遇，因追記之。後不復到，然往往想見其事也。

這些文字的寫情寫景，實有獨到處，故得到蘇軾的嘉許，以為新城記山有此文，則自己可免於動筆。但文章中對奇的追求和渲染，蘇軾則感到有些不妥。他以為，文學首先追求的是平和，在這一前提下，偶爾溢為怪奇，那也是順乎自然，身不由己；卻不應有意識地也去追求、去渲染。尤其是晁補之當時才十六、七歲，則更應從平和入手。

當然，蘇軾是蘇軾，晁補之是晁補之，閱歷體驗不同，對文章的認識和感悟也不同。王安國當年稱讚晁補之，正因為他是「奇」才。可以說，沒有奇，便沒有晁補之的個性。蘇軾其實也並不強求晁補之拋棄自己的特點，他認為那樣會傷害晁補之的「邁往之氣」；只能用適當的方式進行誘導。而蘇、晁的師生之情、朋友之誼也由這篇文章開始。

比晁補之稍晚，張耒（音壘）是在密州通過文字得識蘇軾的。

張耒是楚州淮陰（今江蘇清江）人。淮陰為韓信的故鄉，故此地少年多向慕學文武才、立不世志、建千秋業。張耒亦然，少年讀詩書，意與屈（原）賈（誼）爭，口談霸王略，銳氣虹霓橫，稍長便四處遊學，來到陳州，被在這裡做教官的蘇轍許為「雄才」。這也是英雄識英雄。王安國行文追求奇，便識拔了晁補之這位「奇才」；蘇轍胸中有雄文，便識拔了張耒這位「雄才」；但最後都在蘇軾這座熔爐中鑄煉。

經蘇轍推薦，蘇軾開始留意張耒。張耒剛到二十歲便中了進士，為臨淮縣（今安徽泗縣）主簿。蘇軾在密州建了超然台，張耒應約寫《超然台賦》——

或有疑於超然，曰：「古之所謂至樂者，安能自名其所以然耶？今夫鳥之能飛，獸之能馳，與夫人之耳目手足視　動作，自外而觀之者，豈不足為大樂乎？然鳥獸與人未嘗自以為樂也。古之有道者，其樂亦然，又安能自名其所以然耶？彼方自以為超然而樂之，則是其心未免夫有累也。」

客應之曰：「吾豈以子之言非耶！吾方有所較而後知超然者之賢也。予觀世之賤丈夫方奔走勞役，守塵壤、握垢穢，嗜之而不知厭。而超然者方遠引絕去，芥視萬物，視世之所樂不動其心，則可不謂賢耶？今夫世之富人日玩其金玉而樂之，是未能富也；忘其所有而安之，是真能富矣。夫惟有之，是以貴其能忘之；使其無有，則將何所忘耶？子以為將忘超然為真超然，則其初必有樂乎超然而後忘可能也。子以為樂夫世之樂者乎，然則子亦安知夫名超然者果非能至樂者也！賦曰：

登高臺之巍峨兮曠四顧而無窮，
環群山於左右兮瞰大海於其東。
棄塵壤之喧卑兮揖天半之清風，
身飄飄而欻舉兮招飛鵠與翔鳴。
莽丘原之茫茫兮弔韓侯之武功，
提千乘之富強兮馮百勝而稱雄。
忽千年而何有兮哀墟廟之榛蓬。
有物必歸於盡兮吾知此台之何恃。
惟度與之相召兮要以必毀而後止，
彼變化之無窮兮嗟其偶存之幾何，
聊徼樂於吾世兮又安知夫其他。
或有疑夫超然者兮豈其知道而未純，
曰彼天下之至樂兮又安能自名其所以然，
惟樂而不知所以樂兮此其所以為樂之全，
彼超然而獨得兮是猶存物我於其間。
客有覆之者曰：
子知至樂之無名兮是未知世之所可惡，

世方奔走於物外兮蓋或至死而不顧。
尠如醯雞之舞甕兮又似乎青蠅之集汙，
眾皆旁視而笑兮彼獨守而不能去。
較此樂於超然兮謂孰賢而孰愚，
何善惡之足較兮固天淵之異區。
道不可以直至兮終冥合乎自然，
子又烏知夫名超然者果不能造至樂之淵乎？

這超然台是由蘇轍命名的，張耒應劉攽之約，慕蘇軾之名，將一篇《超然名賦》寫得氣勢磅礡，豪邁超然。蘇軾一見，大加讚賞，以為「有一唱三收之音」，其曠達處，如汪洋沖澹。不過，嚴格說來，這篇賦在意境上卻有塵俗粘俗之嫌，故立論顯得底氣不足。但以二十多歲的青年有此手筆，卻也大是不凡。

在杭州獎拔了晁補之，在密州接納了張耒；待蘇軾改任徐州時，秦觀又慕名而來。

秦觀字少游，揚州高郵（今屬江蘇）人。秦觀長張耒三歲、長晁補之四歲，年齡相仿，性格也頗為相似。從小豪邁英發，自視甚高；尤喜兵書戰筆，希望能有機會在疆場建功立業。特別敬慕唐代中興名將郭子儀，而且揚言要蕩平遼、夏，盡收失地。

但秦觀的性格還有多愁善感的一面，由於屢困場屋，連試不第，愁而生病，病而傷感。

因此，他的詞與文既不似晁補之之「奇」，也不似張耒之「雄」，而是另闢蹊徑，走清麗婉約的路子，讀來令人迴腸蕩氣。

熙寧十年（一〇七七年），經孫覺和李常的介紹，秦觀從高郵趕赴徐州，拜謁蘇軾。那年秦觀已經二十九歲，仍無科名，但頗通人情。他不但帶來了己所作的佳句，還特別寫了一首詩表示自己的心意——

我獨不願萬戶侯，惟願一識蘇徐州。
徐州英偉非人力，世有高名擅區域。

秦觀這首詩不免有奉承迎合之譏，但此後他始終如一地對蘇軾持弟子禮，並心甘情願地和蘇軾一道承受貶謫流放之苦，毫無怨言，可見並非心口不一。

對這位才高而不得志的門人，蘇軾給予了特別的關注和鼓勵，稱讚他「雄詞雜今古，中有屈（原）宋（玉）姿。」說他的詞文「超逸絕塵」，新詩「說盡萬物情」。並向王安石介紹秦觀的人品和作品。王安石見後也稱讚秦觀的詩詞「清新嫵麗，與鮑（照）、謝（靈運）似之。」秦觀不負蘇軾之望，雖然三十七歲才中進士，卻早已是名揚天下的填詞名家。其《千秋歲》一詞，黃庭堅見後竟連稱不敢唱和——

水邊沙外，城郭春寒退。
花影亂，鶯聲碎。
飄零疏酒盞，離別寬衣帶。
人不見，碧雲暮合空相對。

憶昔西池會，鵷鷺同飛蓋。
攜手處，今誰在？
日邊清夢斷，鏡裡朱顏改。
春去也！飛紅萬足愁如海。

這首詞雖然可視為秦觀的絕筆，曾布看了以後曾預言秦觀不久於人世，「豈有愁如海而可存乎？」但秦觀的每一首詞卻都是由哀而發，嘔心瀝血。所以有人評價說：「他人之詞，詞才也；少游，詞心也。得之於內，不可以傳。雖子瞻（蘇軾）之明雋、耆卿（柳永）之幽秀，狀若有瞠乎後者，況其下耶？」

在諸門人中，蘇軾對秦觀是最為器重的，關係也最為密切，致使民間流傳著蘇軾將妹妹蘇小妹嫁給秦觀的傳說。正因為如此，蘇軾對秦觀作品中流露出來的消極情緒和病態氣格也毫不掩飾地加以指責。

秦觀中進士後，在定海為主簿，作了三首《滿庭芳》，天下傳誦。其一云——

山抹微雲，天連衰草，
畫角聲斷譙門。
暫停征棹，聊共引導尊。
多少蓬萊舊事，空回首、煙靄紛紛。
斜陽外，寒鵲萬點，流水繞孤村。

銷魂！當此際，
香囊暗解，羅帶輕分，
漫贏得青樓，薄倖名存。
此去何時見也？襟袖上、空惹啼痕。
傷情處，高城望斷，燈火已黃昏。

《滿庭芳》也傳到蘇軾耳中，他既讚秦觀的情真意切，文清詞麗，又嘆秦觀過於纏綿，難以自拔。當秦觀進京往見蘇軾時，蘇軾劈頭就是一棒：「不意別後，公卻學柳七（永）作詞！」把秦觀問得目瞪口呆，老半天才說了一句：「某雖無學，亦不如是。」蘇軾乾脆點明：「『銷魂當此際』，這難道不是學柳七嗎？」

但蘇軾隨即也覺得，各人經歷個性不一樣，詩詞文章的風格也不一樣。蘇門四學士中，晁補之有坦蕩之懷、磊落之氣，張耒儀觀魁偉、筆力雄健，他們走的是蘇軾豪放逸邁的路子；但秦觀卻以其纏綿清麗，自成一家，成為南唐李後主以來的第一人。

在蘇門學士中，年齡最長，成就也最大的，自然是黃庭堅。黃庭堅為洪州分寧（今江西修水）人，字魯直，自號山谷。論詩，他與蘇軾齊名，人稱「蘇黃」；論詞，與秦觀比肩，人稱「秦七黃南」；論書法，與蘇軾、蔡襄、米芾並稱北宋四大家。特別是在詩歌創作上，黃庭堅有自己的一套理論和方法，影響了一大批詩人，從而開創了江西詩派，這詩派成為十二、三世紀宋代詩壇的主流。

與晁補之、張耒、秦觀不同，黃庭堅歸於蘇軾門垣之前，就已經闖下了很大的名頭，並得到王安石、文彥博、李常、孫覺、謝景初等人的識拔。元豐元年（一〇七八年），黃庭堅任北京大名府（今河北大名）國子監教授，蘇軾在徐州太守任上，黃庭堅給蘇軾寄去了自己寫的兩首小詩《古風二首》，以表敬慕之意。

按理說，黃庭堅的舅父李常、岳父孫覺都是蘇軾的故交，政治立場一致，性情脾味相投，熙寧七年，蘇軾由杭州通判改任密州太守時，還專程往湖州看望李常，李常又將蘇軾送到松江，關係非比一般，黃庭堅早該通過他們和蘇軾相交。但黃庭堅卻極有個性，自幼穎悟過人，讀書五行俱下，七歲作詩，八歲能文，十九歲參加鄉試即為洪州第一，入世學孔孟、出世說佛老，遇挫不慍、處變不驚，詩學老杜、文承韓愈，講究無一字無來處。對當代學者，黃庭堅未必肯俯首稱臣。

蘇軾的詩詞文章真正進入超一流行列，應該是從密州開始的；而蘇軾充分顯示其憂國憂民，腳踏實地的實幹作風，也應該是從密州、徐州太守任上開始的。黃庭堅這時才直接致書蘇徐州，也可見其拜師之慎。

雖然黃庭堅在詩中自喻幽谷小草，將蘇軾比作崖頂傲松，說過「小草有遠志，相依在平生。」蘇軾卻從來沒有將黃庭堅當學生看，而是將他視作同道和諍友。

黃庭堅在往後的歲月中，一直對蘇軾執弟子禮，無論是任職京師，還是流放貶所，居室中總要懸掛蘇軾的畫像，每天早上得整衣上香。有人覺得不理解，既然蘇黃並稱，何必如此？黃庭堅卻嚴辭以答：「庭堅望蘇公，門弟子耳，安敢失其序？」

但黃庭堅又是蘇門學士中對蘇軾的缺點看得最清楚的一個，且敢於時加規勸。蘇軾在元祐元年進京任翰林學士後，黃庭堅特意送上家鄉帶來的雙井茶，並賦詩相贈；詩名即為《雙井茶送子瞻》——

人間風日不而處，天上玉堂森寶書。
想見東坡舊居士，揮毫百斛瀉明珠。
我家江南摘雲腴，落磑霏霏雪不如。

蘇軾重入京師那段時光，大概只有黃庭堅直接了當地向他提出居安思危、急流勇退的忠告。黃庭堅雖說與蘇軾書信往來已有十多年，但這時才剛得見面，便顯其坦誠和沉穩。

比起黃、秦、張、晁四學士，陳師道和李廌的人生道路要更為坎坷些。

陳師道與晁補之同歲，大約在晁補之拜於蘇門時，陳師道投奔了曾鞏。曾鞏一見這位少年的文章，就連連稱奇，認為此子必以文顯。後來，陳師道又從黃庭堅作詩，深得其心法。江西詩派尊一祖三宗，祖為杜甫，陳師道與黃庭堅、陳與義並為三宗。但由於個性上的執和政見上的偏激，為反對王安石的新法而絕意仕進，致使一生窮困。在這一點上，他是不如黃庭堅融通的。黃庭堅也不願做官，但為了家人的生活，他仍然「以官為業」，做官只是解決生計的職業，就如農夫、商賈一般。不過，陳師道在投入蘇軾門下後，仍由蘇軾推薦，做了徐州教授、太學博士，雖說居官只有八、九品，畢竟可以吃一份俸祿。

李廌則是蘇軾非常器重的學生。蘇軾謫居黃州時，李廌專程前去拜訪，並送上自己的文章。蘇軾一看，認為條暢曲折，辯而中理，很有幾分類己，不禁大為讚賞，稱其筆墨瀾翻，有飛沙走石之勢，並拍拍他的肩膀說：「子之才，萬人敵也。抗之以高節，莫之能禦矣。」後來人們評價李廌的文章，以為確是不羈之才，如大川東注，晝夜不息，不至於海而不止，非豪邁英傑之氣過人，文章不可能如此酣暢痛快。

但李廌在仕途中更不走運。他在元豐時屢試不第；到元祐三年，鄉試成功，參加禮部考試，正好蘇軾知貢舉，卻又落榜了；不僅從此對科舉失望，連蘇軾也覺得過意不去，作詩自責：「平生漫說古戰場，過眼終迷日五色。」

人們還杜撰出蘇軾作弊，李廌倒楣的故事——

李廌參加禮部考試。蘇軾知貢舉，即任主考官，一心要讓李廌高中。當時部試的命題權在知貢舉，但出題之前，考官和副考官都進試院。試院加鎖，與外界隔絕，以免泄題。但題目既然是蘇軾出，便在鎖院之前命人將一道實封的信件送給待考的李廌。剛巧李廌因事外出，外人也不知道送來的是何物，將信件放在几案上。

章惇的兒子章持、章援也在這年應試，知道李廌與蘇軾關係密切，便來打探消息。不見李廌，卻見几案上的信件。蘇軾的書法流傳天下，又常與章惇書信往來，二章一見信封，便認出是蘇軾的筆跡。既然是章惇的兒子，其心計和膽量自然有獨到處，趁外人不注意，拆信一看，是一篇「楊雄優於劉向論」。二章大喜，將信揣入懷中，揚長而去。

李廌回來後，蘇說有蘇軾的信件，但放在几案上不翼而飛，二章又恰恰來過，不免暗自叫苦，卻不敢聲張。等到考期，題目果真就是「楊雄優於劉向論」。二章有蘇軾的範文，都仿效而作；李廌心中有事，幾乎沒有動筆。

考官們經過閱卷，排好了入選名次。待到拆封，蘇軾認為第一名肯定是李廌，不料卻是章援。第十名的文意與第一名、或者說與蘇軾自己的範文相似；拆號一看，卻是章持。蘇軾又是一驚。再看第二十名文章甚有新意，作者卻是葛敏修。黃庭堅此次由蘇軾推薦為參詳官，見葛敏修為二十名，連忙向蘇軾道謝：「可賀內翰得人，這葛敏修是我為泰和知縣時的一個學生。」蘇軾聞言，哭笑不得，只好點點頭，不置可否。

李廌沒有錄取，卻便宜了章惇的兒子。

不管是入仕者還是下第者，元祐時都來到京師，與蘇軾相互唱和，其情也怡怡，其樂也融融。後來蘇軾迭遭貶謫，蘇門學士及君子們也都受到牽連，奪官流放，秦觀因此病死滕州（廣西今縣），早蘇軾而去。但是，他們無一人離師叛道，相反，卻相互磨礪，共度難關。如果不是蘇軾人格的感召，恐怕難以如此。

蜀黨洛黨

神宗去世，哲宗繼位，太皇太后垂簾聽政，國事主要依賴司馬光拿主意。其實司馬光也並沒有多少治國良方，只知去新法復舊制。但司馬光有其自身的優勢，那就是為人正直坦然，節儉克己，居處有法，動作有禮。他自己也說：「吾無過人者，但生平所為，未嘗有不可對人言者耳。」因而有一股凜然正氣，人不敢犯。又辦事執著，意志剛強，有明確的信念和目標，是舊黨公認的政治領袖，因而有相當大的凝聚力。如果在太皇太后的支持下，司馬光能夠較長時間的執政，北宋政局可能會出現一個平穩的過渡時期。但執政一年，為宰相才半年，他就去世了。

司馬光去世後，舊黨中再也找不出人來接替他的位置，充當他的角色。

當年和司馬光一樣，不屈不撓地反對新法，並遭到迫害的，只有蘇軾。但蘇軾不具備司馬光的資歷和政治凝聚力，在一般朝臣眼中，他的形象更多是豪邁無羈的文人，而不是能夠主持大計的穩健政治家。

蘇轍在行政上比蘇軾幹練，但他的派別活動和果斷性格有些令人生畏。元祐六年，蘇轍受命為尚書右丞，右司諫楊康國就上書說蘇家兄弟的文學固然無可非議，但其「道」則不可取。他認為蘇家兄弟，尤其是蘇轍所學，是張儀、蘇秦的縱橫捭闔之術，其以文學自負及剛狠好勝則與王安石相似，如重用蘇轍，擔心又出一王安石，朝廷不得安靜。其中雖然不無攻擊的成分，但說明蘇軾兄弟執政是難以被接受的。

當時北宋政府所需要的，是能夠鎮之以靜的人物，以便在折騰了二十年後可以上下相安，挽回人心，而經不起再一次折騰。這種輿論與傾向，是不無道理的。蘇軾兄弟確實不能適應這種需要，但又無合適的人物。中國歷史每到這種關頭，往往會推出庸才，因為只有庸才才能被各方面所接受。這一次被推出來的就是被蘇軾嘲笑為「六眼龜」的呂大防。

呂大防能夠當宰相，一定意義上是蘇軾為他提供了機會。

蘇軾在司馬光死後就做了翰林學士，這是司馬光替太皇太后拿的主意。

蘇軾崇敬陸贄的為人和眼光，希望能夠和陸贄一樣，在為「內相」期間有所建樹，同時也出於從小養成的憂國憂民之心，屢屢對朝政發表意見，指斥時弊、褒貶人物，無所顧忌，引起不少人的忌恨。

有位名叫華仲游的衛尉丞很是擔憂，他上書蘇軾：「君官非諫官，職非御史，而好是非褒貶，獨身解諱，猶抱石救溺，不亦危乎？」

但蘇軾有他的個性和想法，雖然認為華仲游說得不無道理，卻無法聽從。疏越上越多，人也得罪得越多。

如果只是連續不斷、義正辭嚴地上疏議事，倒還不致招致怨懟，但蘇軾那種大大咧咧，當面挖苦人、捉弄人的習慣，卻給自己帶來許多麻煩。他因看不慣程頤的古板迂腐、不近人情而時加玩侮，引起程頤及其弟子的強烈不滿。

右司諫賈易、左正言朱光庭首先發難，彈劾蘇軾在為呂惠卿、呂大防等人制誥詞時蓄意謗訕先帝。從此，蘇軾在京中不得安寧了。他的辮子實在太多，隨隨便便就可以被人抓住。

在這種情況下，蘇軾只能進行辯解，而不能對賈、朱進行反擊，因為彈劾大臣的過失是言官的職責。但蘇軾也有追隨者。殿中侍御史呂陶指責賈易、朱光庭假借事權，以報私怨。另一位左司諫王覿之也認為蘇軾選詰詞雖然不免失輕失重，但卻是無法避免的，如果對中書舍人、知制誥所寫的命辭逐一考究，那誰還敢代皇帝起草文字？

呂陶的指責可說是切中要害，王覿的辯護也符合實情，但賈易等人卻非善者，立即反駁，說呂陶和蘇軾兄弟都是四川人，故此黨同伐異。

賈易的反攻提出了一個極其敏感的問題，即朋黨問題。慶曆時期曾因此鬧得不可收拾，致使范仲淹、歐陽修等人辭官離京。賈易如今又提了出來，呂陶自然不能坐以待斃。你說我依附蘇軾兄弟為「蜀黨」，我便攻你追隨程頤為「洛黨」。

其實，很多事情是不能公開挑明的，一經挑明，潛意識備便成了有意識，壁壘霎時間便分明了。於是有了洛黨、蜀黨、朔黨之說。

洛黨以程頤為首，朱光庭、賈易為輔；蜀黨以蘇軾兄弟為首，呂陶等人為輔；朔黨以劉摯、梁燾、王岩叟、劉安世為首，追隨者甚眾。三派勢力各不相讓，而爭執的盡是雞毛蒜皮的小事，根本無原則可談。熙寧、元豐時期用事而被貶謫的蔡確、章惇、鄧潤甫眾人則乘機散布謠言。一時間紛紛擾擾，不惟太皇太后和小皇帝覺得心煩意厭，蘇軾自己也十分苦惱。既然黨爭已成，想抽身撤步已經不容易了。

當時沒有捲入黨爭的大臣，只有老邁的呂公著、戆直的呂大防，以及范仲淹的兒子范純仁、司馬光的學生范祖禹等。御史中丞胡宗愈替太皇太后出主意，要想分清洛、蜀、朔諸黨的是非曲直是徒勞的，唯一的辦法是選擇中立之士而用之，黨禍也就自然平息了。

這種和稀泥的辦法得到太皇太后的讚賞，於是呂大防和范純仁分別做了尚書左、右僕射，孫固和劉摯為門下侍郎和中書侍郎，王存和胡宗愈做了尚書左右丞，范祖禹則為諫議大夫。但這種安排絲毫解決不了黨爭。呂大防既以「無黨」自詡，便處處防人有黨。最後范純仁也被攻擊為蔡確之黨而罷相，連蔡確、章惇都感到意外和可笑。

蘇轍倒真是有蘇秦、張儀的遺風，對這種黨爭糾紛處之泰然、游刃有餘。他緊緊抓住呂大防，元祐五年七月為御史中丞，六年二月為尚書右丞，元祐七年六月又做了中書侍郎。但元祐八年向尚書左僕射進軍時受挫，太皇太后念念不忘的仍是范純仁。

蘇軾卻不然。他雖然處處得罪人，卻從來不去算計人；雖然時時戲弄人，卻從未打算和誰結怨；雖然有一批崇拜者和追隨者，卻都是一些和他一樣喜歡自由自在舞文弄墨的文士，全無拉幫結派、黨同伐異的念頭。以這種性格夾在黨爭之中，別人還不依不饒地將他當蜀黨領袖往死裏整，這日子如何過得下去。

在這前後，洛黨首領程頤及賈易、朱光庭，朔黨首領梁燾、劉安世、劉摯、王岩叟等已先後被擠出京師，出補外州。作為一種力量對比，蜀黨頭面人物也應受到一些挫折。在這種背景之下，加上蘇軾對京師的生活也早已厭倦，於是不斷上疏要求外補。

太皇太后顯然對蘇軾仍有好感，而且時時懲治那些吹毛求疵的言官。但蘇軾不去，言官的攻擊便沒完沒了，終不能為了一個蘇軾而將議事者貶謫殆盡。

元祐四年三月，太皇太后批准了蘇軾的請求，讓他以龍圖閣學士的身分，去杭州做太守。他終於可以離開京師這個是非之地了。

第七章

再請江南行

急民所需

元祐四年（一〇八九）初夏，蘇軾一家上路了。感激太皇太后的恩澤，讓他再一次去那人間天堂的杭州。

杭州的山、杭州的水，都曾令他流連忘返；而杭州的人，更令他沒齒不忘。十五年了，杭州的山可曾更青了？水可曾更綠了？西湖可曾更美了？在徐州時就收到消息，張先老先生已經去世。細說起來，他還是自己寫詞的啟蒙老師呢！回杭州後得去他老人家墳上看看。大和尚佛印許多年都沒見到，他還是那樣耐得住清靜、不近女色嗎？這次見面，得再試他一試。還有莫干山的那位勢利老僧，不知健在否，得暇去他的禪房坐坐，看他是否又有好茶；上次那副對聯太給人過不去，如果他性情改了，另寫一副。

尤其是杭州的百姓，在他因烏台詩案下獄時，自發地做了幾個月的齋場，祈禱佛祖保佑蘇大人無災無禍，早日得脫牢獄。他在湖州被捕後，家人又在途中遭官衙搜檢，夫人王閏之一怒之下，盡焚文稿，但他的《超然》、《黃樓》二集，卻在杭州得以刻版印行。多好的百姓！其實，何處的百姓又不好？鳳翔、在密州、在徐州、在黃州，他都和鄰里相處得如親戚一般。鳳翔百姓的樸實，徐、密百姓的豪爽，黃州百姓的熱情，都是同樣可敬可愛。

當然，杭州為東南大都會，兩浙為富庶繁華之地，人文薈萃，販夫走卒均通文義，自然對他更多一些理解。這次回杭，與前次不同，身為龍圖閣學士充浙西路兵馬鈐轄士知杭州軍州事，這權力可是不小，得多替杭州和浙西百姓辦些事情。

等到了杭州，蘇軾驚呆了。這哪裡是十五年前的杭州？他在途中的時候，就知道杭州百姓正在經受旱災的煎熬。但沒想到災情如此嚴重，糧食歉收，物價猛漲。蘇軾七月份到杭州時，米價每斗六十錢；到十一月，一斗米已賣到九十五錢。大旱之後必是大澇，這是蘇軾在實踐中得出的經驗。因此，到杭州的第一件事便是心急火燎地救災防災。

熙寧八年（一〇七五年），也就是蘇軾離開杭州為密州太守的第二年，杭州也鬧過一次災荒。由於地方官救災不力，居民死了大半。十多年過去了，杭州的元氣尚未恢復過來，災荒便又一次襲來。

杭州百姓在猶豫，在徘徊！他們和河南、安徽的百姓不一樣，遇上災荒，並不大規模逃荒流亡。但眼看就得挨餓了，是坐以待斃，還是死裡逃生。就在這時，蘇軾來了，這次可不是通判杭州，而是做杭州的太守。百姓們奔走相告，把求生的希望寄托在蘇太守身上了。

那年頭靠天吃飯，遇上大旱大澇，只有坐等政府的救濟。中國歷代政府均為救災問題困擾。救災的辦法不外是各方籌糧籌款，或平時注意儲備，建立常平倉；一旦有事，開倉放糧，或急時以出賣官爵及僧道度牒來籌集錢糧、吸取社會資金。

當然，用得最多的是等老百姓草根樹皮都吃盡，瘟疫流行、餓殍遍野時，支起幾隻大鍋，架起幾座大棚，熬一些稀粥來持續尚存者的生命。

即便在這個時候，貪官污吏們也不會放過發財的機會，朝廷撥下十萬石救濟糧，能有十之二、三施放給飢民就算不錯了，十之七、八早被上上下下瓜分完畢。

蘇軾向來反對這種消極的賑災辦法，他的指導原則是救災不如防災。根據這個指導原則，蘇軾不斷向朝廷上表，要求將部分即將運往北方的漕糧存留，以防不虞。

他和朝廷算帳：熙寧八年的大旱之後，地方官無動於衷，坐等飢荒到來，結果儘管朝廷撥了一百二十五萬石糧食，設粥棚救災，還是死了五十萬人。這次的旱災比熙寧八年還要嚴重，但他只要求留下二十萬石漕糧，僅上次的六分之一，還可以省去一來一往的運費。

蘇軾在地方處理這類事情比在京師和同僚們打交道要精明得多。他估計，熙寧八年朝廷撥來救災的一百二十五萬石糧食，用於賑災的充其量不過二十五萬石。而他要求得到的二十萬石糧食卻並不用來施粥，而是用來調整糧價。

杭州一帶的百姓素來較富，遇上災荒，缺的只是糧食而不是現金，糧商則屯積牟利。熙寧八年的情況是，糧商的糧價越提越高，百姓手中的現金越來越不值錢。等到糧商的糧庫空了，百姓手上的錢也光了，到處餓死人，政府這才運來救濟糧，實際上也給官吏們送來了橫財。當然，這個細節在表狀中不好說，一抖露出來，不僅革除不了積弊，還徒招眾怨。

經過反覆陳詞，朝廷終於答應留下二十萬石漕糧，由蘇軾支配。蘇軾得到這些糧食後，投入市場。不到兩個月，杭州的米價就由每斗九十五錢下降到七十五錢，接近蘇軾剛到杭州時的水平。百姓用這個不算太高的價格從政府和糧商手中買到了備荒的糧食，政府也回收了十多萬貫糧錢，官民兩利。當然，蘇軾的這番舉措斷了官員們的生財之道，難免又結怨了。但只要能使百姓免受飢荒，其他均在所不計。

元祐四年冬、五年春的災荒期終於過去了，浙西平原的農民整理好土地，種上了稻穀，春種夏耨，莊稼長勢喜人，看來元祐六年有個好收成。但蘇軾心中總是忐忑不安！大澇之後大旱，大旱來年大澇，這個規律在他的實驗中反覆得到證實，今年是否會例外？他希望老天不要和百姓，也不要和他蘇軾為難。

但希望歸希望，天要下雨娘要嫁，誰也管不了。元祐五年（一〇九〇年）五月、六月，由颱風帶來的大暴雨襲擊了整個浙西路，杭州、湖州、蘇州、常州、秀州，到處一片汪洋。已在揚花的稻穀先是被暴雨摧殘，接著又遭洪水沖刷。農民的心碎了，蘇軾的心也碎了。百姓在看太守，太守只得又求助於朝廷。

元祐五年七月十五日，蘇軾向朝廷發出了《奏浙西災傷狀》（第一狀）。在這份表狀中，蘇軾首先比較了熙寧八年和元祐四年的旱情和救災情況，反覆陳述「事豫則立，不豫則廢」的道理。接著詳陳今年（元祐五年）浙西的水災情況。他估計，今年的災情將重於去年，就像一個人初次得病，尚未痊癒，又舊病復發，病情必定加重。

然而，令人憂慮的不僅僅在天災，還在人禍。這是蘇軾反覆體會到的。

宋朝的地方官制是在防範割據的指導思想下設計的。

宋太祖曾向趙普問計：「天下自唐末以來，僭竊相踵，鬥戰不息。如今天下一統，欲息兵止爭，統國家長治久安，該採用什麼辦法？」

趙普認為唐末天下大亂，主要是因為節鎮太重。他提出了限制地方的十二字經：「稍奪其權，制其錢穀，收其精兵。」因而以文官為知州，以通判制知州。又分全國為十道，後改為十五路，二十三路，每路設轉運使以制錢穀，設提點刑獄以制刑名。經過這番設計，所謂知州或太守的權力，便非常有限了。

蘇軾在《奏浙西災傷狀》（第一狀）中提到了兩個顧慮：一、他準備在這個秋冬之間，不惜高價，各方購米，以充實常平倉，備來年壓價賣出，即平抑糧價，又解民飢荒。但兩浙路轉運司每年有一百五十萬石的上供定額，百姓的死活他們可以不管，上供定額則一定得完成，那關係到他們的前程。如果轉運司和州縣衙門都爭著買米，浙西因水災已經減產，那麼糧價一定更高，糧荒也更加嚴重。二、這年春夏之交，曾風調雨順，轉運司、提刑司都向朝廷報告說秋季豐收在望，全不顧五、六月連下暴雨，致使朝廷認為毋須防災。

出於這種顧慮，蘇軾在這份報告之後「貼黃」，即向太后密奏，請求將轉運司上供的定額減少一半。同時提出，如果哪些官員或哪個衙門認為沒有必要準備救災糧米，那麼朝廷應讓他具結文書，一旦發生糧荒，造成流亡，得承擔責任。

這份報告才送出幾天，暴雨又開始下了。從七月二十一日一直下到二十四日。蘇軾望著黑沉沉的夜空，聽著一陣接一陣的雨聲，心急如焚。

他怕朝廷對他的表狀不予重視，七月二十五日又發出《奏浙西災傷第二狀》，再次強調災情的嚴重，重申第一狀的要求。

第二狀送出之後一個月，朝廷對第一狀的批文到了。正如蘇軾所擔心的那樣，掌權者們寧可相信轉運司的報喜，而不願相信蘇軾的報憂。

說來也是，作為日理萬機的宰相們，哪天不會見到有關災傷的報告。如果一有災傷便發糧，一年該發多少糧？這糧又從何處而來？地方有地方的難處，可中央也有中央的困難。客觀地說，浙西災情的嚴重，又怎比得上河南、山東？蘇軾的呼籲，自然成了典型的地方保護主義和個人風頭主義。

蘇軾在京時雖然得罪了河南幫、河北幫，但這時主持政府工作的卻是無朋無黨的呂大防和忠貞能幹的范純仁，蘇轍也在京師為御史中丞，不能說大家都在為難蘇軾。

蘇軾顯然沒有考慮這一層，連月的大雨，使他無暇他顧，一心一意只是想多從朝廷得到一些優惠政策，解決轄區內居民的生活。於是他接二連三地向戶部陳述理由，因為戶部是具體的經管衙門。《申明戶部符節略賑濟狀》、《相度準備賑濟》第一狀、第二狀、第三狀、第四狀，信使連續派往京師。

從宋朝開國以來，還沒有哪位官員像蘇軾這樣，不折不撓地向朝廷替民請命。但是，儘管杭州百姓感激他這樣做，轉運司、戶部及宰相們則覺得他是在胡攪蠻纏，不顧大局；或者說，是在倚仗太皇太后的垂青和自己的名氣與主管部門過不去。尤其是每份報告都要求主管部門立保證書，保證來年杭州不發生糧荒，否則，你就得發糧，或對由此產生的後果負責。作為地方官，哪有這樣給中央寫報告的？也只有蘇軾，換了旁人敢這樣胡鬧嗎？

朝廷大概被他搞煩了，加上任期也到了，元祐六年三月，一道詔書下來，將他調回京師為翰林學士。剛剛開始與杭州百姓共患難，又得離去。雖然這年春夏之交仍有不少人餓死，但杭州百姓仍然感謝蘇軾。他盡了自己的努力，做了自己所能做的一切。

治病救人

蘇軾任杭州太守的兩年，水旱相繼，疫病流行；加上杭州又是東南都會、人間天堂，遊客匯集、商賈往來，疾病的傳播更加厲害。

當年醫療保健等公益事業極其落後，皇家自有太醫院，民間卻全靠私人行醫，規模小，郎中少，一到瘟疫流行，往往是束手待斃。東漢末年，張角靠著行醫治病，竟然搞起了一個太平道，信徒上百萬，和東漢政權分庭抗禮，可見郎中作用的巨大。故中國向來有「不作宰相，便作郎中」的民諺。宰相治的是天下，郎中治的也是天下，不同的僅是方式而已。但是，正如宰相多有庸才、多有宰割百姓的屠夫，郎中也多有庸醫、多有坑害病人的蠹夫。瘟疫流行，往往是這些庸醫、蠹夫發財的機會。

蘇軾在黃州時就見過這類庸醫、蠹夫。那年黃州疫病流行，有個名叫金擇善的判官，自稱懂得醫術，要治病救人，便開了一個藥鋪，配了些成藥，但價錢卻高得嚇人。有錢人怕病，咬著牙用高價買金擇善的藥。當然，有人吃過藥病好了，但也傾家蕩產了；有人吃過藥，仍是死了。窮人買不起藥，只得挺著。金擇善便玩了個花樣，買不起藥的可以賒藥，月息一釐。利率倒是很低，但原價卻是不變。通過這種辦法，金擇善發了一筆大財。

那時蘇軾剛好也得到一個方子，是老友巢谷傳給他的，叫「聖散子」。「聖散子」由高良薑、厚朴、半夏、甘草、草豆蔻、木豬聆、柴胡、石菖蒲、獨活、附子、麻黃、苗本、芍藥、枳殼、澤瀉、白銜、細辛、防風、藿香、茯苓等二十種藥按一定比例配製而成，極具功效，既可防病，又可治多種疾病；成本也不高，一兩銀子的藥材可配成藥一千副。巢谷將此方視為至寶，連兒子也捨不得傳授，但經不起蘇軾死纏硬磨，將方子傳給了他。但巢谷讓蘇軾對著江水發誓，絕不傳給他人。

當時，蘇軾是在黃州「監管」，正「痛自節儉」，只得將夫人王閏之的首飾變賣，得了九兩銀子，購進藥材，配製了第一批「聖散子」，借朋友「百草堂」藥鋪的鋪面免費給藥。這「聖散子」確實靈驗，病人服下三劑即可痊癒。消息一傳開，來「百草堂」求藥的病人成百上千，金擇善的藥鋪頓時冷落下去。蘇軾的本意並不是要阻止金擇善發財，而是出於同情心向病人散藥，卻因此而得罪了金判官。

在蘇軾的一生中，這類事情幾乎從未斷絕。每當他憑著本意辦件好事，總是要得罪一批人，這也是不合時宜。像蘇軾給藥不收錢，別人的藥鋪還要不要開？像蘇軾接而連三打報告向朝廷要錢要糧，表示愛護百姓，那別人當官就不愛護百姓了？但蘇軾對此全不介意。

這次杭州又流行疾病，蘇軾開始的時候遵循對巢谷的誓言，只是架起大鍋，煎煮「聖散子」，不問男女老少，來者便是一大碗。但杭州人口比黃州多得多，疾病傳播的範圍也更大、勢頭更猛，任你架多少口大鍋，也滿足不了病人的需要。

蘇軾看著每天川流不息的病人，將牙一咬：「巢谷兄，救病如救火，顧不得什麼誓約了。如果你不原諒，那就讓我餵魚去吧！」蘇軾命人將「聖散子」的藥方寫成榜文，四處張貼，讓所有見到藥方的人自行配藥。「聖散子」從此流傳開去，成了大眾藥方。

蘇軾雖然違背了誓言，杭州的百姓卻由此免於劫難。後來蘇軾並未葬身水底，看來老友巢谷是諒解了他。

一場流行病是過去了，可人有旦夕禍福，得病是極其正常的，治病也該有正常的規則，政府不能把治病救人的責任全推給民間醫生，應該既治民也治病。

蘇軾的作風是說幹就幹，他從政府的辦公費用中撥出兩千緡錢，自己也捐出黃金五十兩，辦了個「安樂坊」，請懂醫術的道士在安樂坊坐診，專替一般群眾看病。據說，這是中國歷史上第一所官辦的「人民醫院」。後來，安樂坊搬到西湖邊，改名「安濟坊」。

蘇軾離任後，安濟坊繼續為患者看病。不過既然是官辦，就得看官府的重視程度，經營管理、經費來源也是問題。蘇軾在，他可以捐資，他一走，換個官員則想發財，安濟坊自然也無法長久。但蘇軾的精神卻長久留給了杭州。

同時留給杭州的，不但有他的精神財富，還有那座迄今仍為遊人服務的蘇堤及西湖周邊諸多景區。

整治西湖

杭州為人間天堂，在於有西湖。十多年前通判杭州，蘇軾就為西湖傾倒，致有「欲把西湖比西子，淡妝濃抹總相宜」的絕句。這次再赴杭州，很大程度就是衝著西湖來的。如果沒有西湖，哪裡會有杭州？

可到了杭州，看了西湖，蘇軾的心沉下來了。

旱災固使杭州百姓面臨災荒的威脅，長年的失修也使西湖面臨淤塞的危險。上次通判杭州，西湖已淤塞了十分之二、三，這次一看，淤塞過半。按照這個速度，再過二、三十年，西湖就不復存在了。另外，杭州的河道和飲用水也出現了新問題。上次他只是知州的副手，很多事情不好越俎代庖，這次不僅是一把手，而且深得太皇太后的信任，得利用這個條件，一攬子解決杭州的水資源，無論是河水、湖水，還是飲用水。

經過幾個月的調查，蘇軾開始行動了。

首先是疏浚河道。當時有兩條南北運河貫通杭州市區，一條叫茅山河，另一條是鹽橋河，是溝通京杭大運河與錢塘江的重要水道。

五代時吳越王錢氏曾組織軍民在茅山河口築龍山、浙江二閘，以容納錢塘潮水，阻止汙泥進入河道。又建有清水閘，控制西湖水，對鹽橋河進行調節。

五代時杭州是吳越的都城，可以集中大批人力、物力來治理水道。入宋之後，全國的財力都收歸中央，用於地方公益事業的微乎其微。

真宗天禧年間，王欽若知杭州，為了船隻往來方便，毀壞河閘，加上西湖久未疏浚，日漸淤塞，茅山河和鹽橋河水源不得不取於錢塘江潮，於是河床淤泥越來越多。暴雨一來，水流不暢，民居盡遭水淹。蘇軾為杭州通判時曾疏浚過一次，但也只能有三、五年的功效。

經與精通水利的杭州稅務官蘇堅商議，蘇軾制定了「先疏河，後浚湖」的方案。他利用「鈐轄」浙西路兵馬的便利，經朝廷批准，調集了一千多名地方駐軍（廂軍），於元祐四年十月，即上任後的三個月，開始疏河。

這次工程進行得相當順利，也較為徹底。到第二年四月竣工時，茅山、鹽橋二河河床加深了八尺，兩河南邊的交匯處建了河閘。江潮來時，將河閘關閉，潮水順著茅山河北出天宗門，等一兩個時辰之後，潮平水清，再開閘將水注入鹽橋河。採用這種辦法，可使茅山河長年得到錢塘江水的補充，不會乾涸。而且，即使有淤泥沉積，也只是從錢塘江入口處開始的十多里。這十幾里河道經過的地區，入戶稀少，開挖比較方便，進入市區的便是清澈的江水了。至於鹽橋河，開挖時有意較茅山河深四尺，且待江水澄清後開閘，故水質既好，河流也不會缺水。困擾了杭州近百年的河道問題算是解決了。

十多年前，蘇軾曾協助知州陳述古整治六井，但那次只是以竹管引水，極易破裂損壞，所以井水價錢達二文錢一斗，一般百姓只得飲用從錢塘江注入運河的鹹水。

蘇軾找到了上次參與治井的子珪和尚。子珪此時已年過古稀，但仍是熱心腸。他提出以瓦筒代替竹筒，底部用石槽托住瓦筒，上面再加上石蓋，底蓋堅固，永不損壞。雖然投資較大，但能一勞永逸，所以蘇軾採納了他的建議，用這種辦法將六井溝通，連接西湖，引進湖水。同時，又開鑿了包括四條水道、兩座堤堰在內的供水系統，使西湖甘水遍貽全城。

疏浚六井的工程還在進行，蘇軾便開始整治西湖了。

西湖對於杭州，不僅有遊觀之美，更重要的是有關民生。杭州的運河靠西湖水補充；杭州的民田靠西湖水灌溉；杭州居民的飲用水也取之於西湖。要整治西湖，最大的問題有兩個，一是經費，這是當務之急；二是雜草，這是長久之計。

根據蘇軾和助手們的勘查估算，開挖西湖得用工二十萬個，所需經費為二萬貫。這個數目對國家來說很小，對地方財政來說則難以負擔。通過向政府要求救濟錢糧賑濟災民，蘇軾結餘了大概一萬石糧食，約合一萬貫，還差一萬貫。為了這一萬貫，蘇軾又上疏朝廷，請求發給他一百道僧道度牒。當時度牒由政府控制發賣，每道一百五十貫，為一大財政來源。杭州去年旱災，有不少災民靠政府救濟過活，如果以工代賑，可一舉兩得。經過反覆交涉，由於有太皇太后的支持，蘇軾終於爭取到了經費，使工程得以順利進行。

錢塘縣尉許敦仁則替蘇軾出了個極好的主意。他認為，由於西湖水淺，所以水草極易繁殖。開挖除草後不到兩年，又長了起來，所以是個難辦的事情。他長期生活在江南，見水鄉百姓在淺湖種菱，每年春天芟除雜物，寸草不留，然後下種。凡是種菱的地方，雜草便不易生長。何況春種秋收，每年都要清理湖面。如果在西湖開挖之後，將沿湖水淺處租給農民，既可為他們增加一條生路，又可課稅，尤其是西湖可無淤塞之狀。

這實在是個好辦法，蘇軾當即將它寫進了西湖的開挖報告。

經過半年的整治，西湖變樣了。原來被水草污泥淤塞的一半湖面全部開挖，寸草不留，湖面頓覺開闊得多了。而挖出的雜草污泥，則在湖的西側築成一條長約六公里的大堤，將西湖分成外湖和裏湖兩大部分，堤上有映波、鎖瀾、望山、壓堤、東浦、跨虹六座石拱橋，古樸美觀，又使內外湖相通。堤旁遍種花木，堤上另建九座亭閣。

人們為了紀念蘇軾，將這道大堤稱為「蘇堤」，與當年白居易在這裏修築的「白堤」一道，將整個西湖分劃成外湖、裏湖、岳湖、西裏湖、小南湖五個部分，更具有遊覽價值。而蘇堤一到春季，桃紅柳綠，漫步堤上，看西湖在曉霧中初醒，春風駘蕩，水波微漾，細柳如茵，粉桃如霞，好鳥和鳴，景致醉人。

這「蘇堤春曉」從此成了西湖的第一大去處。如今，仍排名於平湖秋月、花港觀、柳浪聞營、雙峰插雲、三潭印月、雷峰夕照、南屏晚鐘、曲院風荷、斷橋殘雪之前，為西湖十景之首。

通過這番整治，不但西湖變了樣，而且為後人留下了疏浚、管理西湖和解決杭州用水問題的經驗，蘇軾也給自己立下了又一塊豐碑。

但蘇軾無論如何也沒想到他在杭州的這番作為，竟然也為趙家子孫準備好了一個可以避處半壁江山，醉生夢死、苟且偷安的大好去處。很難設想，杭州和西湖如果沒有蘇軾這兩年的徹底改造，二十年後會是什麼樣子，趙構是否會看中這個地方作為他的都城。蘇軾在南宋被加上「文忠公」的謚號和「太師」的官銜，獲得了文臣的最多頭銜，不能說與他在杭州的作為、尤其是整治西湖的功績無關。

與民同樂

蘇軾不是那種只知道埋頭苦幹的老黃牛，也不是自我約束的苦行僧，他是能夠將一切腐朽化作神奇、將一切勞苦化作歡樂，以樂觀、瀟灑的態度面對人生的超人。儘管為杭州太守的兩年是在工程的繁忙、災荒的憂慮中度過的，但他那豁達、開朗、幽默、隨遇而安的性格絲毫沒有改變；相反，比起優閑、清靜却充滿矛盾的京師生活，蘇軾覺得在杭州更自在、更輕鬆，這裏的百姓都是他的朋友。

運河疏通了，飲水解決了，西湖得到了整治，病人得到了醫治，飢民得到了賑濟，人們都感謝蘇太守。蘇堤上建起了蘇軾的生祠，民戶家裡開始供著蘇軾的畫像。春節到了，不少百姓抬著美酒、肥豬來犒勞太守。

建生祠他堅決反對。倒不是怕政敵以此為藉口進行攻擊，而是不願受人拜祭。身為地方官，為地方辦事、為百姓解憂本是分內之事，唯恐做得不夠，哪能讓百姓將自己當作神靈供奉起來呢？

蘇軾在杭州時可讓人制止百姓拜祭，他一離開，生祠香火便盛了起來。通過這種方式，一方面是杭州百姓寄托對離任太守的感謝之情，另一方面也是對接任太守施加精神影響。哲宗親政後，新黨得勢，打擊元祐眾臣，蘇堤上的蘇公祠也被強行拆除，但蘇堤却無法搗毀。當然，即使毀了蘇堤，也毀不了蘇軾在杭州人民心中的豐碑。

對於畫像，蘇軾倒覺得很有意思。雖然王安石變法時強了思想控制，但人物畫像仍如今日的明星彩照一般，深入家庭。杭州百姓懸掛自己的畫像，那是件值得高興的事，是將自己當作朋友乃至家人。

使蘇軾感到為難的是春節時百姓送的年貨。對朋友之間的饋贈，蘇軾是來者不拒，且禮尚往來。但百姓辛苦一年，好不容易釀了壜酒、宰了頭豬，也給自己送來，受之有愧，却之不恭，那該怎麼辦？蘇軾靈機一動，也搞個禮尚往來，受之於民，施之於民。

他將家人動員起來，將官府人員組織起來，親自傳授方法，把豬殺了，把肉切成大方塊，架起大鍋，將洗淨的肉塊文火煮成八分熟，打撈起來晾乾，然後在油鍋中炸黃，加上蔥、薑、鹽、糖，再用文火燉半個時辰。還未揭蓋，濃濃的香味就散發開來。

蘇軾命人將這些紅酥酥、香噴噴、油淋淋的塊肉按浚湖民工的名冊分發後，每人一塊，作為太守給民工們的過年禮物。

這一下整個杭州城沸騰起來了。從古到今，只有做官的盤剝朘削百姓，哪有父母官慰勞百姓的？杭州百姓平地裏多出一道年菜，他們稱道蘇太守送的肉味道好，感激蘇太守既急民所急，又與民同樂。

這種肉本是蘇軾在黃州時，根據當地的風俗，別具所心做出來接待客人的。這次在杭州用來慰勞民工，從此在杭州落了戶。人們把這種肉叫「東坡肉」，家家戶戶過年都要做。杭州的菜館也搞「名人效應」，按照蘇軾的做法加以改進，配以更多更精的佐料，推出新菜「東坡肉」。來往的客商、遊子到杭州，嚮往蘇軾的名氣，漫步蘇堤、蕩漾西湖，然後找家好菜館，一邊欣賞西湖的夜色，一邊喝著「東坡酒」，吃著「東坡肉」，吟著東坡詞。這種消遣，別處是享受不到的。

蘇軾留給杭州的，又豈止是一個更加美貌迷人的西湖、幾條清澈見底的河道。

化朽為奇

宋朝知州任期只有兩年，像治水浚湖這種大規模建設工程完全可以閉隻眼閉隻眼，朝廷也不希望地方官都去搞地方工程，否則，京師汴梁的工程向何處攤錢？地方官的責任只是讓老百姓遵守國家法度，按時納糧服役，不鬧事、不遷徙、不給中央添麻煩，如此而已。因此，地方官的主要事務在於徵稅判案。而在這方面，蘇軾也有自己的理解和做法。對國家的要求來說往往是不合時宜，但對於百姓來說，却又是排憂解難，化腐朽為神奇。

就是蘇軾到杭州就任的那年秋天，稅務官抓來了一個犯人，說此人欺詐偷稅，人贓俱在，請蘇軾發落。蘇軾身為知府，理刑斷獄乃是常職。

待人犯和贓物送至公堂，蘇軾有些納悶。但見此人五十多歲年紀，穿著打扮極其樸素，抬頭舉目全無商人氣習，倒像個鄉村學究。再看贓物，是兩大包行李，據說都是麻紗。行李包上寫著收件人及發件人的官銜姓名：「京師竹竿巷蘇侍郎收」、「翰林學士知制誥蘇軾寄」。確實是樁欺詐偷稅案，而且假冒蘇軾兄弟的名義進行偷稅。

蘇軾見狀，心中甚是不快。他沈下臉問那人犯：「你是何人？因何用本官的名義幹這不法勾當？」

那人跪在堂下，聽蘇軾發問，再一看那部人人傳聞的大鬍子，才知道這位堂上官竟是大名鼎鼎的東坡學士，連連磕頭稱罪。然後抬起頭來，一五一十地說明原委。

原來此人名叫吳味道，是南劍州（今福建南平）人，這年秋天中了福建鄉薦進士，得進京參加明年的省試。因家中貧困，沒有川資路費，鄉鄰們東拼西湊，購買了兩百匹當地土產建陽紗，讓吳味道帶著一路變賣作盤纏。

吳味道私下盤算，這二百匹紗從福建帶往汴京，沿途抽稅，一半也剩不了。他素聞蘇軾兄弟的大名，又知官場風氣，於是盜用他們的名銜，以便逃稅。萬一被查獲，蘇式兄弟恐怕也不會見怪。

這個辦法還真見效，吳味道出閩入浙，經過江南東路的信州，兩浙路的衢州、睦州，二蘇的名頭誰不景仰，果然一路放行，無人收稅。但沒想到蘇軾已經出任杭州了，杭州的稅務官辦事又特別認真，吳味道一頭撞到刀口上。

聽完吳味道的敘述，蘇軾不禁哈哈大笑。他既讚賞吳味道的這番計較，也同情他的困難，更為鄉鄰們的解囊相助所感動，決定幫吳味道一把。於是他命人揭去紗卷的舊封，親筆寫上蘇轍的地址、官銜的名字，又寫上自己的新官銜，並附上一則短箋，囑吳味道到京後交給蘇轍，讓蘇轍予以關照。

吳味道做夢也沒想到有這樣好的結局，竟然激動得說不出話來。

蘇軾拍拍吳味道的肩膀，笑著說：「你這次就是帶上天去也沒關係。只是有好消息可別忘了告訴我。」

吳味道千恩萬謝辭別蘇軾，赴京應試。第二年果然考中進士，專程到杭州來感謝蘇軾。

對讀書人是這樣，對商人也同樣。

有位專賣綢扇的小商人因欠錢不還，被告到官府。蘇軾看原告是個綢緞商，雖說穿得花團錦繡，卻面目良善，不像是欺行霸市之輩。原告說被告一年前從他那裡　去一批綾絹，值二萬錢，說好三個月後還清，可過了一年，仍是分文不還。他表示，一年來水旱相繼，生意很不好做，他也不指望被告還利息，只需償還本金就行了。

蘇軾見原告說得在理，便讓被告說明原委。被告是個年青人，滿臉愁容。他承認原告所說均為事實，賒來的綾絹全做了團扇，但遇上水災，天氣涼快，扇子賣不出去；加上父親病故，積蓄全花光了，連吃飯也是有一頓無一頓，實在湊不出錢還債。

欠債還錢，本是天經地義之事，但蘇軾同情扇商的遭遇，不願定他的罪；而絹商也事出無奈，如果欠錢都不還，生意還怎麼個做法？

蘇軾有些為難了。他猛一抬頭，看見公堂上掛著一幅自己的手跡「廉明公正」，不覺眼前一亮。他問原告：「你靠賣團扇謀生？扇子做得可好？」

年輕人見太守沒頭沒腦問起他的扇子，有些迷惑不解，吞吞吐吐回答說，他家做團扇是祖傳工藝，在杭州頗有名氣，只因夏季遇雨，父親又去世，錯過了季節，扇子才賣不出去。

蘇軾聞言，點了點頭，對年輕人說：「你去取二十把最好的團扇，我替你還債。」

年輕人一聽，更是驚訝莫名。他趕忙回家，抱來了一大抱扇子。

蘇軾隨手拿了一把，反覆觀看，不由得暗自讚嘆。這團扇竹細絹薄，選料講究，做工精細，造型典雅，無半分匠氣，竟是上等佳品。

觀摩多時，蘇軾提起案上判官筆，在團扇上塗塗抹抹，或描數株枯樹修竹，或畫幾堆怪山奇石，或題幾句詩文聯對，每柄扇都題上自己的字號。堪堪二十把，蘇軾將判官筆一架，對年輕人說：「此扇一千錢一柄，你拿去還債吧！」

堂下的原告、被告都吃了一驚，繼而恍然大悟。蘇大人詩文書畫名揚天下，扇子固然值不了多少錢，但有他的真跡在上面，便成傳世之寶了，一千錢一柄，上哪裡去買！

扇商領過扇子出了知州衙門，片刻工夫就渾身是汗地跑了進來，跪倒在地，不住磕頭，連話也說不出來。

蘇軾見他這般神情，甚是好笑，問道：「扇子可曾賣出？」

年輕的扇商喘了半天氣，才一邊擦汗一邊說：「可了不得！小人剛到街市，扇子就被一搶而空。」

蘇軾頗感意外：「哦！那一文錢也沒有收到嗎？」

「不是！人們一聽這扇上有大人題詩作畫，便搶著要買，一千錢一把，分文不少。」

「哦！是這樣。」蘇軾總算聽懂了。

一場借貸糾紛經蘇軾的塗塗抹抹，以喜劇方式結束了。絹商得到了欠款，扇商不僅還了債，還有不少剩餘的扇子可用來解決日後的生活。

有人說，在中國歷史上，有多少詩人，就有多少歌妓，詩人的靈感是由歌妓們促發的，詩人的新作是歌妓傳播的。這種說法並不盡然。李白的詩是從美酒中來的；君不聞，李白斗酒詩百篇。杜甫的是從憂慮中來的；君不聞，杜甫不眠憂戰伐，長恨無力正乾坤。但優閑自在的宋代士大夫卻真是離不開歌妓，無論是來自煙花巷中的柳永，還是公認為文壇泰斗的歐陽修，以及大江東去、氣吞長虹的蘇軾，無論他們足跡到何處，總是有歌妓相陪。如果說有例外，恐怕只有兩個，一是司馬光，一是王安石。

但是，歌妓成全了詩人，詩人名留千古，歌妓自身卻淪為塵土。蘇軾與眾不同處，是將歌妓視為知己，尊重她們的人格和才華。當時的歌妓也確有不少受過良好的教育和訓練的。對於歌妓們的困難，蘇軾往往也和幫助摯友一樣鼎力相助。在黃州，蘇軾即席題詩，使歌妓李琪名揚一時，留芳後世。在杭州，也有不少歌妓得到蘇軾的關照。

那年頭官府均備有歌妓，屬官戶，專供官員尋歡取樂，沒有人身自由，直至年老色衰，才得脫籍。因此，歌妓的命運一般是非常悲慘的。她們或者出身於樂戶世家，世世代代靠賣藝為生；或者出身官宦世家，因家人犯罪而沒官為奴，因長得漂亮，送入教坊學藝；或者出身書香世家，因遭變故，淪為歌妓。不少人年輕因才貌雙絕，周旋於王公貴族、仕宦富商之間，雖說受人玩弄，看上去仍甚是風光；一旦人老珠黃，便無人理睬；即使脫籍還家，因世俗偏見，也受人冷眼。因此，一般有主見的歌妓都趁著年輕時選個安分郎君，脫籍從良。馮夢龍《三言》中的著名人物杜十娘、莘瑤琴便有相似的遭遇。

蘇軾到杭州後，有兩位歌妓，一位叫鄭容，一位叫高瑩，希望能夠得得太守的幫助，脫籍從良。

這種事情看似很簡單，批准就是，但往往容易引起連反應。批准了一兩個，大家都提出要求，那該怎麼辦？當然，杭州是大去處，青樓歌女多得很，用脫籍歌妓所交的贖身錢買一些便是。

蘇軾並沒有想那麼多，他看了看兩位歌妓，雖說早已不是二八芳齡，卻仍是楚楚動人、風韻天成，不由一陣感慨！此時不網開一面，年華一過，從良也困難了。他提起案頭判官筆，一揮而就，作了一首《減字木蘭花》——

鄭莊好客，
容我尊前時墮幘。
落筆生風，
籍甚聲名獨我公。

高山白早，
瑩骨冰肌那解老？
從此南徐，
良夜清風月滿湖。

寫完之後，交給鄭容、高瑩，卻不提脫籍從良之事。

鄭、高二妓拿著判詞，見是一篇《減字木蘭花》詞，不禁納悶：我們求太守開恩脫籍，他送首詞給我們，這是何故？見這詞頗多喜許之意，並無責怪之語，是否不願讓我們離開官府？正自忐忑，卻聽得蘇軾笑了起來：「鄭容、高瑩，你二人素稱通曉文字，怎麼連判詞都看不懂？」二人本來就聰穎過人，只是身在局中，未曾感悟：蘇軾一句話，提醒夢中人。鄭容、高瑩再一細看，判詞就在每句之首：「鄭容脫籍，高瑩從良。」不由得喜出望外，連忙斂衽，盈盈拜倒，感謝蘇太守的盛情。

還有一位名叫秀蘭的歌妓，因拒絕過書吏的無理要求而被忌恨。

一天下午，蘇軾在杭州萬頃寺設宴款待屬下官吏。有宴便得有歌，輪值歌妓正是秀蘭。這天秀蘭身體不好，吃罷午飯就上床休息，以便積蓄一點精力。沒想到頭一著枕，便昏昏入睡。一覺醒來，已到未時。匆匆梳洗，趕到萬頃寺，參加宴會的官員早已等候多時。秀蘭才藝雙絕，紅極一時，雖然來晚了，大家見她雲鬢鬆挽、笑靨微露，滿臉慚愧之色，均化怒為喜。

蘇軾問道：「秀蘭，今日本官設宴，你怎麼此享才到？」

秀蘭連忙回答：「奴婢賤體有些不適，一覺睡過頭了，故此晚到，令各位大人久候，罪該萬死！」

蘇軾聽罷，點了點頭，尚未開口，幾個書吏便七嘴八舌地指責起來。

蘇軾到杭州不久，不知其中就裡，只覺這歌妓似有幾分委屈，便讓她先唱幾支新曲，給在座客人陪罪。

秀蘭謝過蘇軾，舉目望見寺內幾株石榴，滿樹紅花，便以石榴為歌，即席唱了一曲《詠榴花》。眾官剛要喝采，那幾名書吏卻率先起鬨，說這歌詞全無新意，也虧她唱得出來。秀蘭一急，手足無措，兩行淚水頓時便流了下來。

蘇軾一生見過多少不平之事，這時心中一亮，知道其中必有隱情。他不想當時就拉下臉來，但決意替秀蘭解困。蘇軾站了起來，來回踱著步子。書吏們見太守這番情狀，都停止了起鬨。秀蘭也擦乾眼淚，望著這位名聲遠播的蘇學士。

蘇軾設宴，這紙墨筆硯都是現成準備好的。他踱到案邊，抬頭看看秀蘭，頷首道：「秀蘭姑娘，研墨。」

秀蘭趕忙挽袖研墨；早有人鋪開宣紙。人們都站起身來。蘇軾以詩文書畫領袖海內，誰人不知；但對許多人來說，親眼目睹蘇學士揮毫還是第一次。蘇軾提筆濡墨，筆走金蛇，墨現狂龍。有人朗聲吟誦——

乳燕飛華屋。
悄無人、槐陰轉午，
晚涼新浴。

手弄生綃白團扇，
扇手一時似玉。
漸困倚、笑眠清熟。
簾外誰來推繡戶？
枉教人夢斷瑤台曲。
又卻是，風敲竹。

石榴半吐紅巾蹙，
待浮花浪蕊都盡，
伴君幽獨。
濃艷一枝細看取，
芳心千重似束。
又恐被、西風驚綠。
若待得君來向此，
花前對酒不忍觸。
共粉淚，兩簌簌。

一首《賀新郎》新詞寫就，秀蘭依曲而唱，歌喉婉轉，曲美詞新，滿座皆嘆。

秀蘭唱罷，在眾人的喝采聲中，向蘇軾飄飄萬福。蘇軾轉身向眾吏：「此曲可有新意？」書吏們見秀蘭有太守作主，哪裡還敢放肆？

揚州詩禍

元祐六年（一〇九一年）三月，蘇軾在杭州既將任滿兩年，朝廷的旨意來了，讓他回京，仍任翰林學士承旨知制誥兼侍讀。但朝廷的形勢仍無大的變化。執政大臣還是呂大防、范純仁，台諫仍由洛黨、朔黨把持。既然是這樣，蘇軾覺得實在沒有回京任職的必要。從接到回京的詔書開始，他便接二連三地上疏，要求免去翰林學士承旨的職務，揚、越、陳、蔡四州，去任何一州都行。但朝廷將他的請求一一駁回，催促疾速還朝。

五月份，蘇軾到了京師，十九日，繼續上疏要求出京，並詳細回顧了自己仕途的坎坷經歷：治平時從鳳翔入朝，受知於英宗，即欲大用，但宰相韓琦認為年少資淺，故置於史館，因父喪去職；守制期滿還朝，已是神宗朝，先以諫上元節買燈，得到神宗讚許，面加獎激，後以言新法不便，得罪王安石，被誣陷販賣私鹽，事情雖經澄清，京師卻待不下去，出為杭州通判，轉知密、徐、湖三州；在外任時，每次的賀表謝章，神宗都要稱讚一番；王安石黨人怕他得到重用，由李定、何正臣、舒亶揚造飛語，於是發生烏台冤獄，幸虧神宗眷顧，才免除一死，竄責黃州。及至今上（哲宗）即位，不及一年，便超擢翰林，自思只有知無不言、獨立不倚，才可報答，由此而爭新法，得罪了司馬光的追隨者；又看不慣程頤的奸欺，未嘗假以色詞，故得罪程頤的門人；又因在經筵時與執政就黃河改道問題發生爭執，大失其意；還因阻止王安石配享太廟，挫敗了新黨的陰謀。

由此種種，得罪人太多，故此要求外任。到杭州兩年，才粗免人言。今一旦回京任職，自己脾性不改，弟弟蘇轍又位列副相，必然引起黨人的嫌忌。

蘇軾的辭職，本是誠心誠意，但其中的牢騷和怨氣也顯而易見，即自己並非不願在京城伴君，只是因為直言招怨、樹敵太多，難以立足；另外，兄弟二人，一在內翰，稱內相，一在政府，為外相，極易引起嫌疑。

對於蘇軾的怨氣，他的政敵自然也很清楚；他們還敏感地認為，蘇軾發泄怨氣式的辭呈，其實是在向皇上和太皇太后施加壓力，以鞏固自己的地位。客觀地說，這種認識是有一定道理的；或許蘇軾自己並沒有這樣的目的，但潛意識中不能排除這種因素。

一位學富五車、才高八斗、四海揚名，一位工於心計、辦事執著、老成歷練，兄弟二人內外用事，也確實令人不放心。而二蘇作為政界領袖，也真是最佳搭擋；問題仍然出在蘇軾身上。作為一股政治勢力，蘇轍的算計和執著是不可缺少的，但還得有一位極具威望，能夠斡旋於各派政治力量之間，調和各種矛盾人物；蘇軾本來具有這個條件，但他卻不勝任這個角色。他豪爽而又頗帶尖刻、開朗而又有失檢點的個性，不但無法為蘇轍爭取支持力量，還不斷惹出一些麻煩，是個不設防的堡壘。因此，政敵首先打擊的目標自然是蘇軾。

這次向蘇軾發起攻擊的，一是老對手賈易，一是御史中丞趙君錫。

賈易因攻擊蘇轍泄漏密令貶知廣德軍後，不久召還為台官。剛回京，就開始抓蘇軾的小辮子。蘇軾回京時，賈易當了侍御史，雖然品級只是從六品，地位比蘇軾低得多，卻是御史台的副長官，專門領道御史們上疏彈劾看不順眼的官員，可以說是蘇軾的剋星。

蘇軾回京後，連續呈進封章、箚子，要求外補，而且在箚子中特別說到外補是為了迴避賈易。上箚子是宋朝大臣的一種特權，可以要求皇帝看過後保密，留中不發。

事情到了這一步，蘇軾也可以說是不得已而行之。意思非常明顯：或者保留我蘇軾，將賈易趕出京師；或者保留賈易，那麼就請將我蘇軾外補。

但是，太皇太后除好言勸慰蘇軾之外，並不採取任何行動。原因很簡單，御史是皇帝的耳目，不能因為大臣的要求而剜目廢耳，況且賈易除了因攻擊蘇軾兄弟而被人視為偏激之外，並無其他惡跡。凡是對蘇軾兄弟有所顧忌的官員，無論是新黨還是舊黨，倒希望有位賈易在這裡反覆發難，以看蘇軾的笑話。

賈易在連續對蘇軾發起攻擊之後，摸清了路數：蘇軾仍像幾年前一樣，只知左右遮攔，全無還手之力；執政大臣呂大防、范純仁，給事中范祖禹等雖與蘇氏兄弟交好，都不敢引火燒身；皇太后雖然眷顧蘇軾，但婦道人家不敢違背祖制，治罪御史。八月七日，即蘇軾回京後的三個月，賈易使出了殺手鐧，和趙君錫一道，效法當年李定等人的故伎，攻擊蘇軾寫詩慶幸神宗的去世。

事情發生在幾年前，元豐八年（一〇八五年）三月，蘇軾在南京應天府得知神宗皇帝去世的消息，同時朝廷批准了他在常州居住的要求，舉家南下，四月底到揚州。五月一日，蘇軾遊揚州竹西寺，一時興起，題了三首詩，取名為《歸宜興留題竹林寺三首》。其中第三首說——

此生已覺都無事，今歲仍逢大有年。
山寺歸來聞好語，野花啼鳥亦欣然。

這是一首極其平常的隨意詩。但如果要搞文字獄，那麼隨便什麼文字都可以挑出栽贓誣衊所需要的東西。

趙君錫和賈易認為，先帝神宗在日，蘇軾屢遭貶謫，懷恨在心；先帝元祐八年三月五日賀崩，蘇軾五月一日便寫了這首詩。所謂「山寺歸來聞好語」，顯然是說聽到了先帝去世的消息，對他來說，竟是「好語」，在他看來，竟然野花、啼鳥都高興；所謂「此生已覺都無事」，顯然是對先帝的怨恨，先帝在，他惶惶不可終日，先帝去世，他覺得不用擔驚受怕了，再也無人向他尋晦氣，自然優閒自在。

這個罪名一旦成立，後果是不堪設想的。

太皇太后對此事非常重視，立即召見三省長官，問明情由。

蘇轍當時是尚書右丞，也參加了這次御前會議，知道哥哥又出事了，不能坐視不管。他當即解釋說，蘇軾題這首詩他是知道的。那天蘇軾去揚州竹西寺，在路上看到百姓父老十多人相聚道旁，談興正濃。其中一人雙手加額說：「好一個少年官家！」蘇軾聽到百姓稱讚新君，很是高興，故詩中有「山寺歸來聞好語」句。

這種解釋很是得體，也頗得「以其人之道還施其身」的真意，卻並非真情。蘇軾這首詩本來全無政治意義。他只是因為蒙恩在常州居住，又聽說大南北今年收成很好而高興。既無竊喜故君上仙之意，也無慶幸新君登極之情。但賈易、趙君錫既然上升到政治高度，蘇轍便也從政治角度進行辯護。

蘇轍辯護之後便退出了會議，以示迴避，讓太皇太后和宰相們商議處置辦法。但他不能不向哥哥通氣，既使兄長有思想準備，又能統一一下口徑。

或許又是蘇軾沈不住氣，或許是蘇轍忘記了叮嚀，蘇軾第二天、即八月八日一早就上了一個《辨題詩劄子》。他在政治鬥爭中一直是老實人，所以也就說了老實話，說是昨日見到弟弟蘇轍，蘇轍告訴他，趙君錫、賈易說他的揚州題詩「有欣幸先帝上仙之意」，故而上疏辯解。蘇軾特別對「山寺歸來聞好語」一句進行了解釋，既採用了蘇轍的說法，也陳述了自己的真實想法。同時指出，寫這首詩時距神宗去世將近兩個月，因此「山寺歸來聞好語」絕非指得到神宗去世的消息，這事「事理明白，無人不知。」

這個辯解應該說是很有分量的，但卻匆忙了一些。這份箚子剛送出，三省同奉聖旨，讓蘇軾作出解釋的公文便到了。如果蘇軾在接到公文後再上疏，情況就不同了；他等不及，結果將蘇轍的通風報信告訴了別人，又是授人以柄。

揚州題詩幸未釀成又一次冤獄，但蘇軾更加認為自己不能待在京師了。太皇太后及執政大臣們大概也覺得這兄弟二人同時身居要職確實不妥當，當月便讓蘇軾以龍圖閣學士的身分出知潁州。

潁州歲月

潁州（今安徽阜陽）在淮河重要支流潁水之濱，以水得名，在北宋是一個風景秀麗、交通便利、物產豐富的地方。尤其是城西的潁州西湖，長十里，寬三里，菱荷出水，楊柳盈岸，為憩遊勝地，自唐以來，就和杭州西湖、揚州瘦西湖並稱。仁宗皇祐元年（一〇四九年），歐陽修由揚州移知潁州，一見西湖，便大覺驚喜，賦詩讚曰——

菡萏香清畫舸浮，使君不復憶揚州。
都將二十四橋月，換得西湖十頃秋。

雖然歐陽修後來入京為翰林學士、參加政事，又出知青州，仍然忘了潁州。熙寧四年以太子少師致仕後，便定居潁州，終養天年。

對於潁州，蘇軾也很有好感。除了此地的風景物產，更主要是歐陽修的感召。熙寧四年因為反對新法而被驅出東京，通判杭州，蘇軾便與弟弟蘇轍一道，來潁州看望歐陽修。師生一道泛舟西湖，其樂融融。

這次來潁州是為了避禍，並不求有何作為，所以有人戲言：「內翰只消遊湖中，便可以了斷此郡公事。」還有人贈了一首詩給蘇軾，說是「我公所至有西湖，欲將公事湖中了。」蘇公是大手筆，這小小潁州的公務，還不在漫遊閒談中就處理完了！

蘇軾剛到潁州，也確實有意優遊於潁水西湖，故有《泛潁》詩說——

> 我性喜臨水，得潁意甚奇。
> 到官十日來，九日河之湄。
> 吏民笑相語，使君老而痴。
> 使司實不痴，流水有令姿。

到任十天，竟然有九天泛舟潁水。陪著他遊潁水的，是潁州簽判趙令時、潁州教授陳師道，以及歐陽歐的兩個兒子歐陽棐、歐陽辯。

但是，蘇軾從來就不是那種閒得下來的人，為一方官，就得為一方民。他到潁州不久，就發現有兩件事在困擾潁州百姓。

第一件事是關於開八丈溝。這是一個爭論已久的問題。由於汴京多水患，所以有人出主意，將汴京陂澤的積水引入惠民河。結果一遇水災，惠民河水滿溢，造成了陳州的水災。於是又有人出主意，再挖一條八丈溝，將陳州的水引入潁水，由潁水進入淮河。這個設想看起來很合理，所以朝廷決定動用民二十八萬，撥出錢米三十七萬貫石，開挖八丈溝，並讓陳州知州李承之、開封府縣提刑羅適，以及都水監和潁州所在的東西北路轉運司、提刑司官員趕至潁州，與蘇軾商議開溝事宜。

羅適等人騎著高頭大馬巡視了一圈，便回京覆命了。蘇軾卻放心不下。儘管他在密州、徐州、在杭州、在杭州都搞過較大規模的水利工程，但都是經過仔細勘察、反覆斟酌，並徵詢專家的意見之後作出決定的。像這樣騎馬兜一圈，就動用十多萬民工，開挖三百三十多里深溝的事卻從來沒幹過。

蘇軾仍然採用了老辦法，實地勘察。他命人從蔡口到淮上，每二十五步立一竹竿，共立了五千八百一十一竿，經用水平器測量，淮河漲水時水位比八丈溝還高。如果開挖八丈溝，不但陳州水患解決不了，還會使淮水倒灌潁州，有害而無利。至於開八丈溝時所耗費的人力物力，以及所侵占的良田和引起的社會騷動，更是有目共睹。

為此，蘇軾在到任後的第三個月上了一份表狀：《奏論八丈溝不可開狀》，反覆陳述開溝的弊病。這份表狀有理有據，而且都是經過實地勘察得出的數據，令人不能不信服。

根據蘇軾的意見，朝廷取消了這項工程。但有關官員卻對蘇軾多了一層忌恨，你蘇軾儘管說自己的理，幹嘛和別人過不去，連騎馬兜圈的事也捅到太皇太后那裡去？

但蘇軾為了說明自己數據的準確，阻止朝廷已經決定了的工程，又怎能不將兩種意見的根據作比較？也真難為他了，在中國，替老百姓做一件好事、免一次災難，得冒犯多少有頭有臉、有權有勢的官員！什麼時候他不是把個人的得失置於百姓的利益之下呢！

第二件事仍是災荒，這是蘇軾到任何一個地方都要遇上的事情。在鳳翔、密州是旱災、蝗災，在徐州、杭州是水旱相繼。其實，這種事情連老百姓都覺得十分平常，所謂十年九荒，風調雨順的年成十年中能遇上一次就不錯了。官員們對此自然也是痲木不仁，好官我自為之，老天的事情管得了嗎？但蘇軾卻有一種天性，見不得別人受苦，尤是是見不得他管轄下的老百姓受苦；他覺得地方官的職責就是為屬民排憂解難，但權力卻太有限了。

他和簽判趙令畤一起商量，將義倉的幾千石米、幾千捆柴按市價賣給災民，幫助他們過冬；又從經費中撥出幾百石糧食，做成蒸餅，發放給災民。接著向朝廷打報告，要求發給度牒一百萬，用以救災。

他能夠做的事情也只有這些了，雖然不能從根本上解決災民的困難，但畢竟做了他能做的一切。也只有這樣，他的心情才稍好了一些，才能回到家人和朋友之中，共享天倫之樂。

轉眼又是元祐七年的上元節了，久雪初晴，明月東升，知州衙門內的梅花在這潔白的夜色中顯得格外俊俏。蘇軾與夫人王閏之相偕來到庭院，賞月觀花。已經很長時間沒有這份閒暇了。王閏之追隨丈夫二十多年，世道風雨，宦海沈浮，使她早已適應了各種政治風浪。她經歷過丈夫下獄、貶謫的恥辱，也享受過貴夫人的榮耀，多少還受到丈夫的薰陶，變得更加曠達文雅。

這天，蘇軾還沒有來得及評點清月淡梅，王閏之卻先來了靈感：「春月色勝如秋月色。秋月色令人和悅。如此良辰美景，何不召趙德麟（趙令時字德麟）等人一道觀花賞月呢？」

蘇軾聞聽此言，不覺又驚又喜：「夫人作的好詩！」

王閏之剛才是有感而發，聽蘇軾喝采，反倒不知所云：「我幾曾作過詩？」

蘇軾笑道：「你剛才所說的話便是一首好詩。」說完，命人請趙令時和歐陽修的兩位兒子過府觀花。

趙令時等人一到，蘇軾便喜不自禁地告訴他們，夫人吟了一首好詩，他根據詩意，已填一詞，請客人評賞。說罷，且歌且舞——

春庭月午，影落春醪光欲舞。
步轉迴廊，半落梅花婉娩香。
輕風薄霧，都是少年行樂處。

不似秋光，只共離人照斷腸。

這闋《減字木蘭花》在蘇詞中並沒有什麼特別的地位，卻是和夫人王閏之感情交融的即興之作，這在蘇詞中則是極少見到的。

或許是太皇太后要讓蘇軾遊遍天下著名的西湖，元祐七年（一〇九二年）二月，蘇軾到潁州才半年，便又奉調南下揚州。

揚州花會

自隋煬帝大業年間（六〇五－六一八年）開邗溝通江淮，揚州成了中國南北交通樞紐，商業興盛，冠蓋萃集；至唐後期，更為天下第一繁華富庶之地；一直到清朝，揚州鹽商的資本仍超過中央政府的庫藏銀兩。有錢的人一多，名姬美妓自然也多，園亭樓閣建起來了，與杭州西湖齊名的揚州瘦西湖也開鑿了。人說金陵為六朝金粉之地，其實六朝金粉到隋唐時已搬到了揚州。李白一曲：「煙花三月下揚州」，杜牧一曲：「十年一覺揚州夢」，激起了多少人對揚州的嚮往。蘇軾真是好造化，辭別潁州，又來到了揚州。

七年前，蘇軾也是從水路到揚州，遊竹西寺，留下了差點讓他再次蒙受冤屈的《歸宜興留題竹林寺詩》，也算和揚州有生死之交了。

揚州不僅風景秀麗、繁華富庶名聞天下，還以芍藥享譽域內。牡丹、梅花、海棠、山茶、杜鵑、芍藥、蘭花、菊花、荷花、水仙為中國傳統十大名花。十大名花中，又以牡丹、芍藥獨擅勝場，稱為「名花雙絕」，一為花王，一為花相。到北宋，洛陽牡丹為天下第一，一朵花瓣最多者可達七百餘瓣，花徑達一尺。蘇軾去洛陽時曾見過那裡的極品牡丹，說是：「此花見重於世三百餘年，窮妖極麗，以擅天下之觀美。」揚州芍藥也當仁不讓，爭艷鬥勝。蘇軾有《詠芍藥詩》說：「千葉團團一尺餘，揚州絕品舊應無。」洛陽牡丹、揚州芍藥，本是自然賜給人類的異物，但在中國，好端端的事情往往被人為地推向反面。

嶺南荔枝本是果中極品，經宋徽宗和朱勔一弄，便成了花石綱，硬生生逼反方臘。牡丹、芍藥也一樣。

宋仁宗時，原吳越王錢俶的次子錢惟演為西京留守。錢惟演博學能文，尤喜遊樂，倒和蘇軾有幾分相似。但生於帝王之家，享盡人間富貴，不知民間疾苦，養成了圖氣勢、講排場的習慣。既然洛陽牡丹甲天下，他就想弄出一些名堂來，於是辦起了萬花會。每年春末牡丹盛開時，便在洛陽城內熱鬧繁華之處，以花為屏帳，沿街梁柱也都綁上盛著水的竹筒，竹筒裡插著各種顏色的牡丹花。舉目望去，遍地是花，遍街是花，遍城是花。整座洛陽城，全在黃、白、紅、黑、監、紫之中，家家上鎖，人人觀花，如痴如狂。

這種萬花會如果偶爾為之，倒真能促進洛陽牡丹業的繁盛；但年年為之，處處攀比，卻成了一大禍害。錢惟演在洛陽風光了還不夠，又不惜重金，尋購名品，用快馬送往東京汴梁，供後宮嬪妃觀賞。於是上行下效，官吏強取豪奪，中飽私囊；商賈層層加價，一株上等姚黃、魏紫，價錢高達二、三十萬錢，全著落在老百姓身上。

蘇軾對洛陽萬花會早有反應，一到揚州，才知揚州也有萬花會。不同的是，洛陽是牡丹萬花會，揚州則是芍藥萬花會。在揚州搞萬花會的始作俑者便是被蘇轍斥為奸邪的蔡京。

牡丹花會在春末，芍藥花會在夏初。蘇軾二月奉調，三月蒞揚，正趕上揚州官員準備萬花會，向百姓攤派的事項已經擬出。有些商人為牟暴利，正在鄰縣組織花源，會期一到便可高價出售。

雖然知道洛陽百姓對萬花會十分不滿，但揚州百姓對萬花會有何感受，卻心中無底。為此，蘇軾走訪了一些花農和市民，發現揚州百姓的怨氣絲毫不減洛陽。

按理說，一年一度的花會何等熱鬧、何等氣派，也是揚州的光榮，市民應該高興；政府收購芍藥，良種芍藥如冠群芳、寶汝成、御衣黃更是身百倍，花農也應該高興。但實際上，芍藥市場被大商人壟斷，他們低價從花農手中購花，高價賣給官府；官府按高價向市民徵收花會費用，向商人購進芍藥。其巨額差價則由商人和官吏夾分。每年一度的萬花會，成了官吏和商人合伙宰割百姓的良機。蘇軾不再猶豫了，雖然一生喜好遊幸，卻容不得在他眼皮底下坑害百姓。一道命令下去，揚州停辦萬花會。

這道命令使眼看又要發財的州縣官員及商人目瞪口呆！蘇大鬍子怎麼破了別人的財氣呢？但此人名聲遍天遍天下，在京中幹過翰林學士，後台又硬，是太皇太后眼裡的紅人，兄弟蘇轍還是副宰相，雖然忌恨，卻無可奈何。但老百姓財是拍手稱快，都說蘇學士是「蘇賢良」，果然名不虛傳，知道百姓的疾苦。

不過，對於那些準備慕名而來觀賞萬花會的朋友，蘇軾還得作一番解釋。好在朋友們都知道他的為人，體諒他寧可殺風景也不讓百姓承受重負的苦心。然而，蘇軾所關注的又豈止是轄內百姓，他念念不忘的是整個國家的農民在新法推行過程中欠下的債務。從知杭州開始，他就一直向太皇太后和執政大臣們陳述積欠所造成的社會危害。到揚州後，他又接而連三地要求豁免這些債務。

元祐七年五月十六日的《論積欠六事並乞檢會應詔所論四事一處行下狀》，長達七千言，陳詞懇切。其中一段說到自己的經歷，催人淚下——

……臣頃知杭州，又知潁州，今知揚州，親見兩浙、京西、淮南三路之民皆為積欠所壓，日就窮蹙，死亡過半。而欠籍不除，以至虧欠兩稅，走陷課利，農末皆病，公私並困。以此推之，天下大率皆然矣。

臣自潁（州）移揚（州），舟過濠、壽、楚、泗等州，所至麻麥如雲。臣每屏去吏卒，親入村落，訪問父老，皆有憂色。云：「豐年不如凶年。天災流行，民雖乏食，縮衣節口，猶可以生。若豐年舉催積欠，胥徒在門，枷棒在身，則人戶求死不得。」言訖淚下。臣亦不覺流涕。

又所至城邑，多有浪民。官吏皆云：「以夏麥既熟，舉催積欠，故流民不敢歸鄉。」

臣聞之孔子曰：「苛政猛於虎。」昔常不信其言，以今觀之，殆有甚者。水旱殺人，百倍於虎；而人畏催欠，乃甚於水旱……

臣竊度之，每州催欠吏卒不下五百人，以天下言之，是常有二十餘萬虎狼散在民間，百姓何由安生，朝廷仁政何由得成乎？……

或許是太皇太后及省、戶都官被蘇軾的陳詞所感動，或許是朝廷害怕江淮流民有增無減，或許是蘇轍的極力支持，元祐七年六月，朝廷終於批准了蘇軾暫停催還淮南、京西、兩浙諸路積欠的要求。

蘇軾覺得實在太累了，但這畢竟是許多年來朝廷對他的報告覆得最快的一次，而且也是牽涉面最廣的一次，因而仍然充滿喜悅。官場雖然不盡如人意，但不進官場，又怎能替老百姓出力？可進入官場之後，願意而又能夠替老百姓辦事的人卻實在太少了。

第八章 歸期何遲遲

出知定州

蘇軾在揚州不到半年，就被召回汴京，先以龍圖閣學士左朝奉郎守兵部尚書兼侍讀，繼為端明殿學士兼翰林侍讀學左朝奉郎禮部尚書。這是蘇軾仕途中所達到的最高地位。但由於蘇轍一直為副相，先是尚書右丞，後是門下侍郎，所以蘇軾總是進不了最高決策圈。

太皇太后這次調蘇軾進京是有深意的。自己年事日高，精力已大不如前，皇帝則逐漸長大成人，日漸顯示出往日神宗皇帝身上那種桀驁不馴的個性，祖孫二人在許多重大問題上存在分歧。由於仍是祖母執政，小皇帝只好違心順從，但隔閡已經形成。元祐大臣們都是太皇太后提拔的舊黨，由於太后執政，他們凡有奏請，都是直接請太后定奪，只是順帶提及皇帝以示禮節。皇帝年齡雖小，但從小受到的教育就是唯我獨尊，可實際情況和君主至高無上的理論相差甚遠，何況他的血脈中流動的是剛愎自用的神宗皇帝的高傲血液。他在等著祖母去世，以奪回該屬於自己的一切權力。

在權力和金錢面前，親情和血緣是無能為力的。太皇太后像了解已經去世七年的兒子一樣了解眼前這個已當了七年皇帝卻沒有享受過皇帝威嚴的孫子。她將蘇軾調回京師，雖然掛著兵部尚書、禮部尚書的頭銜，卻並沒有讓他去管禮部、兵部的事情；他的主要責任是「侍讀」，即為皇帝講課。

世界上的許多事情是只可神會而不可言傳的。以蘇軾再次被選為帝師來說，太皇太后的本意倒並不是讓他向皇帝傳授多少修身齊家治國平天下的道理；孫子愛文學、愛藝術，蘇軾又是當代最負盛名的文學家、藝術家，因而希望蘇軾因勢利導，從皇帝的興趣入手，引他走上正道，改去性情怪僻、好色懶惰的惡習，進而調停皇帝與太皇太后、元祐眾臣的關係。

但是，此中隱情又無法向蘇軾說明道白。其實，即使蘇軾心領神會，也只能是對牛彈琴。蘇軾懷著赤誠之心，卻懵懵懂懂，無的放矢。結果，不但沒有達到太后期望的目的，卻引起皇帝的厭惡和敵意。

讀書人的最大毛病是喜歡以度己之心度人，自己喜歡讀書，就以為天下人都喜歡讀書，自己膺服孔孟的道理，便以為治天下就必須學孔孟。蘇軾也是這樣。既然太皇太后將教導皇帝的責任交給自己，就必欲致君為堯舜。他想起父親對自己兄弟的嚴格要求，便也想將這一套施加於皇帝。

臣等幼時，父兄驅率讀書，初甚苦之；漸知好學，則自知趣向；既久，則中心樂之；既有樂好之意，則自進不已。古人所謂知之者不如好之者，好者之不如樂之者。陛下上聖，固與中人不同，然必欲進學，亦須自好樂中有所悟入。

殊不知讀書猶如向佛，既有人好書，便有人厭書，既有人樂道，就有人苦道，志趣性情不一樣，感受也不一樣。你蘇軾讀書由苦至好，由好至樂，他人可能由小苦至大苦，由大苦至苦不堪言。中國歷代皇帝不願看書的倒並不太多，但看什麼書卻因人而異。如果蘇軾與皇帝論詩說文，或許關係會融洽得多，但卻為祖制所不允許。他只能向皇帝進講大道理，講為君之道、治國之道、愛民之道。但皇帝自有一套看法，於是越講便越是格格不入。

蘇軾在受命為端明殿學士兼翰林侍讀學士守禮部尚書之後上了一份謝表，公開聲明自己講學的原則是「談王而不談霸，言義而不言利。」

其實，這正是元祐黨人和元豐黨人的分歧所在。皇帝根據自己的感覺，對元祐黨人的一套已經厭煩，國貧兵弱，外有契丹、西夏，內有流民、盜賊，不談霸何由為王、不言利何以致義？真是迂腐之極，蘇軾枉負虛名，和程頤有何兩樣！

蘇軾對皇帝的反感並非沒有察覺，但他要盡自己的責任，因而鍥而不捨地繼續陳述自己的主張。他向皇帝提出六點要求——

一曰慈，二曰儉，三曰勤，四曰慎，五曰誠，六曰明。慈者，謂好生惡殺，不喜兵刑。儉者，謂約己有費，不傷民財。勤者，謂躬親庶政，不適聲色。慎者，謂畏天法祖，不輕人言。誠者，謂推心待下，不用智術。明者，謂專信君子，不雜小人。

這可以說集中了歷代聖主明加的一切優點，也是中國知識分子為各代皇帝設計的一個籠子。可是，鑽進這個籠子的君主卻是微乎其微。

中國正派知識分子的最大悲劇就在於善於設計罷了。他們既為君子設計籠子，也為自己設計籠子。但他們的籠子從來就籠不住君主，也籠不住小人，只能籠住君子自己。所以中國歷來是小人得志、君子受壓。

對於冷眼旁觀的皇帝來說，蘇軾的這一套純粹是老生常談，全無新意。他心中暗自好笑，都什麼時候了，你們還將我當小孩子耍！而元祐八年五月七日蘇軾的一封題為《乞校正陸贄奏議上進》的劄子，更在無意中刺傷了小皇帝的自尊心，招致了此後長達七年的災難。

在這個劄子中，蘇軾對中唐名相陸贄推崇備至，說他「才本王佐，學為帝師。論深切於事情，言不離於道德。智如子房，而文則過；辯如賈誼，而術不疏。上以格君心之非，下以通天下之志。三代以還，一人而已。」

稱讚陸贄，那也無錯，但接下來兩句卻犯了小皇帝的忌諱：「但其不幸，仕不遇時。」這不明明是在自況陸贄嗎？你蘇軾是陸贄，那我趙煦豈不成了唐德宗？可惜蘇軾只顧一時痛快，竟然還在這份給皇帝看的箚子中將德宗、陸贄君臣進行反覆比較——

德宗以苛刻為能，而（陸）贄諫之以忠厚；德宗以猜疑為術，而（陸）贄勸之以推誠；德宗好用兵，而（陸）贄以消兵為先；德宗好聚財，而（陸）贄以散財為急。

言者無心，聽者有意，對號入座是中國有權者的傳統，小皇帝哲宗趙煦也不例外。如今還是太皇太后當家，且放他蘇軾一馬，但這一箭之仇是非報不可的。

就在上了這個箚子以後不久，八月一日，蘇軾的夫人王閏之去世了，享年才四十六歲。作為蘇軾一生中相依為命的第二位妻子，她和蘇軾共同度過了二十五年的風風雨雨。前一年的上元節，她和蘇軾在潁州賞月觀花，就有「秋月令人慘淒，春月令人和悅」的感嘆！不知是否早有預感，她的生命果然在秋季走完。只是這一天的秋月，反在西邊群山之上抹過一絲慘白的線條，就隱而不見了。

蘇軾還沒有從喪妻的悲痛中緩過氣來，另一個打擊又降臨了，主持朝政八年多的太皇太后高氏因病去世。高太后去世和哲宗皇帝親政，意味著一場大規模的政治風暴即將來臨。高太后在時，哲宗的不滿情緒已有所顯露，等太后病重時，他便公開挑戰了。

太皇太后曾將呂大防、范純仁、蘇轍等大臣召至病榻前，讓他們盡力侍候皇帝。她看看垂首侍立、面無表情的孫子，又看看一班忠心耿耿卻亂了方寸的舊臣，不禁有些感慨：「老身時日已是不多了，我死之後，國家可怎麼辦？」

到底是自言自語，還是有所囑托，誰也說不清楚，因此大臣們誰也沒有吭聲，不料皇帝卻冷不丁放了一槍：「自有故事！」有什麼大不了的事，不就死個把人嗎！至於國家安危，祖宗自有慣例，用不著垂死之人操心。

話說到這種程度，宰相們還有何指望？太皇太后是他們的後台和主心骨，但眼看就要死去；皇帝對他們翻白眼也非只一日，可他卻虎生生地活著。太皇太后自己行將西歸，無法繼續保護她的大臣。她當著皇帝的面，讓宰相呂大防和范純仁辭官歸隱，想用這種辦法使皇帝回心轉意。但孫子卻把頭扭向窗外，毫無表示。

太皇太后在病中時，御史董敦逸、黃慶基就曾上疏，指責蘇軾元祐元年為中書舍人時，藉草呂惠卿制詞之機，指斥先帝，並與其弟蘇轍相為表裡，紊亂朝政。這是七年前的事情，重又抖出，實際上是在窺測方向。由於呂大防、蘇轍的堅持，董、黃二人被趕出京城，分別為湖北、福建路轉運判官。但御史既然彈劾，蘇軾便得上疏解釋，並請出補外郡。

太皇太后一死，皇帝趙煦便批准了蘇軾的報告，讓他掛著端明殿學士、侍讀學士等舊銜去定州做知州，兼河北西路安撫使。在皇帝看來，沒有蘇大鬍子嘮叨，耳根會清靜許多。

每一次外任，蘇軾總是如釋重負。他照例上了謝表，並等著和皇帝告別。但他萬萬沒想到，皇帝以「本任闕官，迎接人眾」為藉口，拒絕和他見面。蘇軾憤怒了，他永遠修煉不到弟弟蘇轍的涵養，也總是對事情的後果缺乏認識。皇帝既然不見他，他便和皇帝理論——

陛下為政九年，除執政、台諫外，未嘗與群臣接。然天下不以為非者，以為垂簾之際不得不爾。今者祥除之後，聽政之初，當以通下情、除壅蔽為急務。臣雖不肖，蒙陛下擢為河北西路安撫使，沿邊重地，此為首冠，臣當悉心論奏，陛下亦當垂意聽納。祖宗之法，邊帥當上殿面辭，而陛下獨以本任闕官、迎接人眾為詞，降旨拒　不令臣上殿，此何義也？臣若伺侯上殿，不過更留十日，本任闕官，自有轉運使權攝，無所闕事。迎接人眾，不過更支十日糧，有何不可。而使聽政之初，將帥不得一面天顏而去，有識之士皆謂陛下厭聞人言，意輕邊事，其兆見於此矣！臣備位講讀，日侍帷宛，前後五年，可謂親近，方當戍邊，不得一見而行，況疏遠小臣，欲求自通，亦難矣。

都什麼時候了，蘇軾還在和皇帝論理，而且措詞激烈，直斥皇帝「厭聽人言，意輕邊事。」皇帝雖然比蘇軾小整整四十歲，卻比蘇軾更沉得住氣，他暫且不和蘇軾計較，但這筆帳卻是要清算的。

連遭貶謫

定州（今河北定縣）是北宋的北方重鎮，距宋、遼邊界白溝河僅二百多里。九十年前，真宗景德元年（一〇〇四），遼兵就是由定洲直趨澶州（今河南濮陽），逼迫宋朝簽訂城下之盟。三十年後，欽宗靖康元年（一一二六），女真人也是經此地長驅而入，直逼京都汴梁的。

但蘇軾到定州時，這個軍事重鎮卻是市井蕭條，軍營破舊。雖然駐紮著兩萬多禁軍，卻因兵餉過低、衣食不給、軍紀廢弛而全無戰鬥力。蘇軾既為知州，又是安撫使，則上馬管軍、下馬愛民。而邊境和內地不同，首要之事是整飭兵備。他一面上疏朝廷，請求撥給經費，修繕軍營，增加兵餉，一面嚴肅軍紀，懲治違紀軍官。

宋朝從太祖開始，就推行崇文抑武的政策，諸路安撫使、經略使均由文官擔任，將領受其領導。蘇軾以端明殿學士、翰林侍讀學士的身分任河北西路安撫使，又名聲素著，短短幾個月，便將兩萬禁軍訓練得軍紀嚴明。

與此同時，蘇軾將民間原有的「弓箭社」加以推廣，以加強邊民的自保能力。弓箭社出現在景德元年。澶淵之盟以後，雖然大規模的戰爭結束，但契丹人南下擄掠時仍時有發生。當地居民以村、族為單位，不論家資厚薄，每戶出一丁，「帶弓而鋤，佩劍而樵」，一旦有「虜情」，擊鼓相召，頃刻之間可集合上千人，以武藝高強者為首領，既可集團作戰，也可人自為戰。這種民間自衛組織對於零散小股的契丹人非常有效。

雖然哲宗已經親政，但在朝中執政的仍是呂大防、范純仁及蘇轍等人，所以很快批准了蘇軾關於加強和推廣弓箭社的報告。也就在幾個月內，蘇軾在轄區的五百八十多個村子裡組織了六百五十多個弓箭社，被動員接受訓練的丁壯有三萬一千多人。

但是，當蘇軾整飭軍備剛有成效時，朝廷於元祐九年（即紹聖元年，一〇九五年）四月來了詔旨，革去他端明殿學士、翰林侍讀學士守禮部尚書的官銜。接著，又免去定州太守之職，以左朝奉郎知英州（今廣東英德）。一場新的政治運動和政治迫害開始了。

去年九月太皇太后去世，皇帝親政，曾經一度流傳的先太后和司馬光等人密謀改立皇帝的謠傳重又散布開了。

這是一個十分敏感的政治問題。據記載，當初散布這種謠言的是元祐初罷官的宰相蔡確及其追隨者，蔡確因此流放而死。至於是蔡確等人利用太皇太后和小皇帝之間的矛盾無中生有，製造謠言，還是太皇太后認為孺子不可教而流露過另立新君的念頭，則無從考證。

但在中國，所謂的政治謠言往往總有一、二分根據，握或本有端倪，一經散布，因影響面太大而中止，原先的消息便被指責為謠言了。所以遇到這種事情，當事人和老百姓總是寧信其有，不信其無。皇帝趙煦本來就對祖母及元祐大臣對他輕慢無禮及盡革其父王神宗皇帝的新政感到憤慨，這謠言自然也就極易使他相信。

以前有太皇太后撐腰，如今是充滿敵意的皇帝親政，元祐舊臣自然惶恐不安，不知皇帝將有何動作。雖然失勢但仍散布朝野的元豐黨人則積極活動，窺伺機會。

翰林學士范祖禹是范鎮的從孫，又是司馬光的學生及合作者，對局勢的變化非常擔心，首先上疏，提醒皇帝對「小人」的離間活動予以注意，希望他「剖析是非，深拒邪說」。但這份被蘇軾稱讚為「經世之文」的奏疏，卻被皇帝留中不答，等到的卻是恢復劉瑗等十名內侍官職的詔旨。

劉瑗等人是元豐時期神宗寵信的宦官，與呂惠卿、章惇等人關切密切。哲宗趙煦恢復他們的官職，等於給元豐黨人發布信號。

元祐八年十二月，一直在窺測方向的禮部侍郎楊畏首先發難，稱「神宗皇帝更立法制，以垂萬事，乞賜講求以成繼述之道。」楊畏先得王安石之學，繼贊司馬光政，司馬光死後，則攻其無治世之才；呂大防執政後，楊畏又投其門下，幫助呂大防攻擊朔黨首領劉摯；蘇轍為門下侍郎，楊畏因同鄉關係，幫蘇轍攻擊宰相蘇頌；但接替蘇頌位置的卻不是蘇轍而是范純仁，楊畏眼見蘇轍拜相無期，便詆毀其不可大用。所以人稱「楊三變」，又稱「楊三面」。如今楊畏又揣摩哲宗的意向，要求盡復神宗之政。

哲宗沒有理睬范祖禹，卻立即召見楊畏，問先朝故臣，誰堪召用。楊畏列上章惇、安燾、呂惠卿、鄧潤甫、李清臣等人，對其「行義」政績遂一進行品題，大力陳說神宗建立法度的目的及王安石學說的實效。

楊畏的一番陳詞，深合哲宗之意。哲宗立即下詔，以章惇為尚書左僕射、李清臣為中書侍郎、鄧潤甫為尚書左丞，又以曾布為翰林學士承旨、張商英為右正言，元豐黨人逐步占據了政府、內翰及言路等要害部門。呂大防、范祖禹、蘇轍、范純仁先後被驅出京師。

接者，鄧潤甫首陳「武王能語文王之聲，成王能嗣武王之道。」提出了「紹述」的口號；曾布則提出改換年號，以順天意。

哲宗一一採納，就在貶蘇軾為英州知州的元祐九年四月，改元「紹聖」，元祐九年成了紹聖元年。正年號「紹聖」，號「紹述」；盡逐元祐之臣，盡革元祐之制；盡召元豐之臣，盡復元豐之制。

司馬光在五年前曾翻過一次燒餅，哲宗在章惇、曾布等人的幫助下，又一次翻燒餅了。整個國家及全中國老百姓又一次經受政治運動的折騰。

蘇軾的罪名仍是在撰呂惠卿誥詞時「詞謗先帝」。那是八年前的事了，蘇軾為中書舍人，官員詔文多出其手，其中有一則《呂惠卿責授建寧軍節度副使本州安置不得簽書公事》的制敕。王安石當政時，凡有舉措，均與呂惠卿商議，新法多出其手。及至柄政，打擊異己不擇手段，最後連王安石也不放過，必欲置之死地而後快，故被朝野視為第一小人，連後來章惇、曾布、蔡京當道，也不敢引薦呂惠卿，蘇軾寫他的誥文自是毫不留情。誥詞一下，天下傳誦，呂惠卿永世不得翻身。

具官呂惠卿，以斗筲之才，挾穿窬之智，諂事宰輔，同升廟堂。樂禍而貪功，好兵而喜殺，以聚斂為仁義，以法律為詩書。首建青苗，次行助役。均輸之政，自同商賈；手實之禍，不及雞豚。苟可蠹國以害民，率皆攘臂而稱首。

說到呂惠卿的罪惡，不能不涉及到信之用之的神宗。蘇軾在處理這一問題時，用詞倒是費了周思的——

先皇帝求賢若不及，從善如轉圜。始以帝堯之心，姑試伯鯀；終然孔子之聖，不信宰予。發其宿奸，謫之輔郡；尚疑改過，稍畀重權。復陳罔上之言，繼有碭山之貶。反覆教戒，惡心不悛；躁輕矯誣，德音猶在。

應該說沒有任何漏洞，神宗的責任全推給了呂惠卿。但攻擊者恰恰在這上面找毛病。呂惠卿即是伯鯀、又是宰予，皇帝顯然無知人之明。

范純仁不愧為范仲淹之子，儘管蘇轍曾經聯合呂大防、楊畏等人攻擊過自己，如今又是元豐黨人得勢，他仍極力為蘇軾辯護，並指出，如今上疏攻擊蘇軾者如趙挺之等人，當年均為御史，既然蘇軾訕謗先帝，為何那時畏避不言，過了八年才說？但哲宗不管這一套，他早就準備和蘇軾算帳了，這個想法在給蘇軾的指令中表露出來了——

若識朕過失，何所不容。乃代予言詆誣聖考，乖父子之親，害君臣之義。在於行路，猶不戴天；顧視士民，復何面目……汝軾辯足以飾非，文足以惑眾。然櫟自絕於君親，又將誰懟！

一切都是你自己找的，怨不得旁人。

「訕謗先帝」不過是幌子，最要緊的是曾經「譏朕過失」。見到這份詔書，蘇軾徹底失望了！他沒有想到為人君者竟如此氣量狹小，聽不得批評意見。這時，弟弟蘇轍已貶知汝州，摯友范祖禹出知陝州，范純仁也隨即罷相，大勢已去，只得淒涼就道。

但蘇軾對形勢的嚴重性卻仍然認識不足，南下至滑州（今河南滑縣）時，因路資不繼，身體老病，英州接官差人未到，定州送官差人又不願繼續南行，故而上疏，請求改陸行為水行。接著，又再一次提出改派越州。

蘇軾即便不上疏，哲宗也不會輕易放過他。這一上疏，不啻提醒哲宗自己的存在。既然英州不去，想去越州，那就乾脆送佛到西天，一道詔旨下來，蘇軾再次貶官為左承議郎建昌軍司馬，惠州安置。不僅降了數級，貶所也更遠了。

蘇軾不能讓全家跟著自己受罪，讓長子蘇邁帶著全家老小往常州宜興居住。蘇軾元豐八年曾在那裡買下了住宅田地，沒想到這次派上了用場。他自己帶著最小的兒子蘇過和侍妾王朝雲繼續南下。但剛到當塗（安徽今縣），奪官文書又到了，改貶寧遠軍節度副使，仍惠州安置。當然，朝廷也批准了他改走水路的要求。既然還沒有嘗夠貶所的滋味，就不能讓他死在道上。

惠州行程

紹聖元年（一〇九四年）十月，經過半年時間的長途跋涉，蘇軾終於到了惠州。一路上，蘇軾有過極度的悲傷和失望，他在寄給定州同僚的詩中表示了這種感慨——

人事千頭及萬頭，得時何喜失時憂。
只知紫綬三公貴，不覺黃粱一夢遊。
適見恩綸臨定武，忽遭分職赴英州。
南行若到江干側，休宿潯陽舊酒樓。

但對生活的樂觀程度，使他很快從傷感中振作起來。況且，這一次貶謫雖然比二十年前去黃州更加險惡，精神上卻覺得更有寄托。弟弟蘇轍先知汝州，改調筠州；呂大防、范祖禹、劉安世……三十多位元祐大臣都和蘇軾向同一個方向流放。他們所承受的不僅僅是個人和家族的恥辱，而是國家的恥辱。

在所有人當中，范純仁本來可以是唯一的倖存者，父親的名聲和他自己的為賽，使哲宗乃至元豐黨人也對他刮目相看。但他不願獨自擺脫責任，既然元祐大臣都要遭受劫難，那就有難同當吧！

蘇軾幼年時，對范滂的人格非常敬仰；如今，能夠和范滂的後人范純仁一道，為國家的災難承受責任，這苦澀之中竟生出幾分豪氣。心境既好，這乘舟流放，直下嶺南就成另一番滋味了。一路之上，到處有動人的景色，有值得紀念的事情。

船到當塗，阻風而不前，蘇軾便乾脆靠岸小憩——

此生歸路轉茫然，無數青山水拍天。
猶有小船來賣餅，喜聞墟落在山前。

到湖口又是一番情致——

我夢扁舟浮震澤，雪浪搖空千頃白。
覺來滿眼是廬山，倚天無數開青壁。

進了鄱陽湖，駛入贛江水，蘇軾覺得如歸故土——

江西山水真吾邦，白沙醉竹石底江。

到吉州了，這是先師歐陽修的故里；過虔州了，先父蘇洵曾在這裡憑吊白居易；翻過大庾嶺，穿過梅關，便到廣東地界了。

嶺南在當時人們眼中還是煙瘴之地，但在蘇軾眼中，卻是充滿生機和誘惑。

到廣東的第一站是南雄，順湞水南行便是韶州了。曹溪南華寺就在韶州城南四十里處。這是佛教名寺，當年禪宗六祖慧能在此開壇講道，創立了南派禪宗。

待到惠州地界，蘇軾不禁欣喜若狂。有道教「第七洞天」之稱的羅浮山竟然就在惠州城北；這是東晉道士葛洪修煉之地。蘇軾自黃州開始練氣養生，如今到了祖師爺的修煉處，真是上蒼的安排——

東坡之師抱樸志，真契早已交前生。
玉堂金馬久流落，寸田尺宅今誰耕。

世事已不可挽回，仕途如龍潭虎穴，何必再去管那凡世間的庶事，這羅浮山不正是修身養性、練氣運功的絕好所在嗎？蘇軾更加明白了，為什麼以李白的才高八斗、白居易的文播四海，竟然都皈依佛道。看來，人生諸多煩惱，都是由看不破功名利祿而起，一旦將功名利祿視作糞土，何處不是世外桃源？

自紹聖元年（一〇九四年）十月抵惠州，到紹聖四年四月再貶儋州，蘇軾在惠州度過了將近三年的時光。

誰說嶺南是煙瘴之地，蘇軾覺得，惠州的風物之美不讓江南——

春風嶺上淮南村，昔年梅花曾斷魂。
豈知流落復相見，蠻風蜑雨愁黃昏。
長條半落荔支浦，臥樹獨秀桄榔園。
豈唯幽光留夜色，直恐冷艷排冬溫。
松風亮下荊棘里，兩株玉蕊明朝暾。
海南仙雲嬌墮砌，月下縞衣來扣門。
酒醒夢覺起繞樹，妙意有在終無盲。
先生獨飲勿嘆息，幸有落月窺清楊。

朝廷中的奸詐小人，你們不是想讓我蘇軾在嶺南受苦嗎？我卻照樣過得快活——

羅浮山下四時春，盧橘楊梅次第新。
日啖荔枝三百顆，不辭長作嶺南人。

其實，以蘇軾的人品，以蘇軾的文采，罷不罷官又有何要緊，他到哪裡，哪裡就要捲起一股蘇旋風。

南雄州、廣州、循州、梅州太守聽說蘇軾到了惠州，都喜出望外，或派人送酒贈物，或徑往惠州看望。至於有地主之責的惠州太守詹範和博羅知縣林抃，更視蘇軾為上賓。如昔日蘇軾在黃州一樣，如果不是連遭貶謫，豈能請得蘇軾到嶺南？廣東道士吳復古、蘇州僧人卓契順竟然自告奮勇，當起了信使，替蘇軾與弟弟蘇轍、兒子蘇邁傳遞信息。常州錢世雄、杭州僧人參寥、黃州老友陳慥、金山詩僧佛印，以及因受蘇軾牽連而流放卻毫無怨言的「蘇門學士」黃庭堅、秦觀、張耒、晁補之等等，也時時致書問候。歷來冷清的惠州城，因為住了個蘇軾而變得熱鬧起來了。

蘇軾謫居黃州時，四川道士楊世昌專程從家中趕來看他，二人泛舟赤壁，在清風月夜探討人生哲理，竟然促成了蘇軾的千古絕歌《赤壁賦》。轉眼就是十多年了，楊道士如今仙遊何方？蘇軾沒有詢問。但另一位四川道士陸惟忠卻不遠千里來到惠州，沒有其他事情，只是陪蘇軾喝酒。

蘇軾一生性喜喝酒，僅在惠州，他就至少發現了兩種好酒。他告訴陳道士，一種酒是用蜜柑釀成，喝了之後使人飄飄欲仙，有飛天涉水之感，常喝更可強身健體、卻病延年。另一種用桂花釀成，酒色盎然，酒香醉人，簡直懷疑非人間之物。陸惟忠就是在蘇軾的這番鼓舞下跋山涉水來到惠州的。

其實，蘇軾喜酒卻不善喝酒，自稱喝一整天酒也不過四、五合（兩），一喝便醉，一醉便飄飄欲仙，便精神振奮，詩情畫意也就湧上心頭。

好友王定國來到惠州，讓自己帶來的歌妓勸蘇軾喝酒。歌妓是京城人，複姓宇文，藝名柔奴，長得眉目清麗，天生一副好嗓子。

蘇軾本來已有八分醉意，見柔奴說是京城人氏，不由勾起一陣凄楚。他舉著酒杯問柔奴：「世居京師，來這廣南，可曾思歸？」

柔奴盈盈一笑：「此心安處，便是吾鄉。」

蘇軾聞言，如遇知音，大醉而歸。

他向客人吹噓的蜜柑酒、桂酒，也並不是什麼上好佳釀，純粹是心境所致。就像他一生四處飄遊，所到之處盡是佳境，而且入詩入文，令人神往。等到身臨其境，覺得不過如此。沒有蘇軾的意境，便感受不到蘇軾的筆下山水。蘇軾用來招待客人的蜜酒、桂酒，自我感覺良好，客人則未必中意，只是能和東坡居士一道喝酒，哪會計較酒的優劣。據記載，不少人因為喝了蘇軾自己釀的酒而鬧肚子，尋坑找廁，出盡洋相。但卻沒有誰去抱怨他，反倒覺得為人生一大樂事。

蘇軾在惠州，大抵是做三件事：喝酒、悟道、爬山。這是他在黃州時開始養成的習慣，一日不飲酒則病，一日不悟道則病，一日不爬山則病。但是，一旦能為百姓辦事，三者皆置於腦後，卻百病不入。

有人對蘇軾在惠州時策劃的公益事業作了統計，大者不下十次。博羅縣大火，蘇軾一面積極組織救災，一面說服廣東提點刑獄程正輔上書朝廷，為正在休假的縣令林抃解脫干係。惠州駐軍缺乏營房，散居市井，騷擾百姓，蘇軾幫助知州詹範籌措資金，蓋起營房三百間，使軍民相安。廣州居民飲水困難，蘇軾致書廣州太守王古，建議以竹竿引蒲澗水入城，解決了廣州飲水的問題。惠州北臨東江，西有豐湖，本有長橋，因年久失修而毀壞，蘇軾建議集資重修，並捐出了自己的犀帶；二橋修復後，萬民慶賀，三日不散。惠州南瀕大海，北扼東江，商賈往來，多有客死此地者，蘇軾說服太守詹範建一大墓地，將無主孤墳及暴露的遺骸合葬，既告慰了死者，又使生者得以樂業。

一個具有偉大人格的人，不管處於何種地位，總是要為社會做出貢獻的。

朝雲之死

陪蘇軾來到惠州的，除了兒子蘇過，還有侍妾王朝雲，這是他的生命中第三個相依為命的女人。

王朝雲是蘇軾通判杭州時來到這個家庭的，那時她才十二、三歲。二十年來，作為蘇家的成員，她隨著蘇軾到密州，到徐州，到湖州，到黃州，回京師，歸杭州，既分享蘇家的歡樂和榮譽，也分擔蘇家的痛楚和恥辱。在黃州時，她為蘇軾生下了第四個兒子；但兒子卻在長途跋涉中夭折了。

王朝雲不比王弗和王閏之。後二人是蘇軾明媒正娶的夫人，所以王弗死後被朝廷追封為「通義郡君」，歸葬故鄉；王閏之死後則被封為「同安郡君」，後來與蘇軾合葬。王朝雲初入蘇家為丫鬟，後為侍妾，在名分上不能享受王弗和王閏之的待遇。雖然王閏之信賴她，蘇邁兄弟也敬重她，但畢竟有些隔閡。與天下所有女人一樣，王朝雲希望有自己親生的兒子，但兒子卻夭折了。王朝雲不能不自怨命苦，整日以淚洗面。蘇軾既傷子亡，又疼朝雲——

吾老常鮮歡，賴此一笑喜。
忽然遭奪去，惡業我累爾。
衣薪那免俗，變滅須臾耳。
歸來懷抱空，老淚如瀉水。
……
我淚猶可拭，日遠當日忘。
母哭不可聞，欲與汝俱亡。
故衣尚懸架，漲乳已流床。
感此欲亡生，一臥終日僵。

但王朝雲卻是非常通情理的，她沒有將過多的悲傷帶給這個家庭，強忍失子的悲痛，繼續幫助王閏之處理家務，照顧蘇軾的飲食起居。元祐八年九月蘇軾永遠離開京師時，王閏之已經去世，王朝雲挑起她留下的全部家務，使得蘇軾在妻亡之後，不致感到生活上的不便。

蘇軾謫居嶺南時已年屆花甲，王朝雲才三十二歲。蘇軾決心獨自承受政敵的打擊，故將家人安頓在宜興，但對王朝雲卻有些犯難。以朝雲的身分，只能跟著自己，而不便讓她和蘇邁、蘇迨及其家小去宜興。但此去嶺南，路途險遠，前景叵測，雖然捨不得朝雲離去，卻不忍讓她隨自己吃苦。按當時的習慣，侍妾也確實可以不盡這份責任。但王朝雲已將自己和蘇軾融為一體，雖然是災禍臨頭，她也絕不離蘇軾而去。

王朝雲成了蘇軾第二次流放中的生活伴侶和精神寄托。他們一起遊覽惠州的山川，一起煉丹養氣。講究修煉仙術的道家丹道學派不僅有單修性命的口訣，還有性命雙修、乃至男女夫婦合籍雙修的法門。但蘇軾和朝雲恐怕尚未通曉這種法門，或者未能取得成效；在他們來到惠州的第三年七月，朝雲就因感染流行病而去世了。

朝雲的去世，距王閏之去世雖然只有三年，但這三年間卻從無寧日，蘇軾從仕途的巔峰直落谷底，其間的淒楚悲涼都是由朝雲和他一起分擔的。到惠州後，生活剛剛安定，蘇軾原打在此和朝雲廝伴到老，但朝雲卻走得如此匆忙，享年才三十四歲。上天為何總是與好人過不去？就在不久前，蘇軾還惠為朝雲寫了一首詩，說要和朝雲一起修煉，共求長生——

經卷丹藥新活計，舞衫歌袖舊姻緣。
丹成隨我三山去，不作巫山雲雨仙。

但朝雲卻不等丹成而去。蘇軾根據朝雲的意願，將她安葬在城西豐湖邊山腳下，讓她枕山伴湖而眠。墓碑上是蘇軾自己寫的墓誌銘，這卻是王閏之沒有享受到的待遇。墓頂建有一亭，名「六如亭」。從此以後，直到離開惠州，這六如亭便成了蘇軾的常來之地。六如亭下，有他終身思念的紅顏知己。

秋去冬來，蘇軾經過一段時間的籌劃，工蓋建居室。他打算定居惠州，永久陪伴朝雲。為了他，朝雲獻出了自己的全部精神和整個軀體，該輪著他回報朝雲了。眼看新居就要落成了，他和朝雲借住的松風亭外梅花開得正盛。去年冬天，他們還一起觀賞梅花。他怎麼也不相信，朝雲已離他而去。那傲霜頂雪的梅花，不就是伴隨自己二十多年的朝雲嗎？一篇說是詠梅實是寄情的《西江月》在蘇軾的腦際湧出——

玉骨那愁瘴霧，冰肌自有仙風。
海仙時遣探芳叢，倒掛綠毛么鳳。
素面常嫌粉涴，洗妝不褪殘紅。

高情已逐曉雲空，不與梨花同夢。

但朝雲畢竟是永遠地去了。她下葬後的第三天晚上，惠州下了一場大雨。大雨過後，早上出耕的農民從墓前經過，見墓邊有一雙巨大的腳印。

這消息很快就傳開了，大家都認為，這是佛祖前來接迎使者的腳印，使者是專程來接朝雲去西方極樂世界的。

消息自然也傳到了蘇軾那裡，他帶著蘇過來看足跡。他相信，朝雲去了極樂世界，但他還得孤零零地受這塵世間的苦難。卻沒想到，更大的苦難還在等著他。

遠涉海南

按理說，在元祐諸臣中，最能受磨難的還是蘇軾兄弟。

章惇、蔡卞、蔡京等人當權後，元祐大臣無論蜀黨、洛黨、朔黨，或中立無黨，幾乎一網打盡；死去的追貶官職，尚在的流放嶺南。呂大防、梁燾、劉摯、范祖禹、秦觀等人或死於貶所，或死於道路，蘇軾兄弟則硬是挺了過來。但生活方式卻全然不同。

蘇轍深知禍從口出，故出京之後謝絕一切應酬，杜門不見賓客，每日只是讀書作文、練氣養生。後遇赦定居許昌，也是行此韜晦之計。

有親戚從四川來看他，等了十多天，也沒見到蘇轍，於是買通門子。門子告訴他，遇上好天氣，蘇轍常常會去宅旁竹林散步。有了內線，這位親戚便在竹林等候，終於等到了蘇轍。蘇轍一見，不禁大吃一驚，繼而悅色相見。寒暄了一陣，蘇轍讓親戚在竹林等他，說是片刻即回，但一去再也不見人影。

蘇軾聽說這件事，覺得不可理解：「子由難道打算與世隔絕嗎？」

但通過這種辦法，蘇轍確使對手抓不住把柄。

蘇軾卻不同，他是天生的不耐寂寞，走到哪裡都是新聞人物，都要交朋結友，都要題詩留文，都要引起朝中政敵的關注。他因寫詩而下獄，出獄的當天晚上又忍不住寫了兩首詩，明知「平生文字為我累」，還要說「城東不鬥少年雞」。

元祐四年出知杭州，元老文彥博以八十三歲高齡前來送行，為的是一語相贈：「願君至杭少作詩，恐為不喜者誣謗。」蘇軾感謝老人的好意，也知道不少人在等著為他的詩作注解，卻仍是我行我素。這次被貶惠州，蘇轍等人告誡他再不可隨意作詩，他自己也一再表示要「蔬飯藜床破衲衣，掃除習氣不吟詩。」但寫詩和喝酒一樣，早已是他生命的一部分，一天不吃飯或許挨得過去，但詩興一來，卻無論如何壓制不住。

別人都將流放視為苦難，蘇軾卻隨時可以在苦難中尋找到歡樂。這其中既有天性，也有自我的心理調整。在蘇軾眼裡，惠州的一山一水、一草一木幾乎都可以入詩，他也時時陶醉在天造地設的自然與人文之中。

紹聖四年（一〇九七年）四月，蘇軾在惠州的新居落成不久，朝雲去世還不及一年，朝旨又下來了，再貶他為瓊州（今海南省海口市）別駕，昌化軍安置。這昌化軍舊稱儋州（今海南省儋縣），熙寧六年改州為軍，實為「化外之地」，居民主要是黎族。在元祐大臣中，蘇軾是唯一一個被貶到海外的。

很多人相信這樣的說法：章惇是在看到蘇軾的一首詩以後才決定整治這位多年好友的。蘇軾在搬入惠州新居之後，以《縱筆》為題，寫了一首小詩——

白髮蕭散滿霜風，小閣藤床寄病容。
極道先生春睡美，道人轉打五更鐘。

雖然遠在惠州，只要蘇軾一有新詩佳詞，很快就會傳遍全國。京師為人文薈萃之地，更有大批蘇軾的崇拜者。

這首詩也送到了章惇處。儘管他和蘇軾曾是至交好友，他的兩個兒子也在蘇軾知貢舉時金榜高中，但打擊政敵，章惇從來不念私情。他將蘇軾的詩念了兩遍，心中升起一股莫名的嫉妒。無論在朝在野，自己總是如箭在弦，沒有一天優閑自在；蘇軾則無論在朝在野，總是有那樣多的朋友，那樣多的歡樂。按理說，蘇軾顛沛流離，發放海濱，妻死妾亡，舉目無親，應該戚楚悲涼才是，怎麼還是那樣有興致、有閒情？

章惇也是飽學機敏之士，卻勘不破「君子坦蕩蕩、小人常戚戚」的道理。他總是算計別人，希望別人痛苦；否則他就不自在、不痛快。如今見到蘇軾的詩，似乎已將惠州視杭州，比自己在京城還快活，還逍遙自在，不由得咬牙切齒：「蘇子尚爾快活耶？」不能讓蘇軾再快活。他說服哲宗，還是以「訕謗先帝」為名，一道旨意，蘇軾便得飄洋過海，去那言語不通、生民不化的古儋州。

章惇是福建人，移居蘇州，入仕後也並沒有到過嶺南，更不知海南狀況。但他相信，離中原越遠，生活條件、文化氛圍就越差，所以元祐大臣統統趕到嶺南。而蘇軾兄弟及范祖禹、劉安世與章惇是平輩，本來素有交情，一經反目為仇，報復也就更加厲害。范祖禹流放到化州（廣東今縣）、劉安世流放到梅州（廣東梅縣），均為窮山僻壤。范祖禹經不住長途跋涉之苦，死於貶所。劉安世差點死於刺客之手。至於蘇軾兄弟，章惇則根據他們的字號，蘇軾字子瞻，貶到儋州，蘇轍字子由，貶到雷州（今廣東海康縣）。在中國的政治迫害中，章惇此著也算是創舉。

章惇機關算盡，卻沒有算到他的安排為蘇軾兄弟的最後一次聚會提供了機會。蘇軾紹聖四年四月十九日離開惠州，順東江而下，然後溯西江而上，經梧州、藤州，再南下雷州渡海。與此同時，蘇轍也正在前往雷州的路上。蘇軾到梧州時，蘇轍剛剛離去，於是蘇軾趕往藤州，終於在五月十一日追上了蘇轍。

這一年，蘇軾六十二歲，蘇轍五十九歲。自從嘉祐元年（一〇五六年），兄弟二人隨父出川，奔競科場，風風雨雨四十年，沒想到垂老之時竟然相逢於流放路上。雖說是宦海沉浮，但結局畢竟難以接受。所幸蒼天有眼，讓兄弟二人有見面的機會。他們由藤州到雷州，前後一個多月，個人的生死倒可置之度外，國家的前途卻令人憂鬱，但誰也無力回天，不知這場戲還得演多久。

儋州晚秋

辭別蘇轍，蘇軾帶著兒子蘇過，渡過茫茫大海，穿過重重莽林，於當年七月到達昌化軍貶所。以前蘇軾下獄、貶謫，都是由長子蘇邁陪同。這一次流放惠州、儋州，照料任務則由蘇過來承擔。一來蘇過年輕，二來也可由父親親自指點文章。

章淳是夠狠毒的，他為蘇軾選擇了一個足以摧折信念、毀滅軀體的地方，食無肉、病無醫、居無室、出無友、冬無炭、夏無泉，窮山惡水、人蛇雜居，讓蘇軾在此與蠻夷為伍、優閑自在吧！

蘇軾剛到儋州，由章惇授意派出的監察官也跟蹤而來。章惇雖然將蘇軾打發到萬里之外，但總是擔心，以蘇軾的名氣，儘管是貶謫，只怕地方官仍將其視為上賓，朝中的爭權奪利，黨派糾紛，大多數地方官是弄不清楚，也懶得過問的。況且，三十年河東、三十年河西，誰知道過了幾年又會有何變化？

章惇的擔心不是多餘的，監察官發現，蘇軾到儋州後仍是開心愉快。昌化軍使張中雖是軍人，卻頗喜詩文，對蘇軾這樣的大文學家早就崇拜不已。如今蘇軾到他的瞎區內謫居，自然盡一切地主之誼。蘇軾一到，張中便將其安排在自己的衙門暫住，同時派軍士修繕倫江驛館舍，作為蘇軾的居室。又撥出一塊熟地，讓蘇軾父子耕種。張中和蘇過年齡相當，談論投機，又是棋友，閑暇之時，二人捉對厮殺；蘇軾則一旁觀戰，日子倒也容易打發。

張中對蘇軾的禮遇給自己帶來了麻煩，監察官將蘇軾驅出官舍，張中則被罷黜，安置到雷州。監察官同時還調查到，雷州太守張逢美食好酒招待了蘇軾兄弟半個月，此後又不斷關照在雷州的蘇轍。一個報告上去，朝旨便下來了，張逢停職調查、蘇轍移循州（今廣東龍川縣）安置。

但蘇軾不管在哪裡，總能得到當地士民的幫助。雖然被驅出官舍，當地百姓卻幫他蓋了三間新房，其中黎子雲兄弟出力最多。他們是漢化較深的黎民，對中原文壇的著名人物素來敬仰，何況他們幫助的還是這些著名人物中的頂尖角色。還有一位家居儋州的漢人王介石，裡裡外外，一手操持，旁人竟以為他是蘇軾父子帶來的外人。

經歷過烏台詩案的打擊後，無論在何處，蘇軾都學會了以樂觀通達的態度面對人生。由於新居是建在桄榔林中，因此，落成之後，蘇軾將新居命名為「桄榔庵」，並作了一篇《桄榔庵銘（並敍）》——

東坡居士謫於儋耳，無地可居，偃息於桄榔林中，摘葉書銘，以記其處。

九山一區，帝為方輿。神尻以遊，孰非吾居。百柱屓屭，萬瓦披敷。上棟下宇，不煩斤鐵。日月遊繞，風雨掃除。海氛瘴霧，吞吐吸呼。蝮蛇魑魅，出怒入娛。習若堂奧，雜處童奴。東坡居士，強安四隅。以動寓止，以實托虛。放此四大，還於一如。東坡非名，岷峨非廬。鬚髮不改，示現毗盧。無作無止，無欠無餘。生謂之宅，死謂之墟。三十六年，吾其舍此，跨汗漫而游鴻濛之都乎？

海氛瘴霧、蝮蛇魑魅，常人難以忍受，在蘇軾筆下都是如鄰似友；千山萬水、古樹青藤，常人視為畏區，在蘇軾筆下都是天然居所。但蘇軾畢竟沒有超塵脫俗，以他的個性，以他的抱負，以他的才學，又豈肯久困山間林下，只是時勢所迫，不得不強安四隅。他在來儋州之前就抱了必死海外的念頭，所以在給廣州太守王古的信上說：垂暮投荒，無復生活之望；已與長子蘇邁訣別，對後事作了安排。到海南後，先作棺，後作墓，屍體就地安葬。

但生存仍是人的本能，尤其是蘇軾，他必須堅持活下去，活著就是對政敵的反擊。有了「放此四大，還於一如」的打算，那麼儋州的山水便是故鄉，儋州的百姓便是故舊。

蘇軾是個拿得起放得下的超人，除了程頤那樣的偽道學，他可以和任何人交朋友，包括敢於殺人的章惇、執拗不群的王安石、險惡刻薄的李定。蘇轍多次勸他擇友宜慎，他卻對蘇轍說，上至玉皇大帝，下至田院乞兒，都可以交朋友。在他的眼裡，天下底幾乎沒有壞人。

即使是程頤，也不過是性情不和，不願交往而已。

如今在海南，接觸的盡是山野村夫，即便有些文化人，也是沒沒無聞的窮秀才，功名最高的也不過是鄉荐進士。但蘇軾和他們也說不盡的話題，而且無拘無束，不用擔心他們去告密。其實，蘇軾從來就不是怕人告密的人，他和鄉村黎民固然無話不說，和王安石、章惇、李定也是無所顧忌。猜忌、怨恨、憤慨，都隨他去吧！如果不是這樣，就不是蘇軾了。

海南一住就是三年，蘇軾的身體明顯不如從前了，但他仍然興致盎然，做著自己願意做的事情，練氣、念佛、採藥、寫詩、作文、繪畫、與遠方朋友通信、指導蘇過讀書、幫助黎民革除惡習，生活還真豐富多彩，充滿樂趣，不知老之將至。這些趣事蘇軾往往隨時筆錄，於他自己當是習慣，卻給後人留下一個活生生的東坡居士。

在黃州時，酒貴且劣，蘇軾便自行釀造，我感覺良好，逢人便吹，結果將客人灌得上吐下泄。到海南，寫字作畫卻無好墨，蘇軾便又自行製作，不料松香著火，差點將房子也燒了，但仍得了不少佳墨，喜得他手舞足蹈。他將這種墨命名為「海南松煤東坡法墨」，自認為不比當年李適珪、張遇製作的名墨差。又撰文《記海南作墨》，記此奇遇——

己卯（元符二年，一〇九九年）臘月二十三日，墨灶火大發，幾焚屋。救滅，遂罷作墨。得佳墨大小五百丸，入漆者幾百丸，足以了一世著書用。仍以遺人，所不知者何人也。余松明一車，仍以照夜。

製墨是樂趣，起火也是樂趣，贈人仍是樂趣，這種樂趣是章惇、蔡京之輩所永遠體驗不到的。

浩氣長存

蘇軾到海南時已經六十二歲，原以為會客死儋州。但在中國，此身一賣給帝王家，便不屬己有。蘇軾由謫居黃州而為登州太守，繼而入京為中書舍人、翰林學士，是因神宗去世，太皇太后執政；後由定州謫惠州，又謫儋州，則是因為太皇太后去世，哲宗親政。要改變命運，除非哲宗來個駕崩。但哲宗親政時才十八歲，怎能指望他走得那樣快。更何況，這種念頭當時的正人君子即便是在腦中一閃而過，也是罪過。小人當然例外，章惇他們想來不知多少遍詛咒過太皇太后。但想不到、不敢想的事偏偏又發生了。

元符三年（一一〇〇年）正月，二十七歲的哲宗竟然說死就死。當時蘇軾還在津津樂道地向人宣講製墨失火的趣事。不知是否這把火將遠在京師紫禁城內哲宗皇帝的靈魂帶走，反正他得去陰曹地府向父親神宗皇帝陳「紹聖」的業績。

哲宗死了，但沒有兒子，由他弟弟端王趙佶繼位（即宋徽宗），太后向氏聽政。向氏是神宗的皇后，她和神宗的母親太皇太后高氏一樣，雖然不懂多少政治，卻本能地將司馬光、范純仁、蘇軾兄弟等元佑大臣視為正人君子，而不滿意章惇等人的作為。故此，一旦聽政，便大赦元祐黨人，蘇軾也接到聖旨，以瓊州別駕，廉州安置，後又復朝奉郎的官銜，提舉成都玉局觀，得隨處居住。

這年六月，蘇軾告別了三年的儋州父老，和蘇過一起踏上了北歸之路，蘇軾重返中原的消息似乎在一夜之間就傳遍了三川五岳，在雷州，在廉州，在梧州，在廣州，在英州，在韶州，在虔州，在洪州，在金陵，處處有歡迎他的人眾；有相識的，有不相識的，人人都懷著崇敬的心情，瞻仰東坡居士的風采。不僅僅是為了他的千古文章，更是為了他的萬載正氣，其中也包含著對正人君子的同情和對奸邪小人的鞭撻。與此相對照，同一時期，章惇被流放到蘇黴住過的雷州，連住房也借不到。

蘇軾這次打算回到常州定居，但長途跋涉的勞累和江南夏日的酷暑，竟使他一病不起。從建中靖國元年（一一〇一年）六月初染病，到七月中旬病勢加重。病中得了一夢，夢見己寫了一首詩贈給好友朱服。醒來之後，掙扎著將夢中詩寫了下來——

舜不作六器，誰知貴璵璠。
哀哉楚狂士，抱璞號空山。
相如起睨柱，頭璧與俱還。
何如鄭子產，有禮國自閑。
雖微韓宣子，鄙夫亦辭環。

至今不貪寶，凜然照塵寰。

這首五言短詩一共才十二句，用了五個典故，既嘲笑楚人和氏及趙人藺相如的輕人重玉，又頌揚鄭相子產和賤民韓起的輕寶重義，用典並不十分貼切，文辭也未見特色，但蘇軾一生的人格和追求都在這首算不上名作的絕筆詩中顯示出來。

寫了這首詩後的第三天，宋徽宗建中靖國元年七月二十八日，蘇軾走完了六十六年的人生道路，在他希望的終老之地常州去世了。

蘇軾死得太早了，人們還等著諷誦他的新作，希望他再度進京，重整朝綱，但他卻永遠地去了。蘇軾死得其實正是時候。臨死前，他回到了自己希望回到的地方，了卻了他生前想做的事情，他安詳地死在親人和朋友之中，免受了即將到來、更大的個人恥辱和民族災難。神宗皇后聽政不過一年就去世了。她似乎是受上天的安排來償還丈夫和兒子（雖然並非她所生）對蘇軾及正直人士欠下的宿債；一見還清宿債，她便隨丈夫和兒子而去。

功名利祿是短暫的，它隨著政治風雲的變幻和時代的推移而煙消雲滅。十個世紀過去了，除了專家們還記得蘇軾曾經做過翰林學士、端明殿學士，追贈過太師、文忠公，廣大群眾早已不去過問蘇軾做過多大的官，享受過多麼優厚的待遇。

蘇軾留給後人的，是他那雄視千古的詩文，以及在詩文中所表現出來、百摧不折的浩然之氣。說來也甚是可笑，蘇軾死去七十年之後，專門從事平反昭雪的南宋孝宗趙昚竟也發現了他們趙家政權竟然有如此優秀的臣子。雖然說這是中國歷史上反覆發生的悲劇，但趙昚為蘇軾文集作的一篇序文，卻不失為蘇軾的知音——

成一代之文章，必能立天下之大節。立天下之大節，非其氣足以高天下者，未之能焉。孔子曰：「臨大節而不可奪，君子人歟？」孟子曰：「我善養吾浩然之氣，以直養而無害，則塞乎天地之間。」養存之於身，謂之氣，見之於事，謂之節，合而言之，道也。以是成文，剛而無餒，故能參天地之化，關盛衰之運。不然，則雕蟲篆刻，童子之事耳，烏足與致一代之文章哉！

其實對蘇軾來說，有沒有孝宗的平反、加封以及作序都無關緊要，他早已將自己的肉體和精神融化於大眾之中。統治者只是將褒揚之詞刻在石碑上，而大眾卻在心中為蘇軾矗起了永存的豐碑！

〈全書終〉

國家圖書館出版品預行編目資料

千古風流蘇東坡，方志遠　著，
初版，新北市，新視野 New Vision，2023.11
面；　公分 --
ISBN 978-626-97656-0-7（平裝）
1.CST：（宋）蘇軾 2.CST：傳記

782.8516　　112014040

千古風流蘇東坡
方志遠　著

出　　版　新視野 New Vision
製　　作　新潮社文化事業有限公司
製 作 人　林郁
電話 02-8666-5711
傳真 02-8666-5833
E-mail：service@xcsbook.com.tw

印前作業　東豪印刷事業有限公司
印刷作業　福霖印刷有限公司

總 經 銷　聯合發行股份有限公司
新北市新店區寶橋路 235 巷 6 弄 6 號 2F
電話 02-2917-8022
傳真 02-2915-6275

初　　版　2023 年 12 月